山东艺术学院学术著作出版基金资助

凝视远邦

Art, Science, and Diplomacy

陈珊珊 著

1793年马戛尔尼访华使团的视觉文化

A Study of the Visual Images of the Macartney Embassy to China, 1793

商务印书馆
The Commercial Press

Translation from the English language edition:
ART, SCIENCE AND DIPLOMACY
A Study of the Visual Images of the Macartney Embassy to China, 1793
by Shanshan Chen
Copyright © [Springer Nature Singapore Pte Ltd. 2023]. All Rights Reserved.
根据新加坡施普林格·自然有限公司 2023年版译出

献给我的母亲江喜玲和已故的父亲陈浩；
怀念教诲我追逐梦想永不迟的严陆根博士。

推荐序

马戛尔尼使团访华是中西关系发展历史中最为关键的外交事件之一，其政治层面的影响已被众多学者广泛讨论。但同时，作为一次重要的科学考察活动，它所包含的科学探索内容却鲜有学术探讨。18世纪，欧洲各国发起了许多全球性探险活动，收集了大量关于地球、动植物以及异域人民及其文化的科学知识。这些探险活动是欧洲启蒙运动的延伸，而启蒙运动本身是一场广泛的哲学运动，提倡通过理性来更好地理解物质世界和管理人类社会。科学上客观的实证分析理念因此与社会进步、世界人类平等以及大众教育的人文理念紧密相连。

然而，颇具讽刺意味的是，启蒙运动的兴起却也与欧洲帝国主义的崛起同时发生。理性和平等的启蒙原则与资源剥削、殖民主义甚至奴役的帝国主义行为并存。许多18世纪的探险活动基于推动欧洲经济发展的动因，引发了一系列战争、压迫和环境破坏。当此之时，在乾隆皇帝统治下，中国仍然强大到足以挫败马戛尔尼使团的帝国主义经济目标，因此该使团通常被认为是一次外交上的失败；但作为一次科学考察，它却取得了巨大的成功，并产生了多部深刻的出版物，使西方的实证知识在中国的土地、社会和人民等领域得到了极大的拓展。

陈珊珊博士详细探讨了马戛尔尼使团的这一科学考察面相，特别关注艺术在科学知识产生中的作用。使团的主要画师威廉·亚历山大是由英国皇家学会会长、著名科学家约瑟夫·班克斯指派的科学家团队的一员。在亚历山大及其同伴创作的大量素描和水彩画中，涉及科学技术的作品远多于与外交或政治相关者。其中，一些科学图像具有严格的描述性和纪录性，如海岸线的绘制或动植物的视觉再现；但还有许多图像则带有阐释性色彩，使用实证手法从外来者的角度"记录"作为标本的人、建筑、社会生活和文化习俗。这些视觉阐释是科学的还是帝国主义的，抑或兼而有之？现场绘画与现实之间的相似度几何？在将绘画转化为印刷品插图的过程中，现实又是如何被扭曲的？这些图像所传递的知识与文本描述相比，有何独特之处？在探讨这些问题的过程中，陈博士的著作不仅揭示了马戛尔尼使团的艺术创作如何向西方世界展现中国，还阐明了艺术与科学的相互作用，从而深化了我们对视觉再现如何产生知识的理解。

陶格（Greg M. Thomas）

香港大学艺术史系教授

2024 年 8 月

自 序

本书改写自笔者关于 1793 年马戛尔尼使团访华事件的博士研究项目成果。这次访问虽然未能实现使团扩大中英两国贸易的首要目标，但确实使英国第一次近距离观察了中国。值得注意的是，有关本次访问活动，使团成员留下了大量的文字和视觉记录，这也构成了本书研究的重点。笔者特别感兴趣的是，远渡重洋而来的使团成员如何接触、选择和呈现有关中国的信息，又如何帮助 18—19 世纪的欧洲人塑造了对中国的看法。就此而言，他们创作的图像正是笔者考察外交、艺术和科学这三个相互关联元素的试金石——它再现了使团的绘图员、科学家和外交官对中国视觉图像的准备过程，以及伦敦的艺术家、书籍插画家和出版商如何基于这些材料展开设计。

本研究源起于 2007 年由普林斯顿大学的本杰明·艾尔曼（Benjamin Elman）教授组织的一次东亚研讨会。当时，剑桥大学科技史教授西蒙·谢弗（Simon Schaffer）展示了英国格林威治国家海事博物馆收藏的一幅纪念马戛尔尼使团访华经历的乾隆朝缂丝挂毯，这件艺术品引起了笔者的注意，并据此撰写了关于马戛尔尼使团的第一篇学术论文。这一兴趣随后逐渐扩展至威廉·亚历山大、亨利·威廉·帕里什和约翰·巴罗等使团成员绘制的一千多幅素描、水彩画和版画。目前已有的对马戛尔尼使团访华的大部分研究，是由阿兰·佩雷菲特（Alain Peyrefitte）、何伟亚（James Hevia）、沈艾娣（Henrietta Harrison）王宏志等历史学家进行的，他们主要致力于对历史档案记录的研究，并从外交事件的角度探讨这一访华经历。笔者的目标则是通过对使团创作的艺术作品和其他视觉记录进行系统研究，扩展对使团调查成果的分析。这一研究取向在笔者于香港大学的三年学习期间，受到陶格教授的指导，具体化为对马夏尔尼使团留下的中国图像的研究，并形成了作为本书原型的博士学位论文。

本书涉及的艺术作品表明，其创作者通过融合科学和艺术元素，在表现中国方面提供了独特的观点。正是通过文字和图像的介入，当时的英国公众对中国形成了一种钦佩与蔑视交织的矛盾看法。英国人对外国文化的屈尊俯就，在东方主义的话语中，被一种尊重抵消，这在礼品交换以及许多描绘中国文明和人民的精致且复杂的视觉图像中表现得很明显。

本书的读者，除专业学者之外，还可包括对全球艺术史和东西方文化互动感兴趣的普通大众。书中包含许多具有详细视觉和历史分析的重要图像，旨在让读者了解英国如何看待中国，以及这些图像如何在18—19世纪英国全球扩张期间，帮助塑造欧洲对中国的看法。

陈珊珊

2022年2月初稿

2024年9月修订

致　谢

　　首先借此机会向我的导师、香港大学的陶格教授表示感谢。从学位论文的最初选题到本书的最终完成，笔者得到了他宝贵而有富于鼓励的指导、具有启发性和建设性的批评，以及对研究的具体建议。他丰富的学识、认真的治学态度、和蔼可亲的性格，为笔者努力成为一名认真而成熟的学者提供了榜样。他在中西跨文化互动领域的渊博知识，更是让笔者受益匪浅，为笔者未来的研究路径开辟了有益而又充满希望的道路。

　　感谢普林斯顿大学的本杰明·艾尔曼教授和韩书瑞（Susan Naquin）教授，感谢他们对笔者学术进步的持续支持，也感谢他们提供了使本书的写作得以可能的相关最新研究资源；此外，他们还尽心阅读了本书初稿，提出了很多宝贵的建议。同时要感谢牛津大学的沈艾娣教授，谢谢她与我分享了当时尚未发表的关于马戛尔尼使团礼品的论文。感谢美国弗吉尼亚大学的道格拉斯·福德姆（Douglas Fordham）教授，他丰富的英国艺术史知识让我在学习和了解这一领域时能够更加深入和全面。

　　非常感谢已故的朋友严陆根博士，他对笔者的学术工作和个人生活给予了持续而热情的鼓励和支持，他慷慨的爱给予笔者很大的启发。

　　感谢山东艺术学院原校长王力克教授和《中国油画》主编王琨老师，感谢他们为笔者在国内的学术生涯提供的莫大帮助，使笔者能够集中精力完成此书。

还要感谢故宫出版社副编审、宫廷历史编辑室主任王志伟先生的悉心指导，对马戛尔尼共同的浓厚兴趣不仅促成了我们之间的友谊，频繁的学术交流亦让我受益匪浅。

同时，笔者要真诚感谢负责出版此书的商务印书馆南京分馆编辑阎高阳先生。阎编辑的审校工作为中文版的成功出版奠定了坚实的基础。他的辛勤付出使得这本书在保持原作学术深度的同时更贴近中文读者，为读者提供了更加亲切和易懂的阅读体验。

笔者很珍惜香港大学艺术系旅行基金的支持，该基金资助笔者前往英国和美国进行研究旅行，在那里笔者能够查找与本书的写作相关的档案材料和绘画。在此过程中，笔者受到了大英博物馆版画和绘画部、大英图书馆印度办事处图书馆、英国梅德斯通艺术博物馆、英国格林威治国家海事博物馆，以及美国耶鲁大学英国艺术中心的热情欢迎和协助。

最后同时也最重要的是，笔者要感谢母亲江喜玲女士，她在本书的写作过程中给予笔者无私的支持。非常感谢她这么多年来在笔者于海外追寻艺术梦想，以及后来成为艺术史学者的过程中给予的关爱和照顾。如果没有她无尽的鼓励，笔者无法想象自己如何能够完成这本充满挑战却又收获颇丰的著作。

目 录

第一章 "航向东方" / 1
    第一节 历史背景 / 1
    第二节 华夏声名 / 17
    第三节 艺术、科学与外交 / 28
    第四节 文与图 / 41

第二章 "贡品"与"赏赐" / 48
    第一节 礼品交换 / 48
    第二节 礼品差异 / 52
    第三节 礼品之外 / 68

第三章 历史一刻 / 77
    第一节 拜谒 / 77
    第二节 缂丝挂毯之秘 / 90

第四章 旅途 / 103
    第一节 海洋 / 103
    第二节 陆地 / 114
    第三节 全球自然史 / 122

第五章　中国风貌　/ 139

　　第一节　城市与地形　/ 139

　　第二节　"如画"美学　/ 153

　　第三节　"崇高"与中国废墟　/ 162

　　第四节　大运河　/ 173

第六章　中国人　/ 184

　　第一节　全球视觉的民族志　/ 184

　　第二节　乾隆皇帝与廷臣　/ 190

　　第三节　土地上的中国人　/ 198

　　第四节　女性与家庭　/ 203

　　第五节　宗教和仪式　/ 210

　　第六节　罪与罚　/ 217

第七章　中国科技　/ 225

　　第一节　科学背景　/ 225

　　第二节　水上航船　/ 227

　　第三节　陆路行人　/ 233

　　第四节　技术工具：数学、冶金和航海　/ 240

　　第五节　农事　/ 245

　　第六节　武备　/ 251

　　第七节　画中学问　/ 256

第八章　回响　/ 266

　　第一节　出版物　/ 266

第二节 复兴的中国风 /277
   第三节 原始东方主义 /283

结 论 /288

译名对照表 /292
参考文献 /299
后 记 /308

插图目录

图1.1 马戛尔尼勋爵肖像1 /8

图1.2 《中国哲学家孔子》中的孔子肖像 /23

图1.3 《荷兰东印度公司使臣朝见鞑靼大汗》的卷首插图 /25

图1.4 魔术师 /25

图1.5 《英使谒见乾隆纪实》书影 /42

图1.6 《中国行纪》书影 /42

图2.1 使团货船上的朝贡标志 /52

图2.2 天体仪,送给中国皇帝的主要礼品 /57

图2.3 大殿和御座平面图 /71

图2.4 大殿平面图,以及礼品、一个金罐和皇帝放在桌子上的信 /71

图2.5 圆明园觐见厅及邻近庭院的平面图 /72

图3.1 中国皇帝来到他在鞑靼的帐篷以接待英国特使 /79

图3.2 为引荐英国使团准备的万树园觐见帐篷平面图草图 /81

图3.3 在英国使团被引荐的早上,皇帝抵达万树园 /81

图3.4 皇帝接见使团,包括其主要成员 /84

图3.5 乾隆皇帝在热河皇家帐篷内向小斯当东赠送荷包 /85

图3.6 马戛尔尼勋爵肖像2 /87

图3.7 乔治·斯当东肖像 /87

图3.8 皇帝在北京为在战斗中表现出色的军官和士兵举行胜利宴会 /88

图3.9　荷兰人、葡萄牙人、德国人和法国人的肖像　/ 94

图3.10　天体仪、三辰仪　/ 96

图3.11　萧绎职贡图　/ 100

图3.12　王会图　/ 100

图3.13　万国来朝图轴（局部）　/ 101

图4.1　正在航行中的丹麦木船　/ 105

图4.2　船体中部的透视图　/ 106

图4.3　"狮子号"　/ 108

图4.4　"印度斯坦号"和其他船只　/ 108

图4.5　拉德龙群岛　/ 110

图4.6　里约热内卢景观1　/ 111

图4.7　塔糖峰景观　/ 111

图4.8　里约热内卢景观2　/ 112

图4.9　圣保罗岛和阿姆斯特丹岛的视图　/ 113

图4.10　墨卡托投影世界地图，注有马戛尔尼使团自英国往返中国的航程信息　/ 117

图4.11　中国东海岸舟山以南岛屿图　/ 118

图4.12　从热河经陆路到北京，再从那里经水路到杭州的旅程草图　/ 119

图4.13　从杭州到广州的旅程草图　/ 120

图4.14　仙人掌属植物的叶片，上面有胭脂虫　/ 131

图4.15　茶花图　/ 133

图4.16　爪哇火背雉　/ 135

图4.17　渔鸟图1　/ 137

图4.18　渔鸟图2　/ 137

图5.1 天津风景1 / 143

图5.2 天津风景2 / 143

图5.3 北京西直门景观1 / 145

图5.4 北京西直门景观2 / 146

图5.5 圆明园正大光明殿景观 / 148

图5.6 英国使团在北京的官邸景观 / 150

图5.7 苏州市郊一座桥梁 / 151

图5.8 使团的中国驳船准备从桥下通过 / 151

图5.9 北京御苑景观 / 155

图5.10 非凡岩石的景观1 / 157

图5.11 非凡岩石的景观2 / 159

图5.12 非凡岩石的景观3 / 159

图5.13 "小布达拉宫"平面图 / 161

图5.14 "小布达拉宫"景观 / 162

图5.15 长城平面图 / 166

图5.16 长城景观 / 168

图5.17 西湖与雷峰塔景观 / 170

图5.18 长洲岛的坟墓 / 171

图5.19 长洲岛的坟墓,其上摆放着贡品 / 172

图5.20 临清宝塔景观 / 175

图5.21 大运河畔临清景观 / 175

图5.22 金山岛景观 / 176

图5.23 水闸视图 / 178

图5.24 驳船通过水闸1 / 179

图5.25 驳船通过水闸2 / 180

图5.26　宝应湖景观　/182

图5.27　宝应湖景观，该湖与大运河之间被登船土坡隔开　/182

图6.1　中国人和霍屯督人的比较　/187

图6.2　圣雅戈土著　/188

图6.3　里约热内卢奴隶肖像　/189

图6.4　中国皇帝上朝　/191

图6.5　乾隆肖像1　/192

图6.6　乾隆肖像2　/194

图6.7　乾隆肖像3　/195

图6.8　王文雄肖像　/197

图6.9　乔人杰肖像　/197

图6.10　一名销售旱烟袋的男子　/200

图6.11　一名出售槟榔的男子　/200

图6.12　一位书商　/202

图6.13　中国妇女裹小脚的图像　/205

图6.14　一位宫廷贵妇　/206

图6.15　船家女　/207

图6.16　妇女和儿童　/209

图6.17　一个中国家庭　/209

图6.18　海王神形象　/212

图6.19　雷神形象　/213

图6.20　儒士肖像　/215

图6.21　佛教徒肖像　/215

图6.22　贯耳刑　/219

图6.23　戴着枷具的罪犯形象　/220

图6.24　枷具刑罚1　/222

图6.25　枷具刑罚2　/222

图7.1　一艘旅行船　/228

图7.2　一艘商船　/229

图7.3　渔夫和他的船　/232

图7.4　一名中国船夫　/232

图7.5　一艘渔船　/233

图7.6　中国搬运工　/235

图7.7　轿子图1　/236

图7.8　轿子图2　/236

图7.9　一辆马车1　/237

图7.10　一辆马车2　/237

图7.11　携带中国皇帝信件的官吏　/239

图7.12　算盘　/241

图7.13　商人和他的算盘　/241

图7.14　铁匠的肖像　/243

图7.15　指南针图　/244

图7.16　中国灌溉图　/246

图7.17　链泵图1　/247

图7.18　链泵图2　/248

图7.19　水轮的剖面图和立面图，中国人用其汲水　/249

图7.20　收集粪便的儿童　/250

图7.21　火炮　/252

图7.22　战争武器　/253

图7.23　中国的军事哨所1　/255

图7.24 中国的军事哨所2 / 255

图7.25 卖唱者 / 262

图7.26 乐器 / 263

图7.27 中国舞台上的历史剧场景 / 263

图8.1 布莱顿英皇阁外景 / 279

图8.2 戏剧演员 / 280

图8.3 定海城南门 / 280

图8.4 布莱顿英皇阁宴会厅 / 281

图8.5 杖刑 / 286

图8.6 皇家运河上停泊的帆船 / 286

彩图目录

彩图1　威廉·亚历山大自画像
彩图2　中国皇帝在鞑靼热河接见特使1
彩图3　中国皇帝在鞑靼热河接见特使2（在彩图2基础上加工完成）
彩图4　中国皇帝赠予乔治·斯当东的玉如意
彩图5　锦缎荷包
彩图6　职贡图挂毯
彩图7　在中国帆船环绕中的马戛尔尼使团船队
彩图8　马戛尔尼角、高尔角和斯当东岛
彩图9　胭脂虫图示
彩图10　里约热内卢的仙人掌，当地的一个大型种植园种植有这些树木，用于繁育胭脂虫
彩图11　山竹果图
彩图12　天津戏台景观
彩图13　使团在天津的接待会
彩图14　圆明园正大光明殿外景
彩图15　英国使团在北京的官邸
彩图16　热河皇家园林景观
彩图17　"小布达拉宫"景观
彩图18　长城结构图示
彩图19　长城烽火台结构图示

彩图20　长城景观

彩图21　西湖景观

彩图22　雷峰塔景观

彩图23　临清宝塔景观

彩图24　驳船准备通过水闸的景象

彩图25　驳船从水闸较高一侧滑入低处河段的景象

彩图26　运河汇入黄河河口处景观

彩图27　乾隆半身肖像

彩图28　乾隆全身坐像

彩图29　无名官员肖像

彩图30　渔民肖像

彩图31　雨中纤夫

彩图32　中国女性肖像

彩图33　乡村妇女及儿童肖像

彩图34　圣母像

彩图35　佛龛与旅行者

彩图36　寺庙祭祀

彩图37　罪犯接受杖刑的场景

彩图38　杖刑

彩图39　一艘航船的结构图示

彩图40　一艘行驶中的驳船

彩图41　一艘商船

彩图42　战船

彩图43　手推车夫肖像

彩图44　信使肖像

彩图45　水轮图
彩图46　盾牌和军事堡垒图示
彩图47　掌旗官肖像
彩图48　堡垒建筑
彩图49　战争之虎肖像
彩图50　布莱顿英皇阁室内南楼梯平台上的彩绘玻璃窗格
彩图51　布莱顿英皇阁音乐室南墙面板的装饰画

第一章
"航向东方"

1792—1794年的马戛尔尼使团（the Macartney Embassy），是英国历史上第一个成功到访中国的外交使团，其以建立东西方两个国家之间的联系为目标。作为出访使命的一部分，英国政府委托使团中的作家和艺术家，把中国这个对西方来说一直笼罩在神秘之中的文明或地域文化翔实地记载下来。而使团带回的旅行纪实和艺术作品，也确实使英国乃至欧洲得以塑造自身在接下来的一个世纪及之后相当长时间内对中国的认知。

第一节　历史背景

马戛尔尼勋爵（Lord George Macartney）率领一支超过800人的英国使团访问中国，其官方说辞是为转达英王乔治三世对乾隆皇帝83岁寿辰的祝贺；而使团访华的实际目的，则是在当时有限的民间交流的基础上进一步打开中国的大门，以扩大英国的商业市场。然而，当英国人拒绝在觐见皇帝时行叩头礼仪，并否认中国在世界体系中较之英国的优越地位时，两个国家之间观念的冲突达到了顶峰——清廷将英国使团视同为其他入贡的藩属国使者，认为他们是弱小统治者的代表，来向其宗主寻求恩惠。结果，清廷以不符合朝贡体制为由，最终拒绝了马戛尔尼提出的所有外交要求。大失所望的英国使团随后也在清朝官员的严密监控下被敦促返回英国。

英国自 1620 年起就试图与中国开展贸易,但遭到了来自明朝和已经在华站稳脚跟的葡萄牙商人的抵制。尽管多年来英国商人取得了一些进展,但直至 18 世纪末,他们仍受制于将对外贸易限制在广州的一口通商制度,或曰"广州体制"。马戛尔尼使团的主要目标,是改善英国在中国的贸易环境,缓和与清王朝的关系。而如上所述,这次使命最终被证明是失败的,这在很大程度上或许是因为马戛尔尼不愿意向乾隆皇帝叩头,在他看来,对于自己这样一位英国君主代表而言,此种行为实属有失尊严。

不过不同于在政治和经济目标方面遭受的挫折,使团在文化和观念方面产生的影响可谓深远——后世观察者普遍认为,1793 年马戛尔尼访华使团标志着欧洲人在逐步增加对中国了解的过程中,态度从钦佩转向蔑视。虽然此次英国使团未能成功打开全面对华外交和贸易的大门,但是他们却获得了第一次近距离观察中国的机会——除了促进贸易和外交之外,使团确实还试图观察和记录中国及其人民的方方面面。这一目标是欧洲对中国态度广泛转变的组成部分——从对想象中的中国的钦佩,转向更加现实且务实的接触,中国从此不再是一个可用以教育欧洲政府和社会秩序的"典范"国家。

使团的文化使命还基于欧洲的启蒙思想,从而开启致力于科学探索的远航。因为在 1790 年代,当这次出使活动开始筹备时,在清廷奉职的耶稣会传教士及其有关中国描述的权威在欧洲开始受到怀疑,因为"他们缺乏新一波探索浪潮所期望的超然态度和'科学'的精确性"[1]。

英国使团用收集到的各种数据评价中国的理性秩序和科学发展,

---

1 P. J. Marshall, "Britain and China in the Late Eighteenth Century," in Robert A. Bickers, ed., *Ritual and Diplomacy: The Macartney Mission to China, 1792-1794*, Honolulu, HI: University of Hawaii, 1993, p.14.

他们启动了通过实证和科学手段对有关中国的新数据进行编目、描述、整理和评估的项目。使团获得的知识使得他们开始用"自我标准"评价中国,这意味着英国作家常常不自觉地用自己的标准评价中国。[1]在此种标准下,18世纪末的中国被认为在政治、科学发展和人民生活水平等方面存在缺陷。

而使团使命的失败,加上他们在出版物中表达的对中国的诸多负面评价,亦逐渐加剧了中国在英国和欧洲声誉的下降。

一、使团前史

马戛尔尼使团访华是中英贸易历史的一部分,这段历史起始于使团抵达中国的150多年前。两国最早的贸易接触发生在16世纪中叶,并伴随着英国多次与中国建立正式关系的努力尝试。

当英国人最初抵达中国时,西班牙和葡萄牙商人早已积极从事利润丰厚的中国贸易。此前,英国已曾多次尝试与中国开展贸易,但均因未成功抵达中国而中断计划。例如1583年,约翰·埃尔德雷德(John Eldred)、拉尔夫·菲奇(Ralph Fitch)、约翰·纽伯里(John Newbery)等人携带伊丽莎白女王的信件,试图通过海路到达中国;但由于受到葡萄牙人的攻击,使团未能完成出访。[2] 1596年,本杰明·伍德(Benjamin Wood)船长的探险队离开英国前往远东;该探险队又一次遭受葡萄牙舰船的进攻,而后更遭遇一系列不幸,最

---

[1] 关于英国作家使用的"自我标准",参阅 Shunhong Zhang, *British Views on China during the Time of the Embassies of Lord Macartney and Lord Amherst (1790-1820)*, Doctoral dissertation, London University, 1990, pp. 286-287. 英国作家通过用自己的标准评价中国,这些观点可能是赞成的,也可能是批评的。

[2] 关于伊丽莎白女王信函的中文翻译和约翰·纽伯里探险队的情况,参见秦国经、高换婷:《乾隆皇帝与马戛尔尼》,紫禁城出版社1998年版,第19—20页。

终在暴风雨中沉没。¹ 虽经上述挫折，与中国贸易能获得的利润依然吸引着后来者——约翰·威德尔（John Weddell）船长于1637年再次雄心勃勃地尝试到达广州，并代表东印度公司开始与中国进行贸易谈判；然而由于缺乏维持其存在的军事力量，他的团队最终被迫离开中国。²

1672年，英国东印度公司（East India Company, EIC）接替荷兰东印度公司，获得在中国台湾的贸易机会。大约在1700年，英国人将他们的贸易基地从台湾转移到广州，东印度公司则被授予垄断东印度群岛贸易的特权，并一直持续到1833年。

在整个18世纪，东印度公司是英国对华贸易最重要的代理人，它于1708年由两家公司合并而成——1600年成立的股份制"对东印度贸易的伦敦商人总管事与公司"（Governor and Company of Merchants of London Trading into the East Indies），以及1698年成立的"英国东印度贸易公司"（English Company Trading to the East Indies）。新成立的公司全称是"英格兰东印度贸易联合公司"（The United Company of Merchants of England Trading into East Indies），它垄断了英国与亚洲之间的全部贸易。在管理方面，东印度公司的股东选出24名董事会成员，负责打理公司事务，他们在位于伦敦利登霍尔街的东印度大厦（East Indian House）内做出决策。³

---

1 关于本杰明·伍德船长探险队的信息，参阅 Donald Ferguson, "Captain Benjamin Wood's expedition of 1596," *The Geographical Journal*, Vol.21, No.3, 1903, pp.330-334, http://www.jstor.org/stable/1775823. Accessed on February 7, 2022。

2 关于约翰·威德尔的经历，参阅 *Dictionary of National Biography*, London: Smith, Elder & Co, 1885-1900。

3 关于英国东印度公司的介绍，参阅 Britannica Online Database, Entry of East India Company, https://www.britannica.com/topic/East-India-Company. Accessed on February 7, 2022。

作为以香料、棉花、丝绸、茶叶、鸦片和其他产品贸易为基础的垄断企业，东印度公司在18世纪初至19世纪中叶扮演了英帝国主义在印度的代理人角色，并在19世纪扩大了在中国的影响力。在英国"征服"印度并获得巨额利润的推动下，东印度公司将目光转向与印度比邻的中国，希望像葡萄牙和荷兰一样，与之建立直接贸易关系。不久，中英贸易规模逐渐扩大，中国向英国出口了各种各样的商品，包括瓷器、丝绸和茶叶，而英国的出口仍然相当有限，包括棉花、玻璃、胡椒和其他商品。

然而，接下来的一系列事件导致中英关系恶化，特别典型的是导致一口通商体制固化的"洪任辉事件"（Flint affair）：1759年，英国商人兼外交官洪任辉（James Flint）乘船来到天津，向乾隆皇帝上书，抱怨广州通商环境恶劣。多名中国官员因此受到不同程度的处罚，但是洪任辉也由于试图推翻一口通商的贸易体系而在澳门被监禁三年，并最终被永远驱逐出境。[1]

除了与中国的外交和商业关系外，英国知识分子从17世纪开始就对中国的历史、语言和文化产生了浓厚的兴趣，其代表包括约翰·韦布（John Webb）、托马斯·海德（Thomas Hyde）和威廉·坦普尔爵士（Sir. William Temple）。其中，约翰·韦布虽然从未造访中国，但认为儒家伦理道德优于欧洲；他从《圣经》历史中寻求解释，认为中华民族是亚当的后裔，汉语是巴别塔各种语言出现之前的原初语言。[2] 另

---

[1] 这一历史事件又被称为"宁波事件"，参阅秦国经、高换婷：《乾隆皇帝与马戛尔尼》，紫禁城出版社1998年版，第25—28页。

[2] J. D. Frodsham, "Chinese and the Primitive Language: John Webb's Contribution to 17th Century Sinology," *Asian Studies Journal*, Vol.2, No.3, 1964, pp.389-408, https://www.asj.upd.edu.ph/mediabox/archive/ASJ-02-03-1964/Frodsham.pdf. Accessed on February 7, 2022.

一个例子是英国知识分子同欧洲耶稣会传教士从中国带回的皈依者沈福宗（1657—1692）的互动——戈弗雷·内勒爵士（Sir Godfrey Kneller）曾为沈福宗画过一幅肖像；而托马斯·海德则以与沈福宗共同掌握的拉丁语为中介，掌握了中文，并制作了牛津大学博德利图书馆（Bodleian Library）中文藏书的第一份目录。[1]

值得一提的是，上文述及的耶稣会传教士自1582年起就开始了同中国悠久的交往历史，其中包括在明朝官僚机构中担任受人尊敬的职位者。尽管传教士们的影响力在清中期逐渐减弱，但他们直至18世纪末仍然存在于中国，而且他们对中国语言和习俗的了解，在之后马戛尔尼使团与清朝官员的互动中发挥了重要作用。但是，在华耶稣会传教士在西方营造的对中国及其文化的有利态度，到18世纪开始陷入矛盾。例如，一方面，剧作家奥利弗·戈德史密斯（Oliver Goldsmith）在其1762年的作品《世界公民》（*The Citizen of the World*）中，仍极力认同中华民族是一个博学、有文化的民族这一积极观点；然而另一方面，一些有影响力的思想家和知识分子开始转变对中国的态度——1719年，丹尼尔·笛福（Daniel Defoe）出版了其著名作品的续集《鲁滨孙·克鲁索的更远历险》（*The Farther Adventures of Robinson Crusoe*），该书认为，中国与西方相比，实在是太落后了。[2]

一口通商对外国人贸易的限制性规则，则是英国向中国派遣使团的主要催化剂。1757年，乾隆皇帝颁布"一口通商"制度即广州体制，

---

[1] 关于沈福宗的经历，参阅 Robert K. Batchelor, "Shen Fuzong," *Oxford Dictionary of National Biography*, 2013, https://doi.org/10.1093/ref:odnb/95020。

[2] G. A. Starr, "Defoe and China," *Eighteenth-Century Studies*, Vol.43, No.4, 2010, pp. 435-454. 斯塔尔在这篇文章中认为，笛福的讽刺反映了英国人在政治秩序上捍卫君主主义，在宗教上捍卫自由思想，而在这些人眼中，对中国商品的喜爱使得中国"残暴的社会秩序和偶像崇拜"对欧洲商业、政治和宗教领域构成了一种威胁。

规定所有对外贸易都必须通过广州城外的十三行进行。十三行的行商在有限的时间内经营外贸，每年为期五个月。英国商人不准进入广州，妇女也不准进入工厂。外国人无法学习汉语，因为谁敢教汉语，就会受到清政府的严厉惩罚。行商在对外贸易中被组织成"公行"（法人团体），对粤海关监督负责，后者又受两广总督的进一步监督。

在这种制度下，腐败成为一个严重的问题，因为粤海关监督经常从行商那里榨取金钱以牟取私利，或者向上级官员行贿以求保护。[1]与此同时，由于英国对中国茶叶的大量需求，中英之间的贸易不平衡日益明显，而清政府要求东印度公司用白银支付的做法更加剧了此种不平衡。为了解决贸易逆差和港口限制的问题，东印度公司向英国政府提出申请，希望后者向中国派遣使团，以便使清政府了解英国的立场，从而改善英国商人的贸易环境。同时，为了避免粤海关监督和两广总督的干涉，使团应直接前往北京。

二、使团的组建与准备工作

较早的一次尝试性探索是1787年的卡斯卡特使团（Cathcart Embassy），但该使团随着1788年特使本人在苏门答腊岛近海去世而中途放弃。1791年10月，东印度公司监督委员会主席亨利·邓达斯（Henry Dundas）和时任英国首相威廉·皮特（William Pitt）重新提出新派使团的计划。当时邓达斯成为皮特政府的内政大臣，同时保留了自己在东印度公司监督委员会的职位。未几，政府任命乔治·马戛

---

[1] 关于一口通商制度的介绍，参阅 Earl Hampton Pritchard, *The Crucial Years of Early-Anglo-Chinese Relations, 1750-1800*, Rainbow-Bridge Book Co., 1973, pp. 128-141；亦可参见秦国经、高换婷：《乾隆皇帝与马戛尔尼》，紫禁城出版社1998年版，第19—28页。

图1.1 马戛尔尼勋爵肖像1（复制自《纪实》），1797年，基于托马斯·希基的绘画，铜版画（洛杉矶盖蒂研究所藏）

尔尼勋爵（图1.1）为使团特使。由于受到东印度公司的资助，使团在东印度公司董事会的指示下致力于实现若干目标，包括：放宽一口通商；在茶叶和丝绸产区附近开放新港口；在北京派驻特使；扩大英国产品出口；以及日本、交趾支那和东印度群岛对英国开放贸易。此外，马戛尔尼还奉命收集有关中国的各种信息，涉及经济、政治、军事、文化和社会等各个方面。[1]

使团由经验丰富的外交官、科学家和技术人员、军事人员以及艺术家和绘图员组成，一如詹姆斯·库克（James Cook）的团队，

---

[1] 关于马戛尔尼访华使团的目标，参阅 Earl Hampton Pritchard, *The Crucial Years of Early Anglo-Chinese Relations, 1750-1800*, Rainbow-Bridge Book Co., 1973, pp.307-311。

使团的人员构成可以说是18世纪末欧洲国家开展的全球探险活动的标配。马戛尔尼要求随从人员必须有能力协助谈判，或能使用现代科学仪器进行实验，并懂得收集中国社会情况、能够研究中国的科学技术。[1]

作为使团的领导者，乔治·马戛尔尼在外交和殖民管理方面拥有丰富的经验。他于1737年5月14日出生于贝尔法斯特附近，在欧洲大陆接受了两年的外交培训。在担任访华特使之前，他还曾担任英国驻俄罗斯叶卡捷琳娜大帝宫廷的特使、英国和爱尔兰议会议员、爱尔兰事务大臣、西印度群岛总督，以及印度马德拉斯总督。[2] 马戛尔尼亲自挑选使团成员，并对此予以特别关注，以确保外交活动的隆重和尊严。乔治·伦纳德·斯当东（George Leonard Staunton）在西印度群岛和马德拉斯时，就同马戛尔尼建立了终生友谊，他在使团中获任秘书长，并作为副使在特使缺席时全权代理。马戛尔尼在印度的前私人秘书安奇森·马克斯韦尔（Acheson Maxwell）及其远亲爱德华·温德（Edward Winder）分别担任两位副秘书长。埃涅阿斯·安德森（Aeneas Anderson）为特使的贴身男仆。斯当东12岁的儿子乔治·托马斯·斯当东（George Thomas Staunton，即"小斯当东"）作为特使的侍童随同出访，用在航行途中学到的一些简浅中文协助使团的翻译工作。他的老师汉斯·克里斯蒂安·惠纳（Hans Christian Hüttner）是一位语言学家，负责将各种文书翻译成拉丁文，然后由耶稣会传教

---

[1] Earl Hampton Pritchard, *The Crucial Years of Early Anglo-Chinese Relations,1750-1800*, Rainbow-Bridge Book Co., 1973, pp.272-279.

[2] 关于马戛尔尼的经历，参阅 Earl Hampton Pritchard, *The Crucial Years of Early Anglo-Chinese Relations, 1750-1800*, Rainbow-Bridge Book Co., 1973, p.272；Aubrey Singer, *The Lion and the Dragon: The Story of the First British embassy to the Court of the Emperor Qianlong in Pekin 1792-1794*, London: Barrie&Jenkins., 1992, p.2.

士翻译成中文（反之亦然），以促进使团和清廷之间的沟通。使团中还有两名中文翻译——柯宗孝（Paolo Cho）和李自标（Jacobus Ly，或娄门 [Mr. Plumb]），是斯当东在那不勒斯中文学院找到的。为了军事安保需要，马戛尔尼以三艘舰船作为运输载具，其中，"狮子号"有64门火炮，由伊拉斯谟·高尔爵士（Sir Erasmus Gower）指挥；"印度斯坦号"由威廉·麦金托什（William Mackintosh）船长指挥；还有一艘双桅船"豺狼号"。乔治·本森（George Benson）中校担任军事护卫指挥官，副手亨利·威廉·帕里什（Henry William Parish）中尉负责指挥一支炮兵分队。护卫队由10名骑兵、20名炮兵和20名步兵组成，使团希望以"英国人的威势和力量"给大清皇帝留下深刻印象。[1]

英国皇家学会主席约瑟夫·班克斯（Joseph Banks）负责指导马戛尔尼使团执行科学任务，扮演了非常重要的角色。除了为使团本身提供建议外，他还在使团返回后负责选编并监制斯当东的三卷本大型旅行纪实。[2] 班克斯特别指示使团收集有关桑树的信息，目的是将其移植至印度和英国。他还要求使团成员收集有关中国纺织品生产的信息，包括丝绸染色过程和"南京布"（Nakee Cloth）的生产。[3]

为了实现这次任务的科学目标，马戛尔尼挑选了几位重要的科学

1　关于马戛尔尼使团的组建，参阅 Earl Hampton Pritchard, *The Crucial Years of Early Anglo-Chinese Relations, 1750-1800*, Rainbow-Bridge Book Co., 1973, p.276; 关于其中的翻译人员问题，还可参见王宏志：《龙与狮的对话：翻译与马戛尔尼访华使团》，东方出版中心2023年版，译员篇。

2　澳大利亚的新南威尔士州立图书馆所存班克斯档案（Banks' Papers）表明，班克斯参与了乔治·斯当东官方旅行纪实的出版活动。

3　Aubrey Singer, *The Lion and the Dragon: The Story of the First British embassy to the Court of the Emperor Qianlong in Pekin 1792-1794*, London: Barrie&Jenkins., 1992, pp.159-162.

家和技术人员。其中，约翰·巴罗（John Barrow）是一位数学家和科学家，曾担任审计员，为小斯当东教授数学。前述炮兵中尉亨利·威廉·帕里什同时也是一位训练有素的测绘员，擅长绘制图示和建筑平面图。两位医生为休·吉兰（Hugh Gillan）和威廉·斯科特（William Scott）。詹姆斯·登维德（James Dinwiddie）是"苏格兰哲学家"，也是电力和气球飞行方面的行家，曾担任机械师。使团成员甚至还包括数学仪器制造商维克多·蒂博（Victor Thibault）和钟表匠查尔斯·亨利·佩蒂皮埃尔（Charles Henry Petitpierre）、园丁和植物学家约翰·哈克斯顿（John Haxton）和大卫·斯特罗纳克（David Stronach），以及冶金学家亨利·伊德斯（Henry Eades）。[1]

如同这一时期欧洲的大多数外交使团和科考队，艺术家们也被邀请加入使团，以记录整个航程中遇到的有关人物、地理和事物的图像。作为收集导航和地理信息的技术工作的一部分，帕里什和巴罗负责制作图示和地图图像。具有官方身份的艺术家是托马斯·希基（Thomas Hickey），他是一位肖像画家，也是马戛尔尼的朋友，但他现存的同这次使命有关的作品仅有一幅马戛尔尼的肖像（见图1.1），和一幅有关中国纤夫的画作。对于希基，巴罗在其自传回忆录中写道："我相信他在使团期间没有干任何事情，但在谈话中他是一个精明、聪明的人。"尽管"没有干任何事情"，希基的年薪还是高达 200 英镑，为使团绘图员威廉·亚历山大（William Alexander）工资的两倍。[2] 与之相对，亚历山大则负责记录在旅途中看到的一

1　Earl Hampton Pritchard, *The Crucial Years of Early Anglo-Chinese Relations, 1750-1800*, Rainbow-Bridge Book Co., 1973, pp.290-295.

2　Susan Legouix, *Image of China: William Alexander*, London: Jupiter Books Publishers, 1980, p.10.

切——他是使团图像资料的主要创作者,绘制了数百幅描绘中国场景和人物的素描和水彩画。

马戛尔尼使团于 1792 年 9 月 26 日从朴茨茅斯出发,于 1793 年 6 月 19 日抵达澳门。在澳门,乔治·斯当东下船与东印度公司官员会面,然后往北向天津航行。使团抵达天津之前,东印度公司代表专门拜见了两广总督,请求其允许使团在距北京约 140 千米的天津登陆,代表就登陆地点的选择提出了两个理由:一是避免在长途陆路旅行中损坏为皇帝带来的珍贵礼品;二是避免使团从广州到天津的行程受到延误。几经周折后,两广总督福康安终于传达了乾隆皇帝对使团上述请求的许可。当使团船只到达黄海时,东印度公司的"奋进号"作为引导船与其会合,前往天津。船队抵达天津,礼品被卸载,转用中国式帆船运往大沽。在大沽再次卸下运往通州。8 月 6 日,直隶总督梁肯堂前来迎接使团,通知使团将在热河行宫谒见乾隆皇帝。

英国使团于 8 月 21 日抵达北京,驻地为圆明园附近的宏雅园,礼品随行而至,被放置在这座夏宫中,由巴罗和登维德负责管理。9 月 2 日,大约 70 名使团成员离开北京,前往热河觐见乾隆皇帝,但是绘图员威廉·亚历山大被命令留在北京,因而错过了观看谒见仪式的机会。

9 月 8 日,英国使团抵达长城以北的热河。康熙皇帝在这一远离北京之处修建了这座宫殿和园林,作为其与之后的清朝皇帝接见外国使节的场所。然而在这里,使团与乾隆皇帝的会面事宜却因叩头问题一度中断。英国人在早些时候同印度莫卧儿宫廷的接触中,也遇到过类似的礼节问题。1615 年,第一任驻贾汉吉尔(Jahangir)皇帝宫廷的英国特使托马斯·罗伊爵士(Sir Thomas Roe)便断然拒绝了在他看来有辱人格的叩头要求，以维护英国的荣誉。1656年的首个俄罗斯使团和1667年的第二个荷兰使团，也都因拒绝向康熙皇帝叩头，而在没有获得皇帝接见的情况下被遣返。其实事实上，即使欧洲人勉强同意了这种叩头要求，也未能达到预期的结果——1655年访华期间，荷兰特使就在顺治皇帝面前叩头，但最终与中国进行贸易的提议还是遭到了拒绝。[1]

在使团访华之前，亨利·邓达斯曾指示马戛尔尼，接受"宫廷所有不得损害您君主的荣誉或降低您自己的尊严的礼仪"[2]。然而，马戛尔尼认为，叩头太有辱人格了。一方面，在整个接洽过程中，清朝官员不断催促使团成员向皇帝行叩头礼；另一方面，马戛尔尼则坚持认为，无论举行什么仪式，同等级别的中国官员都应该在乔治三世的肖像前做同样的礼仪，对此中国官员表示反对，声称马戛尔尼使团只是中国朝贡制度中的贡使之一。最后，双方终于妥协：除了膝盖着地之外，马戛尔尼只进行一次跪拜，而不是典型的九次跪拜。

1793年9月14日，使团正式谒见乾隆皇帝，以英国方面的表述，马戛尔尼与乾隆"互赠了礼品"，并向皇帝转交了英王乔治三世的国书。会见结束后，乾隆向使团颁发敕谕，拒绝了马戛尔尼的一切要求，声称："其实天朝德威远被，万国来王，种种贵重之物，梯航毕集，无所不有，尔国之正使等所亲见，然从不贵奇巧，并无

---

[1] 关于马戛尔尼使团访华前欧洲各国使节访问东方国家的情况，参阅 Caroline M. Stevenson, *Britain's Second Embassy to China: Lord Amherst's 'Special Mission' to the Jiaqing Emperor in 1816*, Canberra: AUN Press, 2021, pp.93-95。

[2] James Hevia, *Cherishing Men from Afar: Qing Guest Ritual and the Macartney Embassy of 1793*, Durham, NC: Duke University Press, 1995, p.80.

更需尔国制办物件。"¹

英国使团离开北京时，乾隆命军机大臣松筠与全程负责接待使团的通州协副将王文雄、天津道道员乔人杰陪同其南下广州。中途抵达杭州后，使团分为两队：一队登上停泊于舟山的"印度斯坦号"，由水路南下；另一队则由新任两广总督长麟陪同由内陆前往广州。到达广州之后，使团很快启程前往澳门，此时却收到英国与法国开战的消息，不得不放弃访问中国东部数个岛屿，以及访问朝鲜半岛和日本的计划。1794年3月17日，东印度公司商船与马戛尔尼使团船只会合，驶回英国，并于9月6日抵达朴茨茅斯港。²

1816年，第二个英国使团即阿美士德使团（Amherst Embassy），被派往访问嘉庆皇帝。英国使团再次拒绝叩头，最终被驱逐出中国，而贸易政策依然没有取得任何进展。³ 最终，1840—1860年，西方列强对清朝发动了两次鸦片战争，凭借现代军事技术轻松战胜了中国军队。清政府被迫签订《南京条约》（1842年）和《天津条约》（1858年），给予欧洲人优惠关税、贸易让步、赔款和割地，其中即包括半个世纪前马戛尔尼使团提出的要求。

---

1 关于乾隆皇帝所颁敕谕的完整内容，请参阅阿兰·佩雷菲特：《停滞的帝国：两个世界的撞击》，王国卿等译，生活·读书·新知三联书店2013年版，第249—250页；相关文本的考证，请参阅王宏志：《龙与狮的对话：翻译与马戛尔尼使团》，东方出版中心2023年版，敕谕篇。

2 关于马戛尔尼使团经历的详细叙述，参阅Alain Peyrefitte, *The Immobile Empire*, London: Harvill, 1993；Aubrey Singer, *The Lion and the Dragon: The Story of the First British embassy to the Court of the Emperor Qianlong in Pekin 1792-1794*, London: Barrie&Jenkins., 1992.

3 关于1816年阿美士德使团的经历，参阅Caroline M. Stevenson, *Britain's Second Embassy to China: Lord Amherst's 'Special Mission' to the Jiaqing Emperor in 1816*, Canberra: AUN Press, 2021.

三、使团的目标

学术界对马戛尔尼使团的目标和成就看法不一。研究 18—19 世纪的对外关系的学者,创造了一种"中国回应西方"的模式,将中国塑造成一个停滞不前、复杂的传统国家。[1] 这一观点在后来的学术界中得到了延续,例如,在 1989 年出版的、颇具影响力的著作《停滞的帝国:两个世界的撞击》中,法国学者阿兰·佩雷菲特描述了这次出使的过程及其失败。他认为,中国的文化自负导致了中英对抗,成为中国成功转型的障碍。[2] 1993 年,为纪念马戛尔尼使团访华二百周年,《礼仪与外交:马戛尔尼访华使团 1792—1794》一书出版[3],其中所载文章作者张顺洪和王曾才重申了是乾隆皇帝以中国为中心的世界观导致了 19 世纪中国灾难的论点。[4] 中国历史学家秦国经、高换婷的《乾隆皇帝与马戛尔尼》也持类似观点,该作品考察了清朝档案中对清朝与大英帝国相遇的相关描述。[5] 这些著作都强调了清朝的停滞,也几乎都将英国使团的失败归咎于这一原因。

---

1 Ssu-yü Teng and J. K. Fairbank, *China's Response to the West: A Documentary Survey, 1839-1923*, Cambridge: Harvard University Press, 1954. 本书主要收录了 1839 年至 1923 年间有关中国政策的论文和官方著作的英译,费正清在其中提出了中国近代史基本上是西方冲击见证的反应的观点,即"冲击与反应"模式。

2 Alain Peyrefitte, *The Immobile Empire*, London: Harvill, 1993.

3 Robert A. Bickers, ed., *Ritual and Diplomacy: The Macartney Mission to China, 1792-1794*, Honolulu, HI: University of Hawaii Press, 1993.

4 Zhang Shunhong, "Historical Anachronism: The Qing Court's Perception of and Reaction to the Macartney Embassy," Tseng-Tsai Wang's, "The Macartney Mission: A Bicentennial Review," in Robert A. Bickers, ed., *Ritual and Diplomacy: The Macartney Mission to China, 1792-1794*, Honolulu, HI: University of Hawaii Press, 1993, pp.31-56.

5 秦国经、高换婷:《乾隆皇帝与马戛尔尼》,紫禁城出版社 1998 年版。

近年来，上述观点受到一些学者的挑战，他们将清朝的政治体制视为一种帝国形态，认为乾隆皇帝采用不同的人格统治一个多民族的国家[1]，并在这一视角下重新审视马戛尔尼使团访华的历史。何伟亚在《怀柔远人：马戛尔尼使华的中英礼仪冲突》一书中，比较了中英两国的档案资料，从后殖民理论和文化研究的历史角度，审视了两个帝国的对撞。他向有关马戛尔尼使团的传统解释提出了挑战，认为这是两个文化实体之间的冲突，并认为使团的失败是"对主权含义和权力关系构建方式的相互竞争和最终不相容的观点"的结果。[2] 他的著作引发了学者们关于"后"现代理论在中国研究中应用的更广泛争论。[3] 黄一农分析了这次历史性会面的文字和图像产生的背景，审视了每位笔者的观点。他指出，英国使团和清廷就宾礼的形式达成了妥协；并进一步提出，这些文件的制作方式，为"对彼此有利的解释留下了空间，但忽略了那些被认为不太尊重的方面"。[4] 新的研究者没有

---

1 参阅 Evelyn Rawski, "Presidential Address: Reenvisioning the Qing: The Significance of the Qing Period in Chinese History," *The Journal of Asian Studies*, Vol.55, No.4, Nov., 1996, pp.829-850；Pamela Kyle Crossley, *A Translucent Mirror: History and Identity in Qing Imperial Ideology*, Berkeley: University of California Press, 1999。

2 James Hevia, *Cherishing Men from Afar: Qing Guest Ritual and the Macartney Embassy of 1793*, Durham, NC: Duke University Press, 1995, p.28.

3 参阅 James Hevia, "Postpolemical Historiography: A Response to Joseph W. Esherick," *Modern China*, Vol.24, No.3, 1998, pp.319-327; Joseph W. Esherick, "Tradutore, Traditore: A Reply to James Hevia," *Modern China*, Vol. 24, No.3, 1998, pp. 328-332；艾尔曼、胡志德：《马戛尔尼使团、后现代主义与中国史：评周锡瑞对何伟亚著作的批评》，《二十一世纪》第 44 期（1997 年），第 118—130 页；葛剑雄：《就事论事与不就事论事：我看〈怀柔远人〉之争》，《二十一世纪》第 46 期（1998 年），第 135—139 页；张隆溪，《"余论"的余论》，《二十一世纪》第 65 期（2001 年），第 90—91 页；罗志田，《译序》，载何伟亚：《怀柔远人：马嘎尔尼使华的中英礼仪冲突》，邓常春译，社会科学文献出版社 2019 年版，第 1—31 页。

4 黄一农：《印象与真相——清朝中英两国的觐礼之争》，《"中央研究院"历史语言研究所集刊》第 78 本，第一分（2007 年），第 35—106 页。

接受早期的学术观点,即中国是一个停滞不前的国家,从而失去了发展科学的机会,而是将18世纪的中国视为一个充满活力的实体,同样具有帝国扩张的雄心——此前学术界对中国文化停滞的描述,很可能反映了与大多数马戛尔尼使团成员相同的欧洲中心论观点。

第二节　华夏声名

马戛尔尼使团的访华活动及其影响标志着欧洲对中国观点的历史性转变,比较许多18、19世纪的文本,其中对中国的态度从崇拜转变为怀疑甚至批评立场。18世纪之前,大多数有关中国形象的英国文献都将其视为一个经济强盛、文化繁荣的伟大国度。中国与西方最早的接触,是由威尼斯商人兼旅行家马可·波罗(Marco Polo)开启的,他详细描述了13世纪的中国,此后,在13—16世纪的游记中,西方旅行者普遍将中国描绘成一个幅员辽阔、经济繁荣、人口众多的灿烂文明。[1]但一直到16世纪,中国与西方的交往才变得更加频繁,也更具有实质意义。这一时期,如前所述,耶稣会传教士在传播知识、科学和文化方面发挥了主导作用,他们超越了对中国繁荣富强

---

[1] 柏朗嘉宾(John of Plano Carpini)、鲁布鲁克的威廉(William of Rubruck)和马可·波罗等早期旅行者描述了他们对中国人民及其社会的了解或见闻。尤其是马可·波罗的《寰宇记》(*The Description of the World*)赞扬了中国的物质丰富和繁荣。16世纪大航海时代,随着葡萄牙人和西班牙人的全球探险,中国与西方的接触重新开始。加里奥特·佩雷拉(Galeote Pereira)、加斯帕·达·克鲁斯(Gaspar da Cruz)和马丁·德·拉达(Martin de Rada)记录了他们在中国的旅行,这有助于塑造西方对中国的主导形象。在此基础上,胡安·冈萨雷斯·德·门多萨(Juan Gonzalez de Mendoza)神父于1585年在罗马出版了一部颇具影响力的综合性中国历史著作,题为《中华大帝国史》(*History of the Great and Mighty Kingdom of China*),17世纪初许多受过良好教育的欧洲人都阅读过这本书。

的外在形象，从道德和精神层面诠释中华文明。其中，意大利耶稣会传教士利玛窦（Matteo Ricci）同徐光启、李之藻等一批最杰出的中国儒学学者成为朋友，并与他们开启了跨文化对话。利玛窦还在北京担任明朝万历皇帝时期的天文学顾问，并建立了中国第一座天主教堂。明朝灭亡后，汤若望（Adam Schall von Bell）和南怀仁（Ferdinand Verbiest）等仍然致力于向清朝宫廷传播西方科学、天文学、数学和视觉艺术知识。

耶稣会传教士还通过详细的记述和信件，将中国知识带回欧洲。也是在这一时期，儒家经典被翻译成法文和拉丁文，对欧洲社会文化特别是启蒙运动产生了巨大的影响。这些文本中，最具典型性的当属利玛窦在1615年出版的纪实文字，他在其中解释说，中国是一个由儒家官僚机构中的仁慈专制者统治的帝国，这个系统有效地确保了社会的秩序与和谐。[1] 利玛窦还阐述了中国的繁荣，他对中国人民的勤劳精神印象深刻。这种描述符合当时欧洲开明专制的政治理想。雷蒙德·道森（Raymond Dawson）在其1967年的经典著作《中国变色龙》中提出，这种中国统治的理想化形象，是欧洲耶稣会传教士的夸大和过度简化，他们强调中国或清朝皇帝的宽容和对整个帝国皈依基督教的可能所持的开放态度。[2] 除了利玛窦最初的记述，后来又出现了几部有影响力的著作，包括分别于1642年和1667年出版的塞梅多

---

[1] Raymond Dawson, *The Chinese Chameleon: An Analysis of European Conceptions of Chinese Civilization*, New York: Oxford University Press, 1967, p.43. 金尼阁（Nicolas Trigault）将利玛窦的日记从意大利语翻译成拉丁语，并结合其他材料改编成对中国传教初期的记述。该书名为 *De Christiana expeditione apud Sinas suscepta ab Societate Jesu*（论耶稣会在华人中的基督教宣教），于1615年在奥格斯堡出版。

[2] Raymond Dawson, *The Chinese Chameleon: An Analysis of European Conceptions of Chinese Civilization*, New York: Oxford University Press, 1967, p.50.

（Semedo）和基歇尔（Kircher）的著作、1687年出版的《中国哲学家孔子》（*Confucius Sinarum Philosophus*）、1696年李明（Le Comte）的《中国近事报道》（*Nouveaux Memoires sur la Chine*），以及1697年莱布尼茨（Leibniz）的《中国近事》（*Novissima Sinica*）。让·巴蒂斯特·杜赫德（Jean-Baptiste Du Halde）于1735年出版的法文版和英文版《中国全志》（*The General History of China*），标志着这一轮中国主题出版热潮达到巅峰。尽管杜赫德从未访问过中国，但他的著作是耶稣会传教士关于中国学术最全面的成果，为当时研究中国提供了重要材料，也为欧洲知识分子提供了信息基石。杜赫德的作品呈现了一个理想化的中国形象：繁荣的经济，和平的社会，温和的人民，甚至还有优越的法律制度。道森分析了这些作品对欧洲宗教和政治思想的影响。在宗教方面，中国提供了自然神论或自然宗教的活生生的例子，这种宗教不需要启示，并独立存在，这些事实证明它们并不符合《圣经》中的历史年表。在政治方面，中国社会被认为是由哲学家统治的，这为欧洲提供了"开明专制主义"的模板，对法国的新君主主义者尤其具有吸引力。[1]

而进入18世纪，欧洲人对中国的看法发生了转变，开始褒贬不一。[2] 莱布尼茨认为中欧是平等的文明，二者应追求文化交流。法国启蒙学者伏尔泰（Voltaire）盛赞中国政府遵循道德和法律进行统治，

---

[1] Raymond Dawson, *The Chinese Chameleon: An Analysis of European Conceptions of Chinese Civilization*, New York: Oxford University Press, 1967, pp.54-55.

[2] 关于西方对中国观点的一般性介绍，参阅 Raymond Dawson, *The Chinese Chameleon: An Analysis of European Conceptions of Chinese Civilization*, New York: Oxford University Press, 1967; Colin Mackerras, *Western Images of China,* Oxford: Oxford University Press, 1989; Jonathan Spence, *The Chan's Great Continent: China in Western Minds*, New York: W. W. Norton and Company, 1998。

而不是"专制主义",同时也钦佩中国的繁荣、人口众多、物质供应充足;著名重农主义者弗朗索瓦·魁奈(Francois Quesnay)亦认为,中国是农业繁荣、农民享受自由生活而无须过度征税的良好典范。然而在同一时期,其他知识分子开始批评这些理想化的观点,如苏格兰政治经济学家亚当·斯密(Adam Smith)在其颇具影响力的著作《国富论》(The Wealth of Nations)中指出,底层人民的贫困和缺乏对外贸易,导致中国未能了解世界其他地区更先进的机械和工业实践。孟德斯鸠(Montesquieu)在其政治制度理论中,将政府分为三种类型,即共和制、君主制和专制,并提出气候是每种制度的社会决定因素。由此,他提出中国是由专制君主统治的,其统治基于儒家思想和孝道。以及如前文已经提到的,同早期的欧洲耶稣会传教士和学者探讨中国的积极方面、凸显欧洲社会的弱点不同,丹尼尔·笛福用中国的消极形象凸显英国的优越性。

历史学家将这些18世纪经常相互冲突的中国观点,同欧洲社会内部的变化联系起来。如史景迁(Jonathan Spence)在其1998年出版的著作《大汗之国:西方眼中的中国》中,通过1253—1985年间的48次事件,考察了西方对中国的反应,他认为,每次在场事件的反应在时间和空间上都是混合且重叠的,并进一步指出,由于想象力、刻板印象和知识水平的不同,西方人心中的中国形象常常是不准确的。[1] 道森认为,这些变化"与其说反映了中国社会的变化,不如说反映了欧洲思想史的变化"[2]。他将这些变化同天主教和新教传教等历

---

[1] Jonathan Spence, *The Chan's Great Continent: China in Western Minds*, New York: W. W. Norton and Company, 1998.

[2] Raymond Dawson, *The Chinese Chameleon: An Analysis of European Conceptions of Chinese Civilization*, New York: Oxford University Press, 1967, p.7.

史里程碑事件联系起来。马克林（Colin Mackerras）在他1989年出版的《变化中的中国》中同样认为，中国形象经历了积极态度和消极态度之间的历史转变；但他强调，每一次转变不仅与现实有关，也与观察者的背景、偏见、意识形态有关，并由此关注具有不同文化背景、身份以及个人气质的个体具有的中国观念。[1]陶格则通过对文明内部多样性的调查，挑战了单一文明的概念。他认为，与对中国的看法相比，英国人可以识别自己文明的优点和不足，以帮助其在现代化过程中形成自我认同，因此英国对中国的评价，要求我们"考虑如何评估中国的不同方面"[2]。他的观点对于理解这一时期西方对中国的矛盾态度的产生，以及它与西方全球扩张背景下个体身份的定义至关重要。

在18世纪的舆论氛围下，马戛尔尼使团内部由于不同的社会、政治和知识背景，各个成员对中国的看法也必然会有所不同。从上述作品的视角分析英国使团的观点，我们可以得出一些设想：使团中的外交官和政治家专注于大英帝国的殖民扩张，因此他们在描绘中国"形象"时，更着眼于商业和经济利益。科学家则更加客观，其收集和检查信息的目的主要在于进一步获取全球知识。艺术家们愿意描绘一个更加愉快和谐的中国形象，他们的创作部分基于科学观察，部分基于修改现实以符合其"如画"的美学品位——艺术家对中国的描绘，提供了一个独特的视角，在许多情况下甚至与文字叙述形成鲜明对比。正是通过这些不同的表述和认知，使团收集、保留、传递了欧洲对中国的丰富认知。

---

1 Colin Mackerras, *Western Images of China*, Oxford: Oxford University Press, 1989.
2 Greg Thomas, "Evaluating Others: The Mirroring of Chinese Civilization in Britain," in David O'Brien, ed., *Civilization and Nineteenth-Century Art: A European Concept in Global Context*, Manchester: Manchester University Press, 2016, p.50.

在视觉描绘方面，18 世纪的欧洲艺术和物质文化，在耶稣会传教士对中国的理想化、混合性和科学化的描绘，与早期欧洲旅行家对中国的异国情调、充满奇思妙想的中国风形象二者之间摇摆不定。

17 世纪耶稣会传教士在礼仪之争的迷雾中，试图"创造"一种欧洲人可以接受的儒学观点。他们创作了著名的《中国哲学家孔子》，其中包括一幅孔子的肖像，成为中国文人文化的象征（图 1.2）。[1] 除了这一流行形象外，18 世纪，耶稣会传教士还参与创作了法文版《帝鉴图说》，这是一本有插图的书籍，描绘了明朝年轻的万历皇帝效仿的八十一种善行和要避免的三十六种恶行。1788 年出版的《帝鉴图说》法文版包含赫尔曼（Helman）的 24 幅版画。该作品最初是受乾隆皇帝委托，由耶稣会画家王致诚（Jean-Denis Attiret）重新绘制，并在查尔斯－尼古拉斯·科钦二世（Charles-Nicolas Cochin II）的监督下送往法国雕刻和印刷。在此过程中，曾任法国国务大臣的亨利－伦纳德－让－巴蒂斯特·贝尔坦（Henri-Leonard-Jean-Baptiste Bertin）获得了该画作的印刷品，这也构成了法语版本的基础材料。[2] 这些版画展现了一个崇尚孝道、重视教育、崇尚正气的理想中国。除了再现

---

1 关于《中国哲学家孔子》的介绍，参阅 Paola Dematte, "Christ and Confucius: Accommodating Christian and Chinese Belief," in Marcia Reed and Paola Dematte, eds., *China on Paper, European and Chinese Works from the Late Sixteenth to the Early Nineteenth Century*, Los Angeles: The Getty Research Institute, 2007, p.36。该书实际上是儒学经典《大学》《中庸》《论语》的拉丁语译本，另附有四位耶稣会传教士殷铎泽（Prospero Intorcetta）、恩里格（Christian Herdtricht）、鲁日满（Francois de Rougemont）和柏应理（Philippe Couplet）对它的补充，包括详细的介绍、注释和评论，孔子生平介绍，基督教和中国历史的比较年表，中国地图，以及孔子家谱。

2 关于《帝鉴图说》的介绍，参阅 Paola Dematte, "Christ and Confucius: Accommodating Christian and Chinese Belief," in Marcia Reed and Paola Dematte, eds., *China on Paper, European and Chinese Works from the Late Sixteenth to the Early Nineteenth Century*, Los Angeles: The Getty Research Institute, 2007, p.40。

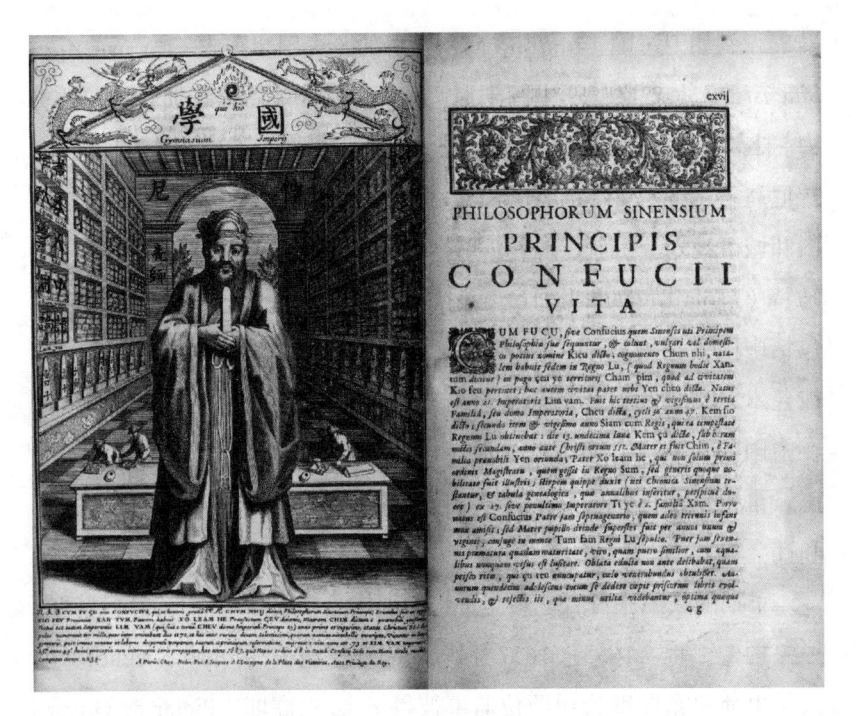

图1.2 《中国哲学家孔子》中的孔子肖像,1687年,版画
（维基共享资源）

中国的道德历史之外,为皇帝效力的欧洲耶稣会传教士还有机会观察皇帝的公共事业和私人生活,他们提供了更具混合风格的中国图像。这些成果见证了中欧之间的跨文化交流,例如1783年受乾隆皇帝委托雕刻的20幅欧洲庭院版画。

耶稣会传教士也致力于传播关于中国的科学知识。从未去过中国的阿塔纳修斯·基歇尔（Athanasius Kircher）创作了《中国纪念碑》（*China Monumentis*）,它包括根据卜弥格（Michael Boym）的《中华植物志》（*Flora Sinensis*）和其他中国图像发展而来的科学但充满异国情调的插图。此外,耶稣会传教士绘制的中国地图往往既科学又准确，例如卫匡国（Martino Martini）的《中国新图志》（*Novus Atlas Sinensis*），是首次使用中国土地调查并以欧洲地图形式加以呈现的努力。杜赫德的地理描述模仿了卫匡国的作品，展示了让-巴蒂斯特·布吉尼翁·丹维尔（Jean-Baptiste Bourguignon d'Anville）绘制的详细地图和城市规划。[1] 当代学者马西娅·里德（Marcia Reed）和保拉·德马特（Paola Dematte）研究了清朝耶稣会传教士创作的视觉图像，包括中国古典书籍的插图印刷品、科学仪器和地图，显示出东西方在艺术、文化和科学方面的合作。两位学者通过考察耶稣会传教士在中国的活动，介绍了此一时期中国同欧洲的文化、艺术和科学交流，也提供了耶稣会传教士关于中国理想化形象在欧洲传播的宗教和社会背景。

早期的欧洲旅行者也参与了将中国描绘成充满奇迹与异国情调的形象构建工程。1655—1657年，约翰·尼霍夫（Johan Nieuhof）加入了由荷兰东印度公司两位监事彼得·德·高耶（Pieter de Goyer）和雅各布·凯泽（Jacob Keyzer）领导的荷兰访华使团，成为第一位通过实地观察捕捉中国风景、社会和人物形象的西方艺术家。尼霍夫用荷兰的绘画技巧，将中国文化描绘成颇具异域情调的国家（图1.3、图1.4）。奥尔弗特·达珀（Olfert Dapper）追随尼霍夫的脚步，制作了《第二、三次荷兰东印度公司使节出访大清帝国记闻》（*Gedenkwaerdig Bedryf*），其插图风格同尼霍夫甚为相似，描绘了荷兰使团访华期间所见城市景观和经历重要事件。伯纳德·皮卡特（Bernard Picart）后来吸收了早期艺术家（包括卫匡国、尼霍夫和达珀）

---

[1] 关于耶稣会士对中国的描述，参阅 Marcia Reed and Paola Dematte, eds., *China on Paper, European and Chinese Works from the Late Sixteenth to the Early Nineteenth Century*, Los Angeles: The Getty Research Institute, 2007, pp.142, 146, 152。

图1.3 《荷兰东印度公司使臣朝见鞑靼大汗》的卷首插图,基于约翰·尼霍夫的绘画,1665年,版画(维基共享资源)

图1.4 魔术师(复制自《荷兰东印度公司使臣朝见鞑靼大汗》),基于约翰·尼霍夫的绘画,1665年,版画(维基共享资源)

的艺术元素和风格，创作了一部九卷本插图集，名为《世界人民的仪式和宗教仪式》(Ceremonies et coustumes religieuses de tous les peoples du monde)。[1] 所有这些图像，都强调了欧洲与中国相遇时的异国情调概念。孙晶2013年的论文《逼真的幻觉：约翰·尼霍夫的中国形象》，研究了尼霍夫1665年的第一版荷兰语的版画，判断保存在巴黎的手稿是由尼霍夫在阿姆斯特丹创作的，该画作成为正式版画和后世中国风的灵感起点。[2] 她的研究方法提供了追踪从画稿到版画的创作过程的方法论，这对于分析威廉·亚历山大的作品非常重要，因为亚历山大和他的版画师在将画作转换为版画时，正是以前人为鉴修改画稿的。

除了对中国的视觉再现之外，欧洲从中国进口的瓷器、漆器、纺织品、壁纸等物品，也为公众提供了另一个了解中华文明的渠道。为了迎合大众对中国物品的品位，欧洲艺术家发明了一种新的中国风，采用了大量来自进口物品的图案，将其与欧洲图像相结合，构建了一种高度混合的装饰形式。这种形式常常与夸张、直白和女性特征有关。大卫·波特（David Porter）2001年出版的《表意文字：早期现代欧洲的中国密码》，分析了这一时期欧洲建筑、园艺、挂毯和雕刻中的中国风，并对中国风的保守批评家进行了讨论。[3] 在讨论欧洲对中国观点从正面转向负面的转变时，波特并没有将马戛尔尼访华使团的图

---

1 关于欧洲旅行者对中国的描述，参阅 Marcia Reed and Paola Dematte, eds., *China on Paper, European and Chinese Works from the Late Sixteenth to the Early Nineteenth Century*, Los Angeles: The Getty Research Institute, 2007。

2 Jing Sun, "The Illusion of Verisimilitude: Johan Nieuhof's Images of China," Ph.D. Thesis, Leiden University, 2013.

3 David Porter, *Ideographia: The Chinese Cipher in Early Modern Europe*, Stanford: Stanford University Press, 2001.

像视为美学创作，而是将其视作同促进贸易和文化竞争有关的商业记录。波特的观点很重要，因为他研究了英国对中国看法转变背后更大的演变模式，并研究了欧洲人如何以中国为坐标定义自己。可惜波特没有解释使团贸易/政治维度的交织和重叠，以及在塑造欧洲观念时创作的大量视觉图像。

波特2010年的另一部研究专著《十八世纪英国的中国品位》，则通过观察英国人对中国商品和审美（如花园、瓷器和假山石）的矛盾反应，考察了现代英国形成过程中的中国品位。他反对将异国奢侈品解读为对英国帝国实力崛起而庆祝的倾向。相反，波特认为来自中国的物品"提醒了英国的文化落后、物质依赖以及在世界舞台上相对较晚的地位"[1]。由此，波特重申了中国与大英帝国同等的地位。这种更加平等的观点，否定了传统东方主义将亚洲国家视为落后、女性化的"他者"的观点。波特并没有简单地将中国人的品位视为肤浅和夸张，而是发现英国人之间存在一种矛盾的态度，这在使团创作的视觉图像中也很明显。

处于中英关系的转折性漩涡中，马戛尔尼使团创作的视觉图像建立在实证观察和科学调查的基础上，向英国观众展示了更加真实的中国形象。在研究威廉·亚历山大的中国图像时，吴芳思（Frances Wood）简要介绍了亚历山大的一些速写画稿示例，强调其基于经验观察并传达了准确的信息。[2] 她还指出，亚历山大经常将人物、风景

---

[1] David Porter, *The Chinese Taste in Eighteenth-Century England*, Cambridge: Cambridge University Press, 2010, p.7.

[2] Frances Wood, "Closely Observed China: From William Alexander's Sketches to His Published Work," *The Electronic British Library Journal*, 1998, http://www.bl.uk/eblj/1998 articles/pdf/article7.pdf, accessed on June 9, 2018.

和建筑的各种主题结合在最终成品中。吴芳思的研究很有说服力，因为她追踪了许多成品图像的创作过程——亚历山大完成的作品，不可避免会同"原件"之间产生细微的差异，但用于收集和表现这些图像的科学方法，仍然提供了对"原件"相当准确的描述。在对亚历山大作品的另一项研究中，斯泰西·斯洛博达（Stacey Sloboda）解释了亚历山大如何借用"预先建立的中国风视觉符号"构建他的许多中国形象——尽管他声称其描绘的是对中国文化基于经验的真实观察。[1] 综合来看，在中国期间，他根据经验观察和科学兴趣，仔细审视、比较和借鉴。他更成熟的水彩画和版画，确实经常表现出中国风美学传统的影响，但这并不会使这些图像中经常保留的科学元素失效。

考虑到所有这些视觉传统和影响，亚历山大的图像标志着从耶稣会传教士的理想化图像，早期旅行者和中国风的幻想、异国情调图像，到更现实的中国图像形式的转变。这种变化很大程度上是由于亚历山大在创作中采用了更科学的方法。

第三节　艺术、科学与外交

在马戛尔尼使团的文化使命中，艺术与科学这二者密切相联，使团成员创作的图像被视为形象地传播中国知识的重要方式。团员中最为重要的艺术创作者威廉·亚历山大即接受过艺术和探险方面的双重教育：亚历山大在肯特郡的梅德斯通出生，也在此去世。1782—1784年，他在朱利叶斯·凯撒·伊贝特森（Julius Caesar Ibbetson）

---

[1] Stacey Sloboda, "Picturing China: William Alexander and the Visual Language of Chinoiserie," *British Art Journal*, IX, No.2, 2008, pp.28-36.

的指导下学习绘画，而后者曾担任 1787 年半途而废的卡斯特使团的官方绘图员。[1] 1784 年，17 岁的亚历山大进入英国皇家艺术学院学习绘画，一学七年，直到 1792 年在伊贝特森的推荐下加入了马戛尔尼使团，从而成为一名职业艺术家。有关中国主题的作品制作占据了他人生的一半旅程。1814 年，即从中国回国 20 年后，也即距其去世仅两年前，亚历山大终于出版了《中国服饰和习俗图鉴》(*Picturesque Representation of the Dress and Manners of the Chinese*，以下简称《习俗图鉴》)。同时，亚历山大的职业生涯与更广泛的风景素描、绘画活动相交叉，这场运动彻底改变了这一时期的英国艺术——他与英国艺术收藏家、赞助人托马斯·门罗（Thomas Monro）成为朋友，门罗也是英王乔治三世的顾问医师。当门罗住在萨里郡费彻姆时，同包括亚历山大在内的许多艺术家经常相聚，并外出进行绘画之旅。在一次旅行中，亚历山大结识了水彩画家托马斯·赫恩（Thomas Hearn），后者对他产生了巨大的影响。门罗伦敦家中的"门罗学院"还开设晚间课程，亚历山大和其他画家可以在其中研究和临摹他收藏的画作和手稿，其中包括卡纳莱托（Canaletto）、托马斯·庚斯博罗（Thomas Gainsborough）和理查德·威尔逊（Richard Wilson）等老一辈大师的作品。1799 年，伟大的水彩画家托马斯·吉尔廷（Thomas Girtin）在门罗的圈子里组织了一个素描俱乐部，轮流在每位成员的家里聚会。1802 年 5 月 5 日轮到亚历山大时，他接待了包括保罗·桑德比·穆恩（Paul Sandby Munn）和他的兄弟威廉·穆恩（William Munn）在内的一批艺术家。1802—1808 年，在风景画家和日记作家约瑟夫·法

---

[1] 关于威廉·亚历山大的经历，参阅 Susan Legouix, *Image of China: William Alexande*, London: Jupiter Books Publishers, pp.5-20。

林顿（Joseph Farington）的支持下，亚历山大受聘于白金汉郡大马洛皇家军事学院，担任风景画老师。不久，他辞去此教职，受聘为大英博物馆古物部助理管理员。作为古物协会的会员，亚历山大在皇家军事学院和大英博物馆工作期间，表现出了对古物研究的热情。他还保持着对地形画的兴趣，多次在英格兰进行广泛的旅行，并为地形书籍绘图。1816年，亚历山大因患脑部疾病，于7月23日去世，终年49岁。

亚历山大的绘画和版画成品，呈现出某种混合风格，既包含"再现"（representation）的科学因素，又包含"如画"（picturesque）的美学特征。其中，"如画"画派于18世纪末由威廉·吉尔平（William Gilpin）、理查德·佩恩·奈特（Richard Payne Knight）和乌维代尔·普莱斯（Uvedale Price）等艺术家和学者创立、发展。英国"如画"画派的风景画家，发明了一批独特的绘画规则：采用前景、中景和远景的三重结构；偏爱粗糙、不规则和多变的轮廓；柔和和谐的色调；包括非劳动者，通常是下层阶级的人物，如乞丐、吉卜赛人或无所事事的牧羊人。[1] 值得一提的是，芭芭拉·斯塔福德（Barbara Stafford）认为，科学插图是风景如画美学的对立面，因为前者基于培根的经验传统，后者则拥抱理想化和普遍化的愿景；但帕特里克·康纳（Patrick Connor）反对这一观点，否认"艺术理论与科学方法之间存在根本冲突"。[2] 就亚历山大为使团创作的作品而言，科学与"如画"元素相结合，确实产生了和谐的图像，这与康纳的观点一致。

艺术家首先将这种审美图式移植到英国风景中，然后将其带到大

---

[1] Malcolm Andrews, *The Search for the Picturesque: Landscape Aesthetics and Tourism in Britain, 1760-1800*, Andershot, England: Scolar Press, 1989.

[2] Patrick Connor, "Book Review: *Voyage in Substance*," *The British Journal for the History of Science*, Vol.19, No.2, July 1986.

英帝国及其殖民地。保罗·桑德比（Paul Sandby）把在伍尔维奇皇家军事学院学习到的方法付诸应用，特别将实证的地形准确性的要素与"如画"的形式相结合，以便以熟悉的艺术语言实现精确性。他以其"如画"的英国高地风景画而闻名，为英国陆军和海军军官确立了既准确描绘风景，又具有"如画"品位的绘画典范。杰弗里·奥尔巴赫（Jeffrey Auerbach）将这一现象应用于英国殖民地研究中，他提出，通过"如画"的风景，英国艺术家以一种综合的方式呈现异国情调的风景，使陌生的事物变得可知，并符合大英帝国的情感。[1] 这种观点将"如画"的艺术风格与帝国主义控制殖民地的野心联系起来。与此相反，约翰·克劳利（John Crowley）在其2011年的《帝国景观》中，研究了海外殖民主体如何通过欣赏地形景观，想象地构建英国的全球帝国。他认为，七年战争之后，英国艺术家将帝国利益与非政治的风景欣赏融为一体："随着帝国的军事化，陆军和海军军官创作了许多代表英国新帝国景观的地形艺术。然而，他们的图像向人们传达了一种奇怪的反胜利主义（anti-triumphalist）信息。"[2] 道格拉斯·福德姆则在其深入研究中，巧妙地揭示了地形绘图与军事需求之间的紧密纽带，指出在摄影技术尚未诞生的时代，地形图不仅是军事行动的基石，其制作更成为军事学府中的必修课程，重要性不言而喻。与此科学严谨的追求形成鲜明对照的，是英国深厚的田园诗画传统，它倾心于描绘宁静祥和、牧歌式的乡村景象，传递出一种令人心旷神怡的美感。正是在这两大脉络——军事的实用主义与传统的审美理想——以

---

[1] Jeffrey Auerbach, "The Picturesque and the Homogenization of Empire," *The British Art Journal*, Vol.5, No.1, Spring and Summer 2004, pp. 47-54.

[2] John E. Crowley, *Imperial Landscapes: Britain's Global Visual Culture 1745-1820*, New Haven and London: Yale University Press, 2011, p.7.

及新兴媒介与古典美学的交织碰撞中，蚀刻画旅行书籍应运而生，成为连接已知与未知、熟悉与陌生的桥梁：由保罗·桑德比于1775年创作问世的《南威尔士现场素描的十二幅蚀刻画景观》，被认为是英国首部专注于蚀刻风景画的书籍，此后，一系列类似作品如雨后春笋般涌现。此外，福德姆还提出了一个独到见解：绘画这门历来为有闲阶级钟爱的优雅艺术，其教学过程与蚀刻版画技术竟有着异曲同工之妙，这一创作过程不仅体现了后者技艺的精湛，更深刻地影响了英国观众对于蚀刻画旅行图像的感知——当这些遥远地域的风光以蚀刻版画的形式呈现于眼前时，观众能够从中捕捉到一丝熟悉与亲切，仿佛那些异域景致已悄然融入了他们的日常生活，成为一种精神上的"家庭化"体验。这种独特的审美共鸣，正是蚀刻画旅行书籍独有的魅力所在，它们不仅记录了远方的风景，更在无形中拉近了人与世界的距离。[1] 同样在18世纪末，英国艺术家使用类似的非政治方法描绘中国风景，通过融合地形和"如画"的美学，反映了艺术家希望的人们对中国的想象——使团在其有关中国的知识建设项目中，就借助了类似的方法，而亚历山大的《中国服饰》正是此类作品的典型。

尽管中国不同于大英帝国的殖民地，但亚历山大用融合地形与"如画"美学的方法，揭开中国的神秘面纱，也获得了关于中国的经验知识。巫鸿审视了亚历山大在中国图像中描绘建筑废墟的方法，他以亚历山大的雷峰塔版画为例，将其与他的其他英国风景画进行比较，分析视觉信息的跨国界传递，认为通过探索"中国遗址"和"如画"的概念，亚历山大创造了一种马戛尔尼使团特定时刻的全球知识

1　Douglas Fordham, *Aquatint Worlds: Travel, Print, and Empire, 1770–1820*, New Haven and London: Yale University Press, Distributed for the Paul Mellon Centre for Studies in British Art, 2019.

形式；巫鸿还研究了使团图像作品中中国坟墓废墟的形象，并将其与马戛尔尼对中国的看法——认为中国是一个古老而落后的帝国，很容易陷入困境——联系起来。[1] 亚历山大的中国形象中"如画"的全球视觉语言，在塑造英国人对中国的观点中发挥了作用。

如前所述，马戛尔尼使团并不是一个孤立的历史事件，而是近代西方科学化和殖民化趋势的一部分。这一时期开展了几次涉及国际合作和殖民探险的重要科学考察，其中最著名的是詹姆斯·库克的三次南太平洋航行。伯纳德·史密斯（Bernard Smith）研究了库克的航行，分析了探险队中三位艺术家——西德尼·帕金森（Sydney Parkinson）、威廉·霍奇斯（William Hodges）和约翰·韦伯（John Webber）使用的基于经验自然主义的艺术风格。艺术家们拥有不同的艺术训练背景，尝试着不同的技术组合，以创作出既忠实于自然又符合英国民众期望的作品。[2] 在一项针对1768—1771年"奋进号"航行的研究中，鲁杰·乔皮恩（Rudger Joppien）和伯纳德·史密斯考察了探险活动中艺术家的职业和角色、在不同地点创作的大量画稿，以及旅行纪实的出版情况。[3] 他们简要回顾了欧洲的民族志创作传统，以及它如何影响了这些画稿的创作，并介绍了航海艺术、人文科学和自然历史这三个对于国家的分类类别。马戛尔尼使团遵循库克航行的模式，对图像进行了类似的分类。

除了使团在现场创作的画稿在艺术和科学维度的影响外，其访问

---

[1] 巫鸿：《马嘎尔尼使团与"中国废墟"的诞生》，《紫禁城》2013年第10期。

[2] Bernard Smith, *Imagining the Pacific: In the Wake of the Cook Voyages*, New Haven and London: Yale University Press, 1992.

[3] Rudger Joppien and Bernard Smith, *The Art of Captain Cook's Voyages*, New Haven and London: Yale University Press, 1985.

归来后的出版物也产生了广泛的影响，并帮助欧洲形成了未来几十年对中国的一系列观点。朱文祺在研究欧洲服饰书籍传统时，重点考察了亚历山大的《中国服饰》(Costume of China)，特别是其蚀刻版画和手工着色的技巧。她认为，这本书通过创造"经验准确、美观且经济高效"的图像，实现了艺术和商业目标。[1] 卡拉·林赛·布莱克利（Kara Lindsey Blakley）从符号学的角度，审视了《中国服饰》对布莱顿英皇阁室内设计的艺术影响，认为每一个熟悉的中国主题的唤起，都反映了中英之间更紧密的关系，这也是英国快速工业化和对中国商品渴望的结果。例如，她提出了宝塔的主题，认为通过将其小型化、矮化以及引入英国，后者表达了其占有中国的未言明的野心。[2]

英国使团访华的政治目的和意识形态影响，目前已得到充分研究和讨论，但其科学目标和成就却很少受到学术界的关注。班克斯为使团制订的详细的科学方面的计划，正是18世纪英国科学进步的表现。18世纪被认为是欧洲探索的第二个伟大时代，科学史学家最近也称其为"科学时代"（Age of Science）。[3] 18世纪见证了这样一个过程，正如玛格丽特·雅各布（Margaret Jacob）描述的那样——科学理论的"巩固"和"吸纳"；这是一个"科学知识成为西方文化不可分

---

[1] Wenqi Zhu, "Negotiating Art and Commerce in William Alexander's Illustrated Books on China," Master thesis, University of Hong Kong, 2021.

[2] Kara Lindsey Blakley, "From Diplomacy to Diffusion: The Macartney Mission and Its Impact on the Understanding of Chinese Art, Aesthetics, and Culture in Great Britain, 1793-1859," Doctoral thesis, University of Melbourne, 2018.

[3] Clark William, Jan Golinski and Simon Schaffer, eds., *The Sciences in Enlightened Europe*, Chicago: The University of Chicago Press, 1999, p.16.

割的一部分"的时代。[1]这一时期，物理学取得了重大进步，例如磁学和电学；地质学和生物学已初具规模；卡尔·冯·林奈（Carl von Linnaeus）制定的新分类系统彻底改变了自然史……这一时期的另一个特点是知识民主化，新的科学发现通过多种渠道传播给公众，包括图书、手册、百科全书以及现场讲授。随着科学课程在欧洲大学扎根，科学研究机构也纷纷随之建立，例如法国皇家科学院，以及圣彼得堡和柏林的类似学院。科学界的绅士和一小群女性获得了进入"文人共和国"（Public of Letters）的机会，英国政府开始雇用各个科学技术领域的专家。[2]

英国科学精英在与全球探险相关的重要出版物的出版过程中发挥了重要作用，马戛尔尼使团也是如此。约翰·加斯科因（John Gascoigne）在他1994年和1998年出版的两本著作中，将约瑟夫·班克斯的传记研究同英国的制度历史结合起来，考察班克斯有关科学发展的观念如何与英国的国家社会经济机构，如枢密院贸易委员会、农业委员会、海军部、东印度公司、非洲协会、英国皇家学会等等相关联。他追溯了班克斯作为政府科学事务顾问的崛起，以及他的赞助网络和政治关系（例如英国皇家学会），这最终使他在政府中拥有巨大的权力和影响力。加斯科因考察了班克斯作为英国权贵，其新重商主

---

[1] Margaret C. Jacob, *Scientific Culture and the Making of the Industrial West*, New York and Oxford: Oxford University Press, 1997.

[2] 关于18世纪欧洲科学的发展，参阅Roy Porter, *The Cambridge History of Science*, Vol. 4, *The Eighteenth Century*, Cambridge: Cambridge University Press, 2003. "文人共和国"指17世纪末、18世纪欧洲和美洲的远距离知识分子共同体。它促进了启蒙时代知识分子或法国所谓哲学家之间的交流。文人共和国出现于17世纪，自称是一个由学者和文学人物组成的社区，其跨越国界，但尊重语言和文化的差异。这些超越国界的社区构成了形而上学共和国的基础。由于社会对女性的限制，文人共和国主要由男性组成。

义观念对大英帝国政策的影响，并探讨了英国帝国观中科学世界主义与国家竞争力之间的冲突。班克斯的职业生涯处于英国国家从寡头政治向官僚秩序转变的时期，他的一生同政治、科学和商业机构的发展交织在一起，而这些机构正是发起、赞助和推进马戛尔尼访华使团的主要机构。

班克斯积极参加伦敦各种科学俱乐部，他是慕雅会（Society of Dilettanti）、皇家学院、雅典俱乐部和最著名的文学俱乐部的成员。正是在这些地方，他与塞缪尔·约翰逊（Samuel Johnson）、埃德蒙·柏克（Edmund Burke）、约书亚·雷诺兹（Joshua Reynolds）、乔治·马戛尔尼等人交往。[1] 班克斯如此重要，以至于大卫·菲利普·米勒（David Philip Miller）用"班克斯学术帝国"（Banksian Learned Empire）的概念描述1830年之前的伦敦知识界。这群以班克斯为中心的精英，包括富有的绅士、医生和牧师，他们将自然史同古典学和博古学的研究相结合，其科学研究有别于其他社会地位较低的公众。马戛尔尼使团深受科学精英的影响，他们的纪实和日记，显示出对科学的浓厚兴趣。

除了"班克斯学术帝国"之外，米勒的研究还确定了一批帮助将科学细分至各个学科的个人及其相关协会，例如地质学会（1807年）、皇家天文学会（1820年）、动物学会（1828年）和地理学会（1830年）。这些机构主要由英国政府支持，有时也受到东印度公司和其他商业公司赞助。[2] 这一时期各类使团的探索帮助英国从艺术传统向具

---

[1] John Gascoigne, *Joseph Banks and the English Enlightenment: Useful Knowledge*, Cambridge and New York: Cambridge University Press, 1994, p.71.

[2] David Philip Miller, "The Royal Society of London 1800-1835: A Study in the Cultural Politics of Scientific Organization," Ph.D. thesis, University of Pennsylvania, 1981.

有各种特定学科更专业更系统的科学转型。[1] 而各使团成员正是在英国咖啡馆、科学社团等公共场所，向志同道合的绅士们分享旅行经历和科学活动的。

马戛尔尼使团的文字和视觉记录，在很多方面都是18世纪末流行的旅行纪实的典范。这些描述不同于以前对外国土地的异国情调或理想化描述——这类表达大多缺乏经验观察和准确性。在启蒙时代，新的科学方法为解读自然提供了理论分析框架，要求在文本和图像中忠实再现。在其插画中，探险队的艺术家们开始脱离艺术"常规"，真实地描绘令他们印象最深刻的山河图景。例如，坚硬的岩石和柔软的云彩的视觉渲染，成为艺术家们非常关心的问题，他们将其同地质学和气象学的科学研究联系起来。芭芭拉·斯塔福德在其1984年出版的经典研究《实质之旅》中，通过研究17世纪初以来英国和法国的语言改革，讨论了对自然的经验态度的兴起和发展。她指出，探险家遵循培根的归纳逻辑传统，在他们的叙述中以语言和视觉形式准确地描述景观。她研究了地质、物理和化学理论的"硬体"（hard bodies，坚硬物体）和"软体"（soft bodies，短暂效应），还讨论了在特定的空间和时间维度上"现场"制作图像的美学。[2] 斯塔福德对许多带插图的旅行记录进行考察，并根据特定的美学和科学理论方法讨论了亚历山大风景画——后者对中国风景的描绘，揭示了她对跨越国家和地理界限的科学表现流行风格趋势的坚持。

1　John Gascoigne, *Joseph Banks and the English Enlightenment: Useful Knowledge*, Cambridge and New York: Cambridge University Press, 1994.

2　Barbara Maria Stafford, *Voyage into Substance: Art, Science, Nature, and the Illustrated Travel Account, 1760-1840*, Cambridge, Mass: MIT Press, 1984.

人类科学（human science）是 18 世纪的另一个新领域，于 19 世纪发展成为人类学。《发明人类科学：十八世纪的领域》一书表明，那个时期的知识分子渴望将自然科学与人类科学联系起来。受物理世界遵循有序法则这一信念的启发，他们致力于发现人类社会运行机制的事业。大卫·休谟（David Hume）、伊曼纽尔·康德（Immanuel Kant）和亚当·斯密提供了有关人类情感和社会经济学的核心著作，奠定了人文科学的基础。[1] 在此期间，参与壮游（Grand Tour）的旅行者致力于收集文物和民族学资料。[2] 同样，马戛尔尼使团也收集了大量的民族志信息，并制作了有关中国礼仪、习俗和服装的插图。[3] 中国人成为一个新研究领域的对象，这个新领域被称为"人的科学"（a science of man）。巴罗宣称自己是"推测史学"（conjectural history）的实践者，[4] 他收集了地球上所有民族的资料，并根据发展程度对其进行评估。使团进行了大量的民族志研究，包括中国的民众、宗教、仪式、法律等。然而，这种原始的人类学方法，多多少少更倾向于反映英国人的优越性。

在自然史领域，林奈于 1735 年出版的《自然系统》（*The System*

1　Christopher Fox, Roy Porter and Robert Wokler, eds., *Inventing Human Science: Eighteenth Century Domains*, Berkeley: University of California Press, 1995.

2　"壮游"是 17—19 世纪初欧洲一种传统旅行的习俗，以意大利为主要目的地，由有足够财力和地位的欧洲上流社会年轻男子进行。这种习俗从 1660 年左右开始盛行，其作为一种教育仪式，有一套标准行程。到 18 世纪中叶，随着对古典文化的热情消退，以及无障碍铁路和轮船旅行的出现，这一传统在欧洲走向衰落。

3　P. J. Marshall, "Britain and China in the Late Eighteenth Century," in Robert A. Bickers, ed., *Ritual and Diplomacy: the Macartney mission to China, 1792-1794*, London: Wesweep Press, 1993, p.15.

4　"推测史学"由杜格尔德·斯图尔特（Dugald Steward）于 1790 年代提出，他将其应用于人类研究。据其观点，人类社会的演变经历了狩猎、畜牧、农业和商业四个阶段。

of Nature），推出了新的全球自然分类。标本的采集、自然收藏的建立，以及新物种的命名和分类，成为一种流行而严肃的消遣，受到欧洲旅行者的广泛追捧。许多学者认为，林奈体系的流行，促进了游记写作这一流派的形成，并且博物学在其中发挥了重要作用。[1] 在这些著作中，探险家在西方"科学符号系统中发现了新的植物和动物，在该系统中，只要符合任意标准，所有事物都被分配了象征性的位置"[2]。玛丽·路易丝·普拉特（Mary Louise Pratt）认为，林奈体系改变了欧洲人理解自己在地球上的地位的方式，她评论道，"博物学家'自然化'了欧洲资产阶级自己的全球存在和权威"[3]；她指出，地图制作、环球航行和林奈的分类系统，对欧洲的全球拓展和"全球意识"作出了贡献。这种自然主义的影响在马戛尔尼使团中显而易见，自然历史学思想体系始终被应用于使团的中国研究之中。

马戛尔尼使团也是布鲁诺·拉图尔（Bruno Latour）"计算中心"（centers of calculation）概念的完美例子，即收集有关遥远土地的信息，并由欧洲人带回国研究，以进行进一步开发。[4] 大卫·麦凯（David Mackay）同样提出，班克斯的收藏事

---

1 Joseph Clayton Sample, "Radically Decentered in the Middle Kingdom: Interpreting the Macartney Embassy to China from a Contact Zone Perspective," Ph.D. thesis, Iowa State University, 2004, p.9.

2 Tim Fulford and Peter J. Kitson, eds., *Romanticism and Colonialism: Writing and Empire, 1780-1830*, Cambridge: Cambridge University Press, 1998, p.xxiv.

3 Mary Louise Pratt, *Imperial Eyes: Travel Writing and Transculturation*, London and New York: Routledge, 1992, p.28.

4 David Philip Miller, "Joseph Banks, Empire, and 'Centers of Calculation' in Late Hanoverian London," in David Philip Miller and Peter Hanns Reill, eds., *Visions of Empire: Voyages, Botany, and Representations of Nature*, Cambridge: Cambridge University Press, 1996, pp.21-37.

业体现了欧洲在全球探索中"对非西方世界的评估系统化和合理化"的努力。[1] 班克斯帮助招募了马戛尔尼使团的骨干人员,后者在旅途中收集了数百个植物标本,包括桑树、蚕和茶树。这些图像和标本,被用来对中国知识进行分类和系统化,让英国民众得以熟悉、掌握。

使团的艺术家对中国科学技术的再现,是一个备受争议的话题。彼得·基特森(Peter Kitson)考察了科学在"浪漫主义汉学"(Romantic Sinology)形成中的作用,认为不仅文本和思想,而且中英之间的商品交换也有助于英国对中国的了解。他还据此回顾了李约瑟(Joseph Needham)提出的"伟大问题",即中国为何未能发展近代科学。基特森反对拉图尔的"计算中心"理论,该理论表明中心与外围的知识不对称,并提出中国不是18世纪世界秩序的被动接受者,而是积极参与者。他引用了卡皮尔·拉吉(Kapil Raj)的研究——该研究将现代性视为历史碰撞、交融和妥协的过程,以及本杰明·艾尔曼(Benjamin Elman)关于中国现代科学有其崛起的主张。基特森还专门研究了班克斯要求马戛尔尼使团调查中国瓷器制造和茶叶种植方法的指示。[2] 科学知识的传播是双向的,英国试图向中国输送先进的科学方法和仪器,而中国则欲将自己的技术介绍给欧洲。使团描绘的中国科学仪器和发明的图像,也就成为此次交流的一部分。

---

1 David Mackey, "Agents of Empire: the Banksian Collectors and Evaluation of New Lands," in David Philip Miller and Peter Hanns Reill, eds., *Visions of Empire: Voyages, Botany, and Representations of Nature*, Cambridge: Cambridge University Press, 1996, pp. 38-57.

2 Peter J. Kitson, *Forging Romantic China: Sino-British Cultural Exchange 1760-1840*, New York: Cambridge University Press, 2013.

第四节　文与图

马戛尔尼使团留下大量反映 18 世纪末 19 世纪初中英外交关系的文字和图像。其成员发表了众多纪实、报告和摘要。最重要的著作，是乔治·斯当东的《英使谒见乾隆纪实》(An Authentic Account of an Embassy from the King of Great Britain to the Emperor of China)，由威廉·布尔默（William Bulmer）印刷，乔治·尼科尔（George Nicol）于 1797 年出版（图 1.5）。后者为英王乔治三世的出版商。[1] 负责监督使团活动和策划斯当东《纪实》出版的约瑟夫·班克斯曾在 1780—1784 年间与尼科尔合作出版了詹姆斯·库克第三次航行的记述，这很可能就是他选择尼科尔出版中国旅行纪实的原因。[2]

使团的其他作品，包括约翰·巴罗 1804 年出版的《中国行纪》(Travels in China，图 1.6)，埃涅阿斯·安德森的《1792 年、1793 年和 1794 年英国访华使团记》(A Narrative of the British Embassy to China in the Years 1792, 1793 and 1794)，威廉·亚历山大和使团卫兵塞缪尔·霍姆斯（Samuel Holmes）的日记，1800 年出版的汉斯·克里斯

---

[1] 有关威廉·布尔默的介绍，参阅 Dictionary of National Biography, London: Smith, Elder & Co, 1885-1900. 当威廉·布尔默第一次来到伦敦时，他为印刷商和出版商约翰·贝尔工作，并被介绍给乔治·尼科尔，后者与约翰·博伊德尔一起策划了有关莎士比亚戏剧的精装插画出版物。1790 年春，威廉·布尔默在圣詹姆斯（St. James's）教堂克利夫兰街（Cleveland Row）附近的罗素法院（Russell Court）3 号成立了莎士比亚出版社。布尔默的印刷事业直到 1819 年其退休方告终止，在此期间，他承印了近 600 本书和小册子，并为东印度公司、皇家学会、大英博物馆和罗克斯堡俱乐部等许多机构客户提供报告和目录。

[2] 常修铭：《马戛尔尼使节团的科学任务——以礼品展示与科学调查为中心》，台湾清华大学硕士学位论文，2006 年，第 98 页。

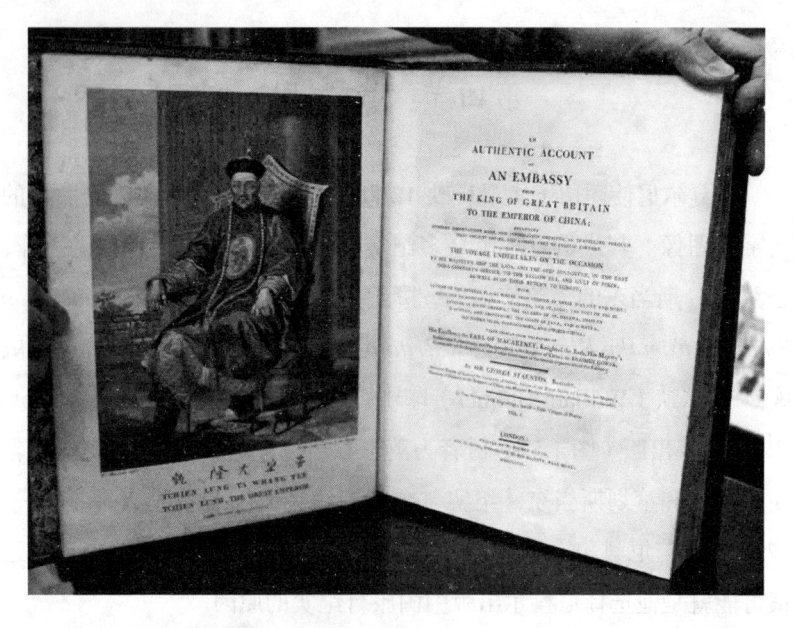

图1.5 《英使谒见乾隆纪实》书影,乔治·斯当东著,1797年出版
(洛杉矶盖蒂研究所藏)

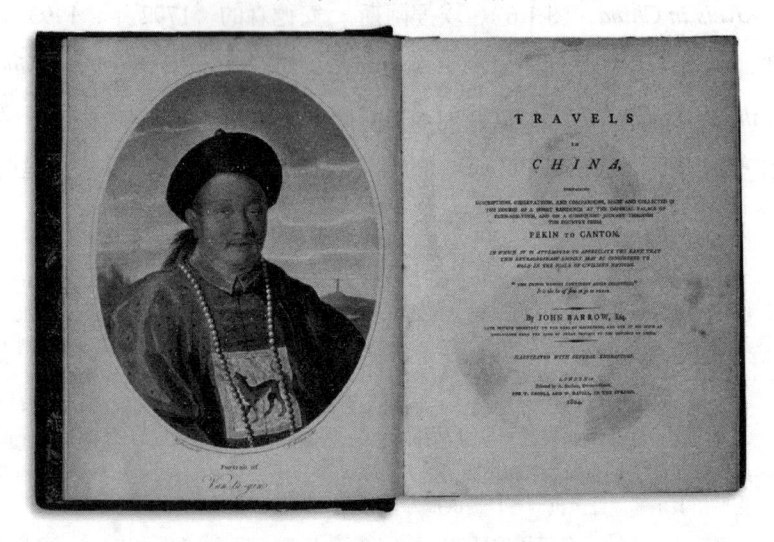

图1.6 《中国行纪》书影,约翰·巴罗著,1804年出版(王志伟私人收藏)

蒂安·惠纳的《英国访华使团的消息》(*Nachricht von der Brittischen Gesandtschaftreise durch China*)，1868 年普劳富特 – 渣甸（Proudfoot-Jardine）的《詹姆斯·登维德传记回忆录》(*A Biographical Memoir of James Dinwiddie*)，以及分别由海伦·罗宾斯（Helen Robbins）于 1908 年、J. L. 克兰麦 – 宾（J. L. Cranmer-Byng）于 1962 年出版的马戛尔尼勋爵的日记。其中，斯当东和巴罗的作品是最具启发性的，因为其中包含了大量有关中国的视觉图像。

中国之行结束并返回伦敦后，威廉·亚历山大创作了 1000 多幅素描和水彩画，后来于 1816 年和 1817 年在凯瑟琳街对面的斯特兰德街 145 号苏富比拍卖行两次拍卖亚历山大的画作。第一次拍卖为期 5 天，包括《中国人的服饰》《习俗图鉴》。第二次为期 10 天，第七天的拍卖专场尤其引人瞩目，其主题为"东方主题以及亚历山大先生在中国航行期间所绘制的其他作品"。专场拍品包括水彩画、素描、版画、油画、地图等，其中 21 幅中国题材作品售罄。[1]

大英图书馆藏有亚历山大作品三卷（WD959、WD960、WD961），共 870 件，由图书馆馆长于 1992—1994 年在亚非研究印刷室（前印度办公室图书馆）重新收藏。第一卷和第三卷包含人物、城市、国家风景、建筑物和船舶的素描，第二卷包含海岸线图和海景。其中，500 幅以中国为主题，另外 300 多幅描绘了使团在旅途中其他地方的经历，如葡萄牙、圣赫勒拿、越南、印度尼西亚、巴西等。虽然这些素描大部分尚未完成，但它们提供了使团在旅途中的所见所闻，以及回到伦敦后创作的中国插画的源头。每件作品的中上部和右上角，都用红色

---

[1] 拍卖品详细信息参见陈妤姝：《马戛尔尼使团绘制的中国图像在英美的收藏现状述考》，《故宫博物院院刊》2022 年第 1 期。

或黑色墨水（有些用铅笔）写有识别号码。大英博物馆则收藏了一本名为《1865年在中国绘制的画作》的画册，其中收录了威廉·亚历山大的82幅画作。[1] 它是从查尔斯·伯尼牧师（Rev. Charles Burney）手中购得——牧师的祖父是一位受人尊敬的学者和音乐家，马戛尔尼曾向他咨询音乐方面的知识。[2] 耶鲁大学保罗·梅隆英国艺术中心收藏有46幅水彩画，其中31幅以中国为主题，它们中有些是成品，有些是未完成的铅笔描边。大英图书馆还收藏了使团成员约翰·巴罗和亨利·威廉·帕里什绘制的十几幅图画，以及由使团成员创作、现今保存于大英图书馆的80幅视图、地图、肖像和其他绘画作品。[3]

亚历山大的其他作品被世界各地的许多艺术博物馆收藏，包括梅德斯通艺术博物馆的60多件，香港艺术馆、维多利亚与阿尔伯塔博物馆、亨廷顿图书馆、伯明翰艺术博物馆、曼彻斯特博物馆和一些私人收藏的46件。亚历山大的日记最初被梅德斯通艺术博物馆收藏，但1979年爱德华·休斯（Edward Hughes）将其带入大英博物馆，随后被移至大英图书馆的"西方手稿"收藏中。该日记收录了一些海岸线、船只、地图和汉字的图像，以及亚历山大对中国风景和语言的研究。

亚历山大关于使团经历的第一份重要作品，是乔治·斯当东的

---

[1] 这82幅水彩画保存在大英博物馆版画和绘画部（198.c.1）。

[2] 陈妤姝：《马戛尔尼使团绘制的中国图像在英美的收藏现状述考》，《故宫博物院院刊》2022年第1期。

[3] 以下图画现藏于大英图书馆：John Barrow, *Barrow's Travels in China and Cochin China; Original Drawings in by Alexander, Daniel etc.* (Add. MS33931). Henry William Parish, *Maps, Plans, and Sketches of Places and Scenes in China* (Add MS19822). William Alexander, John Barrow and Henry William Parish, *A Collection of Eighty Views, Maps, Portraits and Drawings Illustrative of the Embassy Sent to China Under George, Early of Macartney in 1793* (Cartographic Items Maps 8. Tab. C. 8.).

《英使谒见乾隆纪实》所附的一本插图册,其中包含 44 幅地图版画和 14 幅文字插图。随后,他又自行出版了其他书籍,包括一本小册子《远渡中国时所见的海岬、岛屿等的景色》(*Views of Headlands, Islands, Etc., Taken during a Voyage to China,* 1798 年)、《中国服饰》(1805 年)以及《中国服饰和习俗图鉴》(1814 年)。他还为约翰·巴罗的《中国行纪》(1804 年)和《到交趾支那的航海之旅》(*A Voyage to Cochin China,* 1806 年)提供了行纪插图。这些作品均被列入皇家学院年度展览。

中国方面,保存了马戛尔尼使团档案资料 780 余件,现藏于中国第一历史档案馆。该档案后来被整理汇编入《英使马戛尔尼访华档案史料汇编》,并于 1996 年出版。另有一幅描绘马戛尔尼使团拜谒乾隆的缂丝挂毯,现藏于英国格林威治国家海事博物馆。作为礼品交换的结果,中国第一历史档案馆保存了英王乔治三世送给乾隆皇帝的八卷英国插图册,故宫博物院则保存有一架望远镜和一把手枪;英国皇家则收藏了一些作为礼品的中国艺术品,包括乾隆御笔书画、陶瓷和漆器。[1]

* * *

为了获得对中国更真实的观察,马戛尔尼使团不仅肩负外交使命,而且可以说是一支科学调查队伍。与耶稣会士的异国情调或乌托邦观点相反,使团在科学和实证观察的基础上,塑造了一个更真实的中国形象,这与启蒙运动后英国现代科学的发展保持一致。使团的图

---

[1] 关于礼品交换的具体信息,参阅 Henrietta Harrison, "Chinese and British Diplomatic Gifts in the Macartney Embassy of 1793," *The English Historic Review*, Vol.133, Issue 560, March 2018, pp.65-97。

像反映了海洋科学、自然史、地理学、考古学、人文科学和科技史方面的进步,其科技与测量人员能够更准确地检查、分类和分析信息。在此基础上,科学家们同艺术家和绘图员合作,通过仔细观察和精确测量,将这些信息可视化。在此过程中,他们将中国纳入反映英国帝国主义殖民扩张和思想控制的全球体系。

使团带回的中国图像提供了多维度的丰富历史视角,使团成员及其出版商在编目、组织和阐释这些有关中国的新信息时,可谓煞费苦心,无不结合观察和生动的表述。艺术家和绘图员就如何向英国公众展示中国发出了独特的声音。他们塑造的中国形象,在影响公众对中国的认识,以及改变18世纪末19世纪初英国人对中国的态度方面,发挥了重要作用。

使团文件中最能说明问题的一点,是视觉图像和文字记录之间的不一致。一方面,这些图像具有艺术吸引力,呈现出一幅引人瞩目的公正正义的中国生活图景;另一方面,图像随附的文本则将中国描述为一个衰落且停滞的帝国,"仅凭其体量和外表震慑邻国"。这些相互冲突的观点,反映了使团成员观点的多样性,亦导致英国公众对中国的矛盾态度。随着时间的推移,英国公众对中国的态度也就越来越走向负面。随着英国实力的增长,中国作为一个曾经重要的参考国家,已基本上被抛弃了。正如马戛尔尼所说:"尽管如此,由于英国以其丰富的财富和人民的天才智识,而成为世界上第一个政治、海洋和商业强国,因此有理由认为会通过我提到的这场革命,证明自己是最大的赢家,并超越所有竞争对手。"[1]

---

1 Helen Henrietta Macartney Robbins, *Our First Ambassador to China: An Account of the Life of George, Earl of Macartney with Extracts from His Letters, and the Narrative of His Experiences in China, as Told by Himself, 1737-1806, from Hitherto Unpublished Correspondence and Documents*, New York: Cambridge University Press, 2010, p.386.

尽管使团成员表达了一些别的观点，但将清王朝视为一个复杂而平等的伙伴，而不是一个专制的异域国家，可能更具合理性。与詹姆斯·库克等人的早期航行相比，这种平等关系在礼品交换，以及在记录使团的旅行方面投入巨大努力表现出的极大重视中，都可以明显见出。陶格没有像萨义德（Edward W. Said）的《东方主义》那样，根据主导/被主导的模式，定义英国和清王朝之间的关系，而是提出了一种"镜像和倒置的双边对称模式"，其中中国和欧洲被视为平等。[1] 亚历山大的作品通过描绘中国文化和民众的复杂性反映了这一观点。他的兴趣点超出了早期航行的纯粹科学和测绘目标，部分原因是科学信息的获取受到了严重限制。使团受到严密监视，还被禁止测量，如安德森写道，"我们像乞丐一样进入北京；我们像囚犯一样留在里面；我们像流浪汉一样离开"，以此形容使团缺乏自由的尴尬。[2]

接下来的章节，笔者将从更深层面探讨马戛尔尼使团留下来的作品，并将从使团所在的世界历史背景开始，探讨其行程中的关键事件，以及描绘这些事件的图像。研究将聚焦于图像、创作方式、所体现的知识以及反映的态度——这些图像不仅见证了马戛尔尼使团的艺术遗产，而且反映了19世纪上半叶英国对中国观念的转变。

---

1 参阅 Greg Thomas, "Yuanming Yuan/Versailles: Intercultural Interactions between Chinese and European Palace Cultures," *Art History*, Vol.32, Issue 1, 2009, pp.115-143。东方主义将东方定义为女性化的、充满异国情调的他者，陶格提出了一种早期现代东方主义的不同理论，该理论既包含对"优越的道德经济典范"的赞扬，也包含贬低态度。

2 Aeneas Anderson, *A Narrative of the British Embassy to China*, London: J. Debrett., 1795, p.271.

第二章
"贡品"与"赏赐"

礼品交换是欧洲国家之间或其与域外其他国家之间外交活动的重要组成部分,马戛尔尼使团的访华活动也不例外。使团与清廷之间的礼品交换反映了双方不同的目的和利益,并形成了一个竞争框架,其目的是彰显自身特别是在科学知识领域的优势或主导地位。马戛尔尼使团将礼品交换视为一种相互"给予"以"获得"经济和政治利益的过程,而清廷则将礼品交换视为朝贡制度的一部分,是外藩对皇帝臣服的表现。在礼品的选择上,使团优先考虑艺术品和科学仪器,在他们看来,这些物品代表了英国的社会进步和启蒙运动的哲学观,同时也契合长期赞助艺术和科学的乾隆皇帝的兴趣。可是最终,英国的礼品未能向清廷传达出科学进步的信息,因此失去了其本来的意义——在乾隆眼中,这些礼品只是微不足道的体现异国情调之物,而英国人对清廷乃至乾隆本人回赠的礼品也有类似的反应。

第一节 礼品交换

安东尼·科兰托诺(Anthony Calantuono)认为,艺术外交并不只是在政治行动中发挥边缘作用,而是可以传递敏感信息,充当"外交说服力甚至诱惑的工具"。[1] 南希·乌姆（Nancy Um）和利亚·克拉克（Leah Clark）同意这一观点，并进一步提出，"通过将礼品交换对象视为作为跨文化调解和交流的关键和积极工具，同时密切关注相遇的视觉表现"，这是一条富有成效的道路。[2] 事实上，马戛尔尼使团的这次礼品交换，已经为彼此双方提供了重要信息，对参与这次历史性会晤的双方之间的政治、经济和文化谈判，也具有重要意义。

马戛尔尼使团送给乾隆皇帝的礼品，代表了英国艺术和科学的最高成就，而乾隆皇帝也回赠了大量被认为价值更高的礼品。[3] 英方赠送礼品590余件，中方回赠礼品3000余件。[4] 在这场跨文化的相遇中，送礼和回礼的行为，并不是在中立的基础上发生的，而应该在大英帝国和清王朝具体的历史、政治和文化背景下解释。这次交流不仅是慷慨和友谊的象征性展示，而且反映了双方帝国意识形态和野心导致的不同目的。礼品交换和叩头等伴随仪式的不同含义，则导致了双方之间的紧张和冲突。

在近代早期的欧洲，礼品交换不仅被视为对东道国统治者的友好

---

1 Anthony Colantuono, "The Mute Diplomat: Theorizing the Role of Images in Seventeenth-Century Political Negotiations," in Elizabeth Cropper, ed., *The Diplomacy of Art: Artistic Creation and Politics in Seicento Italy*, Milan: Nuova Alfa, 2000, p.54.

2 Nancy Um and Leah R. Clark, "The Art of Embassy: Situating Objects and Images in the Early Modern Diplomatic Encounter," *Journal of Early Modern History*, Vol.20, 2016, pp. 3-18.

3 关于中国接待使团的费用和英国礼品费用的具体数字，参阅 Barrow, *Travels in China*, pp. 605-8, quoted in Henrietta Harrison, "Chinese and British Diplomatic Gifts in the Macartney Embassy of 1793," *The English Historical Review*, Vol.133, Issue 560, March 2018, p.80。

4 关于礼品的数量，参阅秦国经：《从清宫档案，看英使马戛尔尼访华历史事实》，中国第一历史档案馆编：《英使马戛尔尼访华档案史料汇编》，国际文化出版公司1996年版，第51—73页。

姿态，而且旨在"为随后的严肃谈判铺平道路"。[1] 英国遵循威斯特伐利亚国际体系观，将自己与大清视为世界上拥有主权的平等对手，并将送礼视为支持平等谈判的互惠过程。尽管包括法国社会学家马塞尔·莫斯（Marcel Mauss）在内的一些学者将社会关系视为官方礼品交换的主要着眼点，但马戛尔尼使团的礼品主要涉及英中双方的经济职能。英方的一个主要目标，是通过能够体现他们在艺术、科学和社会进步方面巨大成就的礼品威慑清廷，从而进一步促进自身在华商业利益。其中一些礼品还作为寻求推广的英国产品的样品，以扩大在中国的市场。斯当东这样解释礼品的选择："英国名厂制造的增进人类生活方便和舒适的最新产品也是一种很好的礼品。它不但满足被赠送者在这方面的需要，还可以引起他们购买类似物品的要求。"[2] 这位英国人寻求直接打开中国市场封闭的大门。

与之相对，18世纪的大清皇帝则将礼品交换视为朝贡制度的一部分，不仅规范外交和政治交往，而且规范文化和经济关系。在这个体系中，中国和其他国家之间维持着等级秩序，这与欧洲民族国家之间正在形成中的主权平等观念形成鲜明对比。在这一制度下，中国居于中心，外围则是与中国文化相似程度次等的国家。[3] 朝贡使团通

---

1 Maija Jansson, "Measured Reciprocity: English Ambassadorial Gift Exchange in the 17th and 18th Centuries," *Journal of Early Modern History*, Vol.9, No.3/4, 2005, pp.348-370.

2 George Staunton, *An Authentic Account of an Embassy from the King of Great Britain to the Emperor of China,* London: W. Bulmer and Co. for G. Nicol, 1798, Vol.1, p.43. 中译文参考斯当东：《英使谒见乾隆纪实》，叶笃义译，群言出版社2014年版。译文有调整，下同。

3 David C. Kang, *East Asia before the West: Five Centuries of Trade and Tribute*, New York: Columbia University Press, 2010. 举例而言，在这个等级体系中，韩国和越南的排位高于日本、琉球、暹罗和缅甸王国，因为前者更多地贯彻了中华思想。

常会以本国资源或工匠产品中的典例作为贡品。礼品交换亦成为中国对外贸易的一种形式,被称为"朝贡贸易"。在这种贸易中,大清皇帝通常会以更多的礼品来回应"贡品"。[1] 关于马戛尔尼使团,正如沈艾娣所说,英文中的"tribute"一词在中文中并没有相同的含义;对应的中文词"贡",原本并不具有表示送礼者地位低下的意味,对乾隆皇帝来说这也不是一个政治敏感词。[2] 但使团仍担心其礼品被贴上"贡品"的标签,因为这在欧洲意味着"税赋和服从"。[3] 威廉·亚历山大在其画作中复制了汉字"贡"(图2.1),该文字可能醒目地悬挂于将英国使团自天津运载至北京的驳船上。虽然马戛尔尼决定忽略此事,但斯当东后来驳回了这一安排,认为它不符合欧洲惯例。[4]

对礼品交换的不同看法,既反映了双方谈判和竞争的条件,也反映了两个国家意识形态和野心的差异。英国人对礼品蕴含的艺术、科学和技术成就的重视,表明了他们对启蒙运动成就的自豪。清廷的回礼则强调了帝国的财富和权力——中国的每件礼品都经过精心挑选,以求与英国的每件礼品相等甚至更贵重。通过预设英国的礼品赠送是为了进贡,清廷试图将大英帝国纳入其宗藩体系,也就是何伟亚所谓

---

[1] 关于朝贡制度与外交的关系,参见 David C. Kang, *East Asia before the West: Five Centuries of Trade and Tribute*, New York: Columbia University Press, 2010。

[2] Henrietta Harrison, "Chinese and British Diplomatic Gifts in the Macartney Embassy of 1793," *The English Historical Review*, Vol.133, Issue 560, March 2018, p.78. 作者在文章中提出,尽管"贡"在18世纪是给予上级的意思,但在古代文献中它也可能意味着奖励下级。

[3] Henrietta Harrison, "Chinese and British Diplomatic Gifts in the Macartney Embassy of 1793," *The English Historical Review*, Vol.133, Issue 560, March 2018, p.78.

[4] Henrietta Harrison,. "Chinese and British Diplomatic Gifts in the Macartney Embassy of 1793," *The English Historical Review*, Vol.133, Issue 560, March 2018, p.76.

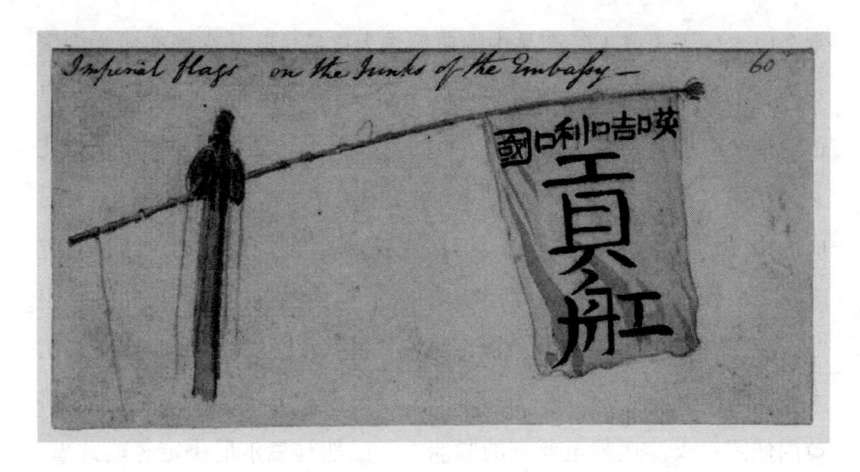

图2.1　使团货船上的朝贡标志，威廉·亚历山大绘，1793年，纸本水彩（大英图书馆藏）

的"差序格局"（hierarchical inclusion）。[1]因此，乾隆皇帝的礼品交换观，与英国的主权平等观直接冲突，体现了清廷界定的上下级关系。

第二节　礼品差异

英国使团和清廷都准备了礼品清单，涵盖了互赠的所有物品。英国的礼品清单用英语和拉丁语写成，收藏于大英图书馆。斯当东在他的《纪实》中记录了这份清单。英国礼品清单的中文译本，记录在中国第一历史档案馆收藏的1793年8月6日上谕档中。[2]中国的礼品清

---

[1] James Hevia, *Cherishing Men from Afar: Qing Guest Ritual and the Macartney Embassy of 1793*, Durham, NC: Duke University Press, 1995, p.246.

[2] 中国第一历史档案馆编：《英使马戛尔尼访华档案史料汇编》，国际文化出版公司1996年版，档案号170，第121页。

单则记录在 1793 年 6 月 19 日上谕档中，与上述中译本保存在同一档案中。[1] 皇家档案还收藏有四卷记载中国礼品的卷轴，其中两份是用汉文、满文、拉丁文书写的原始诏书，另外两份是用汉文和拉丁文书写的礼品清单。[2] 维多利亚和阿尔伯特艺术博物馆的明·威尔逊发表了该中文版本的英文译本。[3]

大英图书馆的原始英国礼品清单，包含 60 件物品，其中包括行星仪、望远镜、天体仪、地球仪、气压计、气泵、大炮、步枪、手枪、刀剑、英国船舶模型、装饰花瓶、帕克燃烧透镜、枝形吊灯、羊毛和棉布、版画和绘画。[4] 根据重新整理英国礼品清单的中译本，这些礼品包括 19 大类 590 余件。[5] 英国捐赠的礼品总价值达 15,610 英镑，其中包括从卡斯卡特使团接收的价值 2486 英镑的礼品和价值 13,124 英镑的新购置礼品。[6] 这些礼品的费用由东印度公司支付，作为交换，如果谈判成功，东印度公司希望从对华贸易中受益。在礼品清单中，英国国王规定选择礼品的标准是"只有那些可能代表欧洲科学和艺术进步的物品，并且可以传递他的陛下尊贵心灵的某种信息或者其他可

---

1 中国第一历史档案馆编：《英使马戛尔尼访华档案史料汇编》，国际文化出版公司 1996 年版，档案号 137，第 96 页。

2 Royal Archives, "Principle Objects Bestowed on the King 1792-4," https://www.royalcollection.org.uk/collection/themes/trails/the-macartney-embassy-gifts-exchanged-between-george-iii-and-the-qianlon-11 Accessed on Feb. 12, 2022.

3 Wilson Ming, "Gifts from Emperor Qianlong to King George III," *Arts of Asia*, Vol.47. Issue 1, Jan-Feb 2017, pp.33-42.

4 关于 60 件英国礼品的描述，参阅 IOR/G/12/20 ff.596-664, 1792, The British Library。

5 中国第一历史档案馆编：《英使马戛尔尼访华档案史料汇编》，国际文化出版公司 1996 年版，档案号 170，第 121—124 页。

6 关于英国礼品的价值以及运输车辆和人员的数量，参阅 Maxine Berg, "Britain, Industry and Perceptions of China: Michael Boulton, 'Useful Knowledge' and the Macartney Embassy to China, 1792-1794," *Journal of Global History*, No.1, 2006, pp.268-288。

能有用的物件"[1]。他的话表示，这些礼品包括两种：一种是具有知识和文化价值、可以给乾隆留下深刻印象的物品；另一种是可以交易的"实用"物品。

至于中国的回赠礼品，据清朝档案记载，总数达130余种、3000多件，包括纺织品、丝绸、瓷器、漆器、玉器、书画、茶叶、食品等。[2] 这些礼品反映了中英之间的贸易关系，其中大部分是中国出口商品，在英国市场上非常受欢迎。这些中国礼品由内务府管理和提供，而该机构也从广州海关获得大量收入。[3] 除了这些礼品的费用外，皇室还承担了使团95名随员，以及随行的水手、步兵、炮兵和船员共计约600人的住宿和交通费用。接待使团的费用（不包括礼品）为519,000两，约合173,000英镑，而英国人支付的费用（包括礼品）为80,000英镑。[4] 乾隆下旨赐礼给使团后，内阁、军机处制定了进献皇帝的礼品清单。皇帝批准后，清单转至内务府，由内务府负责准备礼品——该机构下广储司的六库经常送来礼品，里面保存着许多供皇室使用的物品。[5]

正如沈艾娣所言，双方本可以利用礼品跨越文化差异和语言障碍，通过谈判达成成果，缓解中西之间交往中存在的长期紧张关系。[6] 为了消除文化障碍，使团带来了英国艺术和科学的典型礼品，包括天

---

1 George Staunton, *An Authentic Account of an Embassy from the King of Great Britain to the Emperor of China*, London: W. Bulmer and Co. for G. Nicol, 1798, Vol.2, p.492.

2 秦国经、高换婷：《乾隆皇帝与马戛尔尼》，紫禁城出版社1998年版，第120页。

3 Henrietta Harrison,. "Chinese and British Diplomatic Gifts in the Macartney Embassy of 1793," *The English Historical Review*, Vol.133, Issue 560, March 2018, p.71.

4 Barrow's *Travels in China*, pp. 605-608. 巴罗根据王文雄给出的数字计算了中方的费用。

5 秦国经、高换婷：《乾隆皇帝与马戛尔尼》，紫禁城出版社1998年版，第135页。

6 Henrietta Harrison, "Chinese and British Diplomatic Gifts in the Macartney Embassy of 1793," *The English Historical Review*, Vol.133, Issue 560, March 2018, p.67.

体仪（planetarium）、钟表和自动机械、威治伍德瓷器以及英国版画和绘画。展出这些礼品的目的，是为了给朝廷留下在艺术和科学方面的最高成就，迎合乾隆皇帝的兴趣，因为乾隆以赞助宫廷中的耶稣会传教士艺术家和科学家而闻名欧洲。

英国礼品清单上第一件礼品是一套仪器，包括一台装饰过的天体仪、一台钟表和另一台天文仪器，其结构和功能都有详细描述。斯当东引用该列表如下：

> 礼品中的第一种包括许多物件，它们可以单独地，也可以结合起来，应用于了解宇宙。我们知道，地球只是茫茫宇宙间的一个微小部分。这些礼品代表着欧洲天文学和机械技术结合最近的成就。它清楚而准确地体现出欧洲天文学家们指出的地球的运行；月亮围绕地球的离心的运行；太阳及其周围行星的运行；欧洲人所称的木星，表面上带有光环，有四个卫星围绕着它转；土星及其光环和卫星；以及日月星辰的全蚀或偏蚀，行星的交会或相冲等等现象。另一件仪器能随时报告月份、日期和钟点。这些仪器虽然制造复杂，作用神妙，但操作运用却非常简单，欧洲同样物品中无出其右者。这种仪器可以计算千年，它象征着贵国大皇帝之声威将永远照耀世界远方各地。[1]

清朝宫廷中的耶稣会传教士很可能帮助将仪器说明翻译成中文。

---

[1] 引自秦国经、高换婷：《乾隆皇帝与马戛尔尼》，紫禁城出版社1998年版，第103页，英文原文参阅 George Staunton, *An Authentic Account of an Embassy from the King of Great Britain to the Emperor of China*, London: W. Bulmer and Co. for G. Nicol, 1798, Vol.2, pp.492-494。

据说该仪器显示了星星、太阳、月亮和地球的全景。[1]他们补充说，地球的尺寸很小，所有行星都按照它们的顺序运行，就像天空和地球一样。仪器显示日食和月食何时发生，并且可以通过时钟上显示的年、月、日和小时指示时间。作为多年来天文发现的巅峰之作，它被认为是送给中国皇帝的合适礼品。[2]由于省略了详细的技术信息，以及对乾隆皇帝的奉承，汉语译文比英文原文更短。由于欧洲人彼此之间的竞争，以及对英国使团的敌意，上述中英文差异可能源自耶稣会传教士在翻译过程中的自行篡改。[3]

亚历山大的详细绘图展示了天体仪[4]（图2.2）。这些仪器代表了当时欧洲最先进的科学成就。天体仪、太阳仪是根据哥白尼的"日心说"设计的。但需要指出的是，其实在获得此赠品之前，乾隆已收藏了1759年《皇朝礼器图示》中记载的两座太阳仪。其中一件是英国人理查德·格林（Richard Glynne）于1755年制作的，另一件不详。[5]

具体到使团赠送的这座大型天体仪，实际上并非是由英国制造的，而是由德国人生产。它被称为哈氏天体仪（Hahn Weltmaschine），

---

[1] 中国第一历史档案馆编：《英使马戛尔尼访华档案史料汇编》，国际文化出版公司1996年版，档案号584、356。清宫档案馆提到，礼品清单是由英国人自己负责翻译的；但是沈艾娣提出，根据对使团的称呼方式，唯一可能的翻译是清廷的耶稣会传教士。

[2] 中国第一历史档案馆编：《英使马戛尔尼访华档案史料汇编》，国际文化出版公司1996年版，档案号170、121。

[3] 关于英国使团与宫廷中其他耶稣会传教士之间的关系，参阅 Alain Peyrefitte, *The Immobile Empire*, London: Harvill, 1993, pp.132-135。

[4] 关于天文仪器的认定，笔者曾于2017年9月12日咨询过北京古观象台副台长肖军先生。

[5] 常修铭：《马戛尔尼使节团的科学任务——以礼品展示与科学调查为中心》，台湾清华大学硕士学位论文，2006年，第39页。

图2.2 天体仪，送给中国皇帝的主要礼品，威廉·亚历山大绘，1793年，纸本水彩（大英图书馆藏）

系由菲利普·马特乌斯·哈恩（Phillipp Mattaus Hahn）于1772年开始设计，但哈恩在完成该仪器之前于1790年去世。此后，该仪器被出售至英国并最终在伦敦进行公开展览——一本很可能与本次展览相关的小册子中便包括了该仪器的版画。后来它以600英镑的价格被卖给了东印度公司，并由使团带至中国，但乾隆对这些仪器似乎兴趣寥寥。这些仪器后来保存于圆明园中，直到第二次鸦片战争期间被重新掠回欧洲，自1877年起被纽伦堡日耳曼国家博物馆收藏。[1]

同样值得一提的是，在哈氏天体仪被送到中国之前，还被漆成代表皇家的黄色，并饰以镀金的珐琅装饰，采用了伦敦著名钟表匠本杰明·沃利亚米（Benjamin Vulliamy）精心设计的风格，装饰费用达

---

[1] "The Chronometer and Planetarium System," *Romantic Circles*, https://www.rc.umd.edu/gallery/chronometer-and-planetarium-system. Accessed on Feb. 12, 2022.

656.13英镑。[1] 本杰明和他的父亲贾斯汀·沃利亚米（Justin Vulliamy）都是优秀的钟表匠，受到英国王室的资助。本杰明更是于1773年获得皇家任命，在乔治三世手下担任国王钟表匠。沃利亚米钟表因其精良的技术和精美的装饰而具有极高的价值。亚历山大的绘画显示了这些仪器在装饰方面中西结合的主题——时钟的顶部是菠萝形状的雕塑，这是中国风的常见主题[2]，底座上是七弦琴、小号等欧洲乐器图像；天体仪上的装饰则是由花卉图案形成的漩涡花饰中的裸体女性，顶部是一条带有与欧洲天文学相关的十二生肖图案的装饰带。仪器的整体艺术效果十分精致，让人想起欧洲盛行的洛可可风格。装饰天文仪器的想法，可能受到耶稣会传教士南怀仁（Ferdinand Verbiest）于1673年重建的北京观象台的启发——它由青铜天文仪器组成，仪器上面装饰着精美的中式图案，例如象征"天子"的龙纹。1687年南怀仁所著的《欧洲天文学》（The Astronomia Europaea），便收录了有关北京观象台的插图，其中天文仪器上饰有云纹和龙纹。[3] 由于该图像在欧洲广泛流传，马戛尔尼和使团礼品准备者一定有机会看到。

此外，博韦挂毯也是使团送给乾隆的礼品之一。其中一幅是根据让·巴蒂斯特·贝林·德丰特奈（Jean-Baptiste Belin de Fontenay）的设

---

1 常修铭：《马戛尔尼使节团的科学任务——以礼品展示与科学调查为中心》，台湾清华大学硕士学位论文，2006年，第36页。

2 有学者指出，菠萝图样源于前述荷兰画家尼霍夫访问中国期间对该水果的深刻印象及为其创作的大量画作。在这些作品及相关记述的影响下，至18世纪，欧洲人已将菠萝视为中国艺术特色的典型代表。相关论述，参见武斌：《重回1500—1800：西方崛起时代的中国元素》，岭南古籍出版社2024年版，第500页。

3 Chapman-Rietschi, "The Beijing Ancient Observatory and Intercultural Contacts," *Journal of the Royal Astronomical Society of Canada*, Vol.88, No.1, February 1994, p.24.

计，描绘了大清皇帝与耶稣会天文学家，以及由后者装饰的天文仪器。[1]英国人当然相信这些精心制作的华丽礼品会给清廷留下深刻的印象。18世纪的英国人喜欢奇特的设计，尤其是中国风，这种风格以明亮的色彩和复杂的图案表现出直接、感性和女性化。借用菠萝等中国风图案，以及精致的洛可可设计，不仅显示了英国人对中国时尚的狂热，而且揭示了欧洲工匠们为取悦清朝统治者而付出的努力。艺术与科学的结合，旨在通过熟悉的艺术语言呈现英国科学，从而引起大清朝廷对英国科学的欣赏。仪器上的中国风装饰，并没有如同许多英国知识分子经常把中国风审美和肤浅的幻想联系在一起，而作出的任何负面评价，而是反映了寻找共同点、促进跨文化互动的认真尝试。

时钟、手表和自动装置是中国风设计中的另一类科学礼品，旨在迎合中国人的口味。17世纪末，大多数进入这一行业的钟表制造商都是英国人，其中最杰出的是伦敦的詹姆斯·考克斯（James Cox）。他设计了各种时钟，并在日内瓦和伦敦的店中生产和销售。1769—1774年，考克斯还出版了一系列商品目录，其中六本保存至今；考克斯的博物馆则于1772年开放。事实上，在乾隆皇帝的皇家收藏中，已经有大量的钟表和自动仪器，而考克斯的产品在1760年代中期首次引入中国宫廷时，便特别受欢迎。西蒙·哈考特-史密斯（Simon Harcourt-Smith）1933年出版的钟表图录，列出了故宫博物院和北平古物陈列所收藏的考克斯制造的18件钟表。考克斯为中国皇帝制作的许多作品，都是以中国风格为基调。这些作品最初是为了迎合中国

---

[1] Kristel Smentek, "Chinoiserie for the Qing: A French Gift of Tapestries to the Qianlong Emperor," *Journal of Early Modern History*, Vol.20, Issue 1, 2016, pp.87-109. 无独有偶，1766年，法国政府也向乾隆皇帝赠送了一套由宫廷画家弗朗索瓦·布歇（François Boucher）创作的中国风格挂毯。

人的口味，以刺激对中国更多的出口，正如考克斯本人所说，他的目标是：

> 为国家开放这种商业物品的来源，从而使东方的奢侈成为我们艺术家工业的贡品，并将那些因为购买亚洲的产品和制造品而不断从欧洲流失的巨额款项，哪怕至少是其中的一部分，重新带回到这个国家。

考克斯家族还直接与中国进行贸易。詹姆斯·考克斯的儿子约翰·亨利·考克斯（John Henry Cox）于1781年抵达广州，在那里开办了詹姆斯·考克斯父子公司（James Cox and Son），该店至少持续经营到1787年。[1] 这类自动仪器受到当时中国上流社会的追捧：当马戛尔尼向两位中国翻译寻求有关礼品的建议时，后者建议按照"东方礼仪"挑选物品，而所选的例子便是"巧妙而复杂的机械装置，盛于镶嵌珍贵宝石的贵重金属盒中，通过其内置的弹簧齿轮，可以产生显然是自发的动作"[2]。指挥"印度斯坦号"的威廉·麦金托什则向使团提供了大量的钟表——他一直从事私人贸易，并视使团活动为在北京进行贸易的好机会。尽管马戛尔尼将麦金托什的商业活动限制在广州，但他仍然从这次航行中赚到了7480英镑。[3]

欧洲钟表被认为是合适的礼品的原因之一，首先是它们被中国人

---

1 Catherine Pagani, "Eastern Magnificence and European Ingenuity: Clocks of Late Imperial China," Ph.D. thesis, University of Toronto, 1993, pp.183-188.

2 George Staunton, *An Authentic Account of an Embassy from the King of Great Britain to the Emperor of China*, London: W. Bulmer and Co. for G. Nicol, 1798, Vol.1, p.42.

3 Catherine Pagani, "Eastern Magnificence and European Ingenuity: Clocks of Late Imperial China," Ph.D. thesis, University of Toronto, 1993, p.196.

视为"同皇权与威望之间的纽带"。[1] 早在明朝,利玛窦便向万历皇帝进献了一座钟,以求入宫。在康熙皇帝的赞助下,清宫做钟处设立,钟表匠、画家和雕刻师共同于该机构制作精美的钟表。乾隆年间,有11位耶稣会士在皇家作坊里制造钟表。可以说,西洋钟表一开始便被视为一种与皇家相关的器物,因而受到青睐。同时,钟表也因其与科学的关系而引起了中国人的兴趣。作为可以高精度地测量时间和空间的仪器,在18世纪,钟表已被用来为海上船舶精确测定经度。例如,詹姆斯·库克1772年的第二次航行时使用的计时器便有助于其绘制船只的位置。[2] 通过展示钟表和自动装置,使团试图迎合中国人的口味,同时用英国先进的科学技术给宫廷留下深刻的印象。

威治伍德瓷器是另一个将英国艺术与科学结合起来的例子,使团认为这种方式会吸引中国人,因为后者以此类物品的发明者和制作大师而闻名。目前没有发现关于向乾隆献上威治伍德瓷器的记录和描述,但斯当东在其《纪实》中称,"大家的注意力都集中于瓷器上……送来的瓷器是威治伍德先生最新最精彩的产品"。[3] 18世纪的欧洲人,尤其是英国人,开始痴迷于收藏中国瓷器,它被视为财富的象征,也是了解"东方"的一种方式。这种潮流也激发了欧洲工匠发展自己的瓷器的热情,例如德国的梅森瓷和法国的塞夫勒瓷。为了同德国人和法国人竞争,英国人约书亚·威治伍德(Josiah Wedgwood)在陶瓷制作方面进行了科学实验,并成为陶瓷技术大师,从而成功创造了

---

1 Benjamin Elman, *On Their Own Terms: Science in China 1500-1900*, Cambridge, MA: Harvard University Press, 2005, p.207.

2 关于清代宫廷钟表制作的介绍,参阅 Benjamin Elman, *On Their Own Terms: Science in China 1500-1900*, Cambridge, MA: Harvard University Press, 2005, pp.206-208.

3 George Staunton, *An Authentic Account of an Embassy from the King of Great Britain to the Emperor of China*, London: W. Bulmer and Co. for G. Nicol, 1798, Vol.3, p.163.

威治伍德瓷器，其目的是使用替代材料模仿真正的瓷器。[1] 斯当东进一步评论说，"这些欧洲制造之美的典范得到了普遍的认可和赞扬"，而"中国人对于瓷器每个人都内行"，[2] 使团显然相信威治伍德的瓷器会给中国人留下深刻的印象。

使团还向乾隆皇帝赠送了一套书籍，其中有威廉·钱伯斯（William Chambers）的三部作品：《中国建筑、家具、服饰、机器和器皿设计》（Designs of Chinese Buildings, Furniture, Dresses, Machines, and Utensils）、《邱园的花园和建筑》（Gardens and Buildings at Kew），以及《民用建筑》（Civil Architecture）。与威治伍德瓷器一样，这些作品反映了18世纪英国艺术家对中国的浓厚兴趣，当时的英国社会对中国商品包括茶叶、精美瓷器、漆器、壁纸，以及其他设计品抱有极大的热情。钱伯斯是一位重要的英国建筑师，因设计邱园宝塔而闻名。1740—1749年，他曾三次随瑞典东印度公司航行到中国。由于对中国艺术和建筑作品的实证观察，他创作的绘画因其真实性而受到赞誉。钱伯斯的许多中国建筑和室内设计插图，表现出高度的经验精确性，尽管它们也有一些中国风艺术典型的修饰。

除了钱伯斯的作品，使团还赠送了许多有关英国建筑和室内设计的图鉴类书籍，例如科伦·坎贝尔（Colen Campbell）的《不列颠的维特鲁威或英国建筑师，其中包含了大英帝国公共和私人场所的常规建筑平面图、立面图和剖面图的各种设计》（Vitruvius Britannicus, or the British Aarchitect, Containing the Plans, Elevations, and Sections

---

[1] 关于威治伍德瓷器的介绍，参阅 "Encyclopedia Britannica," http://academic.eb.com.eproxy2.lib.hku.hk/levels/collegiate/article/Wedgwood-ware/76411. Accessed on Feb. 12, 2022.

[2] George Staunton, *An Authentic Account of an Embassy from the King of Great Britain to the Emperor of China*, London: W. Bulmer and Co. for G. Nicol, 1798, Vol.3, p.163.

of the Regular Building, Both Public and Private, in Great Britain, with Variety of New Designs），约翰·基普（Jan Kip）和伦纳德·克尼夫（Leonard Knijff）的《不列颠插图，或几个皇家宫殿的视图，也是英国贵族和绅士的主要所在地》（*Britannia illustrate, or Views of Several of the Royal Palaces as Also of the Principal Seats of the Nobility and Gentry of Great Britain*），等等。

考虑到圆明园内的欧式建筑就是乾隆皇帝命意大利耶稣会传教士郎世宁（Giuseppe Castiglione）设计的，显示了皇帝对欧洲艺术和建筑的欣赏态度；而在圆明园的宫殿里，乾隆亦展示了他收藏的大量欧洲科学和机械物品——使团的礼品就是在圆明园正大光明殿得到展示的。故而陶格认为，乾隆在圆明园中展现的"欧洲风"，实则向欧洲君主反映了他对此的兴趣。[1] 英国国王很可能知道乾隆对欧洲事物的偏爱，所以决定将英国宫殿和建筑的图像送给清廷。

英国人显然认为，给清廷留下深刻印象的最佳方式，是使用反映高度发达的科学技术的物品，同时展示后者熟悉的中国风艺术语言。在此，中国风并没有传达许多英国知识分子指出的负面影响，并且被认为是消除文化障碍的有用工具。

而清廷回赠礼品数量之多，其价值更超过了英国的礼品。这些礼品也经过了精心挑选，以对应英国的礼品，同时彰显大清帝国的强大与威望。军机处早在1793年6月19日就拟定了送给英国国王和使团的礼品清单，其中包括瓷器、漆器、纸张、茶叶、纺织品、玉器等中国出口产品——这些物品在英国很受欢迎，不仅王室成员热衷于收

---

1 Greg Thomas, "Yuanming Yuan/Versailles: Intercultural Interactions between Chinese and European Palace Cultures," *Art History*, Vol.32, Issue 1, 2009, pp.115-143.

藏，上层和中产阶级也表现出了购买东方产品的极大热情。对于使团成员个人而言，例如亚历山大便在日记中记录了他收到的礼品，在1793年9月30日，他写道："特使在鞑靼[1]期间，留在北京的人也收到了皇帝的礼品……我的是三卷丝绸、一块形状和大小与碗相类的硬茶、一个漂亮的瓷杯、一个绣花钱包和一把扇子。"[2]

使团在华期间，乾隆多次向英国国王及使团人员分发礼品，对此中国第一历史档案馆的档案中有详细记录。瓷器是大清皇帝经常赠送给外国使节的礼品，英王乔治三世收到了大量瓷器，工艺上有洋红、青花、五彩、无釉绿、无釉红，形制上则有碗、盘子、花瓶和其他品类。[3] 漆器是乾隆赠礼的另一大类，埃涅阿斯·安德森将它们描述为"许多做工精湛的葫芦罐子，外部雕刻精美，并染成猩红色，极其柔软和精致"[4]。在白金汉宫的王室收藏中，已确定为此次赠礼的漆器包括一对红雕漆云龙宝盒。这件作品上有五爪龙从波浪中浮现，象征着它的皇家用器身份。由于中国漆器是出口至英国市场的主要商品之一，赠送这样的礼品或可体现乾隆对使团的慷慨、仁慈和友善。

玉石是另一类重要的礼品，但使团人员并没有意识到其真正价

1　鞑靼，即英语中的Tartar，原为汉地对蒙古一部的称呼，传入西方后，用以代指从西伯利亚到中国东北部曾经为游牧民族统治的地区。在19世纪之前，鞑靼长期被欧洲人视为"中原"（China）之外的独立地理单元，二者同属于"中华帝国"（Chinese Empire）的地域范畴。关于此问题的具体论述，可参见宋念申：《制造亚洲：一部地图上的历史》，广西师范大学出版社2024年版，第134—138页。

2　Susan Legouix, *Image of China: William Alexander*, London: Jupiter Books Publishers, 1980, p.12.

3　中国第一历史档案馆编：《英使马戛尔尼访华档案史料汇编》，国际文化出版公司1996年版，档案号137，第96—106页。

4　"Royal Collection Trust," https://www.royalcollection.org.uk/collection/10823/covered-circular-box. Accessed on Feb. 12, 2022.

值，只是将玉石视为没有什么价值的玛瑙。斯当东描述了乾隆送给马戛尔尼的玉如意："这块玉约有一尺长，弯成节杖的形状，据说象征兴旺和平。"[1] 威廉·亚历山大仔细观察了玉如意，在一幅图画中描绘了它的形象。（彩图 4）在这幅画中，亚历山大在空白背景中放大了玉如意的图像，以便观看者可以专注于该物件的细节。他以三维的形式描绘了如意的立体形象，给人一种沉甸甸的感觉；柔和的绿色则增添了呈现效果中的优雅感。

此外，在亚历山大的绘画中，当乾隆在得知年轻的小斯当东会说一些中文后，将一个荷包送给了他。画中，荷包的视觉表现与斯当东的描述相符，即"黄色丝绸质地，带有蓝色刺绣，还有一些鞑靼字"[2]。（彩图 5）对荷包的描绘十分细致，刺绣图案丰富，色彩细腻。乾隆赠送这些礼品，是为了表达对英国客人的恩惠。

乾隆皇帝送给乔治三世的最重要的礼品之一是一个百宝盒。乾隆拥有一批这样的盒子，现保存在北京故宫博物院。这些宝盒用来盛放玉器、陶瓷等物品，体现了皇帝对收藏的热爱和高雅的品位。在将其呈现给马戛尔尼时，皇帝夸耀了它历久弥新的巨大价值，其话语被使团记载如下：

> 亲手将这个宝盒交给你的国王，并告诉他，虽然礼品可能看起来很小，但在我看来，这是我能给予的，或者帝国能提供的最有价值的礼品，因为它是通过我的祖先传给我的，是我留

---

[1] George Staunton, *An Authentic Account of an Embassy from the King of Great Britain to the Emperor of China*, London: W. Bulmer and Co. for G. Nicol, 1798, Vol.3, p.233.

[2] George Staunton, *An Authentic Account of an Embassy from the King of Great Britain to the Emperor of China*, London: W. Bulmer and Co. for G. Nicol, 1798, Vol.3, p.235.

给我的儿子和继承人的最后的感情象征。望我所希望的那样，通过仔细阅读记录了我的祖先所具有的美德的碑记，能够激发你的国王效仿这些光辉榜样的崇高决心；正如他们所做的那样，将提升王位的荣光、促进治下人民的幸福和繁荣作为他一生的宏伟目标。[1]

这段话表达了乾隆的天下意识，即自居为以中国为中心的天下秩序的普遍统治者。乾隆将百宝盒视为对继任者的感情信物，此举意在将大英帝国纳入其构想的统治体系。借此，他将自己的仁慈延伸到了大英帝国，增强了他的帝国的威望和崇高的自我形象。在他看来，大英帝国只是"蕞尔小国"，然而，当马戛尔尼于1793年11月9日向亨利·邓达斯报告这份礼品时，仅将其解释为"他（乾隆）对国王陛下友谊的象征"[2]。赠予者和接受者之间截然不同的看法，揭示了两国之间深刻的文化鸿沟。

作为对英国所赠版画的回应，乾隆皇帝将有关战争场面的版画、大水法图以及他自己的书画作品赠送给了使团。这些礼品表达了他作为清王朝军事指挥官和儒家统治者的双重身份。其中，战争版画由宫廷中的耶稣会传教士制作，描绘了乾隆在其统治期间开展军事行动，被用来庆祝皇帝的胜利，荣耀于他的统治。早期的版画，比如描绘打击回部的版画，是由法国工匠雕刻而成，然后运回中国；后来，宫

---

1 Aeneas Anderson, *A Narrative of the British Embassy to China*, London: J. Debrett., 1795, p.154.

2 IOR/G/12/92, p. 83, Macartney to Dundas 9 November 1793, cited in Henrietta Harrison, "Chinese and British Diplomatic Gifts in the Macartney Embassy of 1793," *The English Historical Review*, Vol.133, Issue 560, March 2018, p.86.

廷匠人开始在耶稣会艺术家的指导下自行制作版画，例如赠送给英国使团的《金川图》便是这一时期的作品。[1] 乾隆还是一位狂热的艺术收藏家、画家和书法家，热衷于将自己纳入文人行列。他将自己的艺术作品赠予使团，体现了其个人的优雅和真诚。

除上述具有针对性的重要赠礼外，英国的礼品中还包括其他一些更加注重科学技术的产品，包括枝形吊灯或光泽仪、气压计、望远镜、燃烧镜、气泵、暗箱等。其中，枝形吊灯采用了最近发明的阿尔甘德（Argand）灯，该灯改进了传统油灯的圆柱形灯芯，可导入空气以增加光的强度——发明者阿尔甘德同威廉·帕克（William Parker）、马修·博尔顿（Matthew Boulton）建立了合作伙伴关系，后者为使团选择礼品提供了建议；这盏昂贵的枝形吊灯价值 840 英镑，由威廉·帕克父子公司（William Park & Son）生产。气压计由意大利物理学家和数学家伊万杰利斯塔·托里拆利（Evangelista Torricell）于 1643 年发明的，主体是一根放入水银盆中的管子，水银柱的高度随着大气压力的变化而波动。18 世纪末，欧洲博物学家总是携带气压计、雨量计、温度计、湿度计、风速计以及其他仪器出行，来帮助他们对边远地区进行调查。[2] 在澳门，马戛尔尼以 3582 英镑从亨利·布朗（Henry Browne）那里买了赫歇尔反光镜，并从麦金托什手里买了威廉·帕克的燃烧透镜，他相信这些物件都会吸引乾隆皇帝。[3] 此外，礼品中还包括应马

---

1 秦国经、高换婷：《乾隆皇帝与马戛尔尼》，紫禁城出版社 1998 年版，第 119—136 页。

2 常修铭：《马戛尔尼使节团的科学任务——以礼品展示与科学调查为中心》，台湾清华大学硕士学位论文，2006 年，第 39、41 页。

3 关于此具体信息，请参阅 J. L. Cranmer-Byng, ed., *George Macartney, An Embassy to China: Being the Journal Kept by Lord Macartney during his Embassy to the Emperor Ch'ien-lung 1793-1794*, London: Longmans, Green & Co, 1962.

戛尔尼的要求从北方实业家手里收集的一些"实用性物品"。马修·博尔顿和塞缪尔·加贝特（Samuel Garbett）负责从伯明翰、曼彻斯特和周边城镇收集大量低价物品，例如五金件和剑刃，其目的是促进它们在中国的销售。东印度公司支付了本次礼品的征集费用。[1]

使团选择的艺术和科学礼品，本意是给接受者留下深刻的印象，同时彰显赠予者的自我形象；实则却反映了跨文化交流截然不同的意图与方法。在英国，科学和工业仪器代表了社会进步的开明理想，使团以中国风加以装饰，相信会迎合中国人的情感；而大清朝廷则沿袭了向外国使节回赠瓷器、丝绸、茶叶、漆器的传统，在清廷看来，这些物品不仅是朝贡贸易的一部分，而且是财富和繁荣的象征。

第三节　礼品之外

英国礼品在圆明园展出，是使团访华过程中一个重要的历史事件，借此我们可以了解中国人对英国人及其科学的态度——清廷并没有理解这些礼品所传达的科学和哲学观点，而是将它们视为西方的奇技淫巧之物。一些早期学者认为，乾隆未能欣赏到英国科学的价值，从而失去了发展中国科学的机会。然而，这并不意味着乾隆对西方科学不感兴趣——考虑到乾隆长期以来对科学的赞助，以及在使团到来之初对英国礼品的特别重视，英国礼品受到冷遇的原因之一可能是乾隆已经拥有类似的物品，或者没有意识到英国的礼品同他已有收藏之间的差异。另一个原因则是马戛尔尼使团的首要目标，并不是要传播

1　Maxine Berg, "Britain, Industry and Perceptions of China: Michael Boulton, 'Useful Knowledge' and the Macartney Embassy to China, 1792-1794," *Journal of Global History*, No.1, 2006, pp.268-288.

科学知识，而是用科学吸引朝廷，以便与中国建立贸易和外交关系。

事实上，清廷在使团出使之初就非常重视礼品。为了避免礼品受到损坏，乾隆皇帝准许使团船只直接开往天津，再经通州前往北京。[1]当马戛尔尼的船只到达天津郊外的海域时，天津道道员乔人杰、通州协副将王文雄即登船索要礼单，以进献皇帝。1793年7月27日，直隶总督梁肯堂和钦差大臣兼长芦盐政徵瑞，收到了英国礼品清单的中文翻译，上面描述了礼品的名称和功能。[2]

到达天津后，由于英国大型船只无法进入中国内水，使团人员及其礼品只能由中国驳船先运到潮白河，然后换乘船只送往通州。从通州到北京，这些礼品被装进600个包裹，然后由90辆马拉四轮运货车、40辆马车、200匹马和3000名苦力运送。[3]1793年8月23日，使团终于抵达北京，首先驻扎在圆明园外的海淀宏雅园，乾隆要求在这里展出八件礼品。后来根据马戛尔尼的要求，使团迁至北京内城，住在最近充公的原广州粤海关监督的官邸。[4]

在宏雅园期间，使团奉命携带礼品前往热河参加乾隆诞辰庆典。登维德、巴罗、斯科特、佩蒂皮埃尔、亚历山大等几名成员则被要求留在北京，帮助组装和安置礼品。[5]同时，乾隆还接受了耶稣会士的建议，着人观察和研究礼品的安装过程，以便在英国人离开时修复和重新组装。根据内务府档案，带到热河的礼品包括一箱箱英国肖像和城市版画、挂毯和纺织品、马鞍、枪支和望远镜；留下的包括天体仪、

---

1 秦国经、高换婷：《乾隆皇帝与马戛尔尼》，紫禁城出版社1998年版，第107页。
2 秦国经、高换婷：《乾隆皇帝与马戛尔尼》，紫禁城出版社1998年版，第100页。
3 秦国经、高换婷：《乾隆皇帝与马戛尔尼》，紫禁城出版社1998年版，第108页。
4 Alain Peyrefitte, *The Immobile Empire,* London: Harvill, 1993, p. 152.
5 中国第一历史档案馆编：《英使马戛尔尼访华档案史料汇编》，国际文化出版公司1996年版，档案号717，第562页。

各种大炮、机械椅、马车和舰船模型。最终，在圆明园宫殿中展出的物品有天体仪、一对沃利亚米钟、一对光泽仪、一对地球仪、太阳仪、威治伍德瓷器和一些日用仪器。[1]

英王乔治三世是科学仪器的热心收藏家，也是宫廷科学展览的支持者。[2] 为了给大清皇帝留下深刻的印象，使团成员计划依葫芦画瓢地将这些物品展示在作为主殿的正大光明殿内，其中地球仪和天球仪位于御座两侧，天花板上悬挂着枝形吊灯，天体仪位于大殿的一端，沃利亚米时钟、气压计、威治伍德瓷器和弗雷泽太阳系仪位于另一端。[3]

亚历山大的一幅图画展示了大殿的空间和礼品的排列平面图：顶部中央的红色矩形代表御座，前方及左右两侧都有台阶围绕。（图2.3）虽然所有物件都用字母和数字进行了编号，但没有提供它们代表物品的具体信息。这张图纸实际上是一种图表，所有物体都被描绘进二维平面中。在图片的边缘，亚历山大记录了大殿的空间数据：长109英尺（约33.2米），宽40英尺（约12.2米），高21英尺（约6.4米）。

亚历山大仔细观察了圆明园宫殿及邻近庭院的内部装饰和物品。他以粗略的方式描绘了蛇形龙纹的楼梯，并在直接观察的基础上详细地描绘了水缸和御座。在一幅水彩画中，他还描绘了放置乾隆给马戛尔尼信函的桌子。（图2.4）

---

1 中国第一历史档案馆编：《英使马戛尔尼访华档案史料汇编》，国际文化出版公司1996年版，档案号720，第563页。

2 Alan Morton and Jane Wess, *Public and Private Science: The King George III Collection*, Oxford: Oxford University Press, 1993. 这是伦敦科学博物馆收藏的科学仪器的目录。它描述了英国国王乔治三世委托制作这些物品的背景，并提供了有关18世纪伦敦的工匠和科学生活的大量信息。

3 Alan Morton and Jane Wess, *Public and Private Science: The King George III Collection*, Oxford: Oxford University Press, 1993.

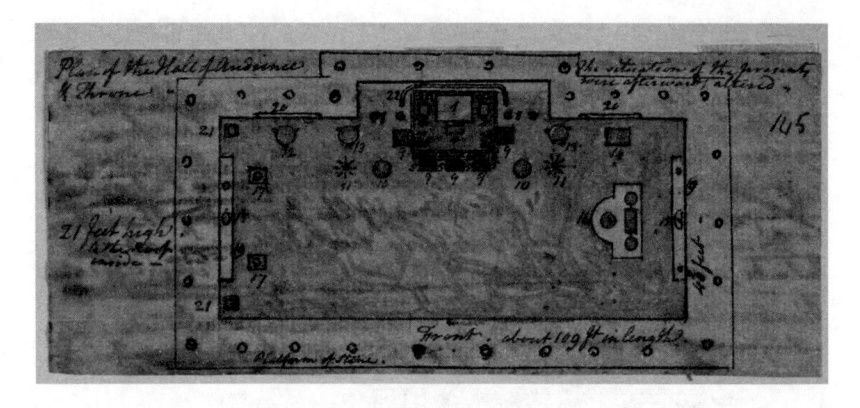

图2.3 大殿和御座平面图,威廉·亚历山大绘,1793年,纸本水彩(大英图书馆藏)

图2.4 大殿平面图,以及礼品、一个金罐和皇帝放在桌子上的信,威廉·亚历山大绘,1793年,纸本水彩(大英图书馆藏)

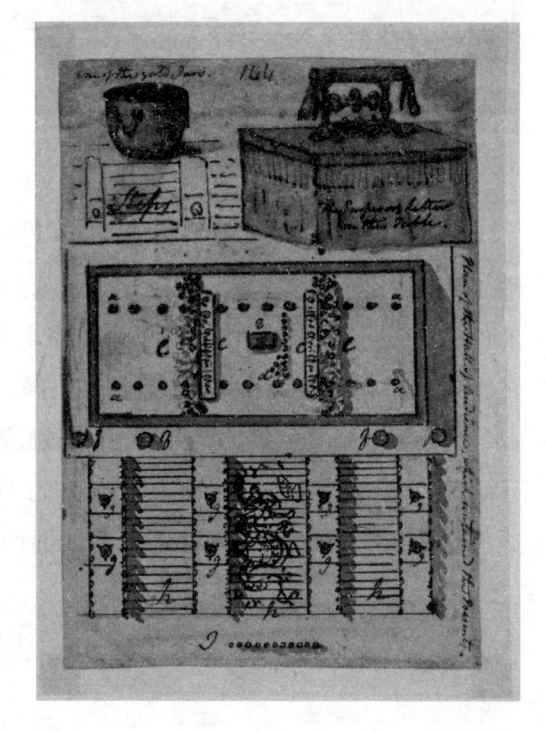

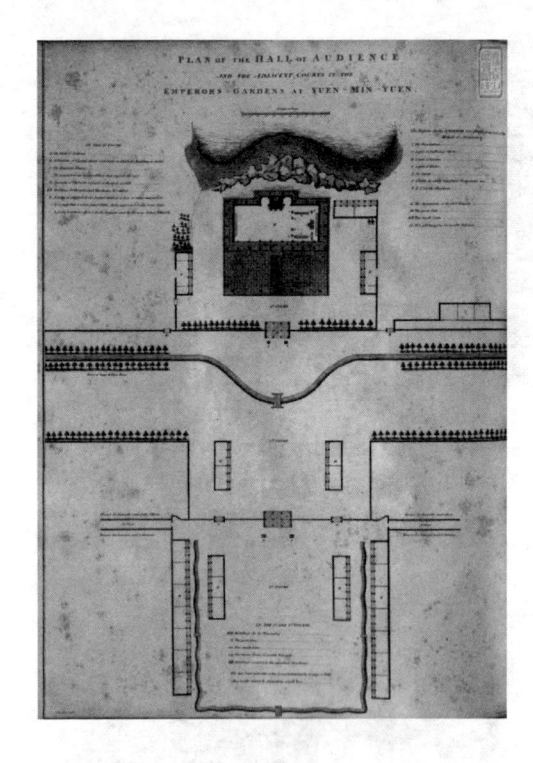

图2.5 圆明园觐见厅及邻近庭院的平面图（复制自《纪实》），基于约翰·巴罗的绘图，1797年，铜版画（洛杉矶盖蒂研究所藏）

在斯当东的《纪实》中，附有约翰·巴罗绘制的大殿平面图，标明了礼品的实际安放位置。（图2.5）与亚历山大的草图不同的是，所有的礼品都放置在御座的左侧。根据斯当东的说法，太监宣读了乾隆的命令，将所有礼品放在大厅的一端，这样乾隆就可以从御座上看到礼品，而无需转头。[1] 结果，所有的礼品都被放置在御座的左侧。版画展示了自上而下俯视大殿的平面图像，在御座的左侧有编号1—7。其中，天体仪放在中间，可见其重要性；它的两侧各立着一对沃利亚米钟

1　George Staunton, *An Authentic Account of an Embassy from the King of Great Britain to the Emperor of China*, London: W. Bulmer and Co. for G. Nicol, 1798, Vol.4, p.320.

和一台太阳仪，还有两张桌子用来展示威治伍德瓷器和其他的日用仪器，两对光泽仪和地球仪则靠近御座。

然而令使团大失所望的是，在1793年10月3日的礼品展览上，乾隆对部分礼品表示了冷漠的态度。例如，他评论威廉·帕克的燃烧镜时认为"这些东西只配给儿童玩"[1]。类似的评论也可以在亚历山大的日记中看到："我们从意大利传教士德奥达蒂那里听说，皇帝已经看到了礼品，并轻描淡写地表示有些礼品只适合儿童娱乐。"[2]不过，乾隆对军事武器非常感兴趣，尤其是皇家"君主号"战舰的模型。他问了一些问题，比如军舰的建造、英国的造船业等，但由于翻译混乱，没有得到明确的答复，便失去了兴趣。他也观看了大炮，但对其并不认可，因为这违背了他的仁义原则。[3]当然，乾隆也确实对其中一些礼品表现出了喜爱之情，并命内务府的工匠为他的收藏进行装饰或装裱。造办处的档案提供了他下令为某些物品（例如珠宝、剪刀和刀具）制作百宝盒的详细说明，此外还有为画作制作画框的指示。[4]

早期的学术研究强调，由于乾隆皇帝对欧洲科学缺乏兴趣，因此

---

[1] William Jardine Proudfoot, *Biographical Memoir of James Dinwiddie: Embracing Some Account of His Travels in China and Residence in India*, Whitefish, MT: Kessinger Publishing, 2010，引自常修铭：《马戛尔尼使节团的科学任务——以礼品展示与科学调查为中心》，台湾清华大学硕士学位论文，2006年，第53页。

[2] William Alexander, *A Journal of the Lord Macartney's Embassy to China, 1791-1794, Journey of a Voyage to Pekin in the Hindostan E. I. M. Accompanying Lord Macartney*, October 3, 1793, London: British Library, 1791-1794, p.26, 引自常修铭：《马戛尔尼使节团的科学任务——以礼品展示与科学调查为中心》，台湾清华大学硕士学位论文，2006年，第52页。

[3] George Staunton, *An Authentic Account of an Embassy from the King of Great Britain to the Emperor of China*, London: W. Bulmer and Co. for G. Nicol, 1798, Vol.4, p.324.

[4] 中国第一历史档案馆编：《英使马戛尔尼访华档案史料汇编》，国际文化出版公司1996年版，档案号731—735，第571—574页。

他对这些礼品兴趣寥寥。然而根据马戛尔尼的日记，使团在皇宫中发现了地球仪、太阳仪、钟表和八音盒，这些东西远比他们带来存放在圆明园的礼品要好得多。[1] 乾隆在一份谕旨中评论说，使团赠送的天体仪与内务府生产的仪器类似，对他来说，并不是什么非凡的东西，而是一个普通的物件。工部尚书金简还上奏说，天球仪和地球仪与已在乐寿堂展出的东西没有什么不同；天象仪与景福宫的藏品也差不多，甚至基座上的装饰不如后者精致；气压计就像温度计，吊灯也一样就像水上花园里的玻璃灯一样。[2] 此外，清廷已经从东印度公司获得了一台反射望远镜。[3] 使团在参观了乾隆自己的藏品后，因为太紧张而不敢向皇帝赠送那些不太令人印象深刻的东西——他们放弃了展示这些物品，转而之后在广州变卖了它们。其他物品，如化学仪器和蒸汽机模型，则被送给了詹姆斯·登维德，他通过利用这些东西在印度进行科学演示而发了财。[4] 这一例子表明了这次出访在科学维度的局限性。

虽然新近的许多发明对于英国和大清朝廷来说都是崭新的（例如蒸汽机模型），但以此认为乾隆未能将欧洲科学引入中国的结论则是不合理的。康熙皇帝以对科学的浓厚兴趣而闻名，乾隆皇帝也延续了这种兴趣，尽管他对收藏艺术品和工艺品表现出了更大的热

---

1 J. L. Cranmer-Byng, ed., *George Macartney, An Embassy to China: Being the Journal Kept by Lord Macartney during his Embassy to the Emperor Ch'ien-lung 1793-1794*, London: Longmans, Green & Co, 1962, p. 125.

2 秦国经、高换婷：《乾隆皇帝与马戛尔尼》，紫禁城出版社1998年版，第100页。

3 Henrietta Harrison, "Chinese and British Diplomatic Gifts in the Macartney Embassy of 1793," *The English Historical Review*, Vol.133, Issue 560, March 2018, p.83.

4 Benjamin Elman, *On Their Own Terms: Science in China 1500-1900*, Cambridge, MA: Harvard University Press, 2005, p.xxxiv.

情。乾隆的冷淡态度可能来自两个国家之间的竞争野心——他不愿意接受使团对这些礼品的吹嘘，淡化它们的价值可能是一种政治策略。

使团离开中国后，大部分礼品仍作为珍品留在皇帝的私人收藏中，而中国的礼品在英国也具有同样的命运。[1] 只是英国的科学物品最终未能传达使团所要表达的科学意义和启蒙精神，而中国礼品的象征意义也随着时间的流逝而淡化、湮灭。

* * *

18世纪末的英国和清王朝都处在扩张阶段，他们对对方礼品的态度反映了两个相互竞争的帝国的野心。英国使团推行符合威斯特伐利亚国际秩序的外交理念，而清廷则维持以中国为中心的朝贡制度传统。这些处理对外关系的不同理念，从一开始就引发了冲突——使团礼品，仅仅因为是奇巧之物而被抛弃；使团对礼品的厚望，最终也以失败而告终。

尽管英国的礼品未能达到预期目的，但使团仍然坚信科学在交流中的重要性。这些具有科学意义的礼品旨在传达英国启蒙运动的科学观，同时满足乾隆皇帝对西方科学的长期兴趣，个别礼品也确实收到一些好评。尽管这些仪器和实验的展演，显然没有达到目的；然而正如一些学者认为的那样，乾隆对这些礼品表现出的有限兴趣，并不意味着中国已经放弃了对科学进步的追求——双方都知道，使团的目的不是为了传播科学知识，而是为了与中国建立外交关系，科学只是

---

[1] 关于中国和英国礼品命运的更多信息，参阅 Henrietta Harrison, "Chinese and British Diplomatic Gifts in the Macartney Embassy of 1793," *The English Historical Review*, Vol.133, Issue 560, March 2018, pp.91-97。

达成这个目的的一个工具。

　　艺术是英国礼品特征的另一个重要元素，因为它迎合了中国人的品位和视觉感受。科学仪器、瓷器以及带有中国图案主题的版画的中国风装饰，旨在吸引皇帝和宫廷，它们模仿了中国风格但不带有负面含义。英国版画中欧洲建筑和室内设计的表现，则迎合了乾隆对欧洲事物的热情。英国的"中国风"和中国的"欧洲风"的融合，试图通过分享彼此帝国文化的相似性，以在两个平等国家之间产生跨文化对话的可能。

　　这次礼品交换，揭示了双方之间微妙但至关重要的交流，他们皆试图给对方留下深刻印象并占据优势地位。而热河行宫的谒见事件，尤其双方对礼仪的态度，则更具体地揭示了英国使团和大清帝国的矛盾观点。

第三章
历史一刻

马戛尔尼使团的艺术家们创作了多幅英国视角下使团谒见皇帝场景的画作，而忽略了从东道国与外国人打交道的传统的角度看待这一事件。英国人将自己视为高级文明的使者，与之相对，乾隆皇帝则将自己视为天下的中心、多民族帝国的普遍统治者，而将英国使节视为进贡者。马戛尔尼使团试图推行基于威斯特伐利亚国际秩序的新兴外交理念，该理念承认国家主权平等和国家之间的调解；而乾隆皇帝则坚持以中国为中心的世界秩序理念，并承担起天下共主的角色。[1] 在这一观念的碰撞中，双方创作的艺术作品都是政治宣传的工具，旨在通过使用不同的视觉效果，说服观者接受他们不同的立场。

第一节 拜谒

当欧洲人向遥远的国度派遣使团时，经常以文字描述和视觉图像记录观察结果。参与这些探索性事业的18世纪英国人，包括团队中的艺术家们，都试图做出忠实的描绘，记录他们遇到的人物、风景和事件，以传达关于异国他乡的理解。尽管艺术家们的出发点或许是客观的，但他们的"纪实"图像事实上并非中立，而是反映了各自的观

---

1 关于现代外交的介绍，参阅 Ivor Roberts, *Satow's Diplomatic Practice*, New York and Oxford: Oxford University Press, 2009, pp.10-11.

点和兴趣。特别是,这些图像经常被用作政治宣传,以颂扬大英帝国全球探索的成就。

使团以明确的流程——从画稿到作为成品的水彩画——创作向英国公众传播的版画。这些图像和文字观察,基于科学家、工程师和艺术家之间的合作,强调了经验性观察和准确记录的重要性。科学家在获得精确测量方面发挥了关键作用,并使用严格的方法绘制其测量成果。然而,这种科学方法的运用背后却包含一系列虚构信息,这些信息扭曲了真实信息,以服务于政治利益的目标。例如,使团将与乾隆皇帝的相遇描述为平等会晤,以说服英国公众,中国可以成为良好的贸易伙伴;但事实上,使团未能建立贸易关系。

现存的使团成员制作的有关谒见过程的视觉图像,包括大英图书馆收藏的帕里什的两幅画作,以及亚历山大的六幅水彩画,后者分别收藏于印度办公室图书馆、马丁·格雷戈里画廊、印第安纳波利斯艺术博物馆、伯明翰市美术馆、伦敦皇家亚洲学会和大英博物馆。斯当东1797年的《纪实》中收录的版画25是基于印第安纳波利斯的版本,由书籍插图画家和雕刻师詹姆斯·菲特勒(James Fittler,乔治三世的版刻师)雕刻完成。[1](图3.1)

使团谒见乾隆皇帝的仪式在热河行宫举行。热河位于北京东北部,其皇家建筑群由著名的避暑山庄及外八庙组成,是康熙、乾隆皇帝修建的一座集皇家园林、宫殿、寺庙为一体的大型建筑群,也是皇帝庆生和接待外国宾客的地方。马戛尔尼于1793年9月14日在此与乾隆皇帝首次会面。

---

1 Susan Legouix, *Image of China: William Alexander*, London: Jupiter Books Publishers, 1980, p.60.

图3.1　中国皇帝来到他在鞑靼的帐篷以接待英国特使（复制自《纪实》），基于威廉·亚历山大的绘画，1797年，铜版画（洛杉矶盖蒂研究所藏）

获知要谒见乾隆皇帝并确定具体日期后，马戛尔尼和部分使团成员在清朝官员的陪同下从北京出发，于9月8日抵达热河。[1] 此时乾隆已经在那里，据根据斯当东的《纪实》，乾隆皇帝在行宫中的一座高台上观察了使团的仪仗队伍。[2] 使团抵达后住在佟王府，位于行宫南面。[3]

值得注意的是，使团的官方画家托马斯·希基和绘图员威廉·亚历山大均未能参加前往热河的随行团队。他们被命令与其他几名使团

1　秦国经、高换婷：《乾隆皇帝与马戛尔尼》，紫禁城出版社1998年版，第66页。
2　George Staunton, *An Authentic Account of an Embassy from the King of Great Britain to the Emperor of China*, London: W. Bulmer and Co. for G. Nicol, 1798, Vol.3, p.206.
3　秦国经、高换婷：《乾隆皇帝与马戛尔尼》，紫禁城出版社1998年版，第69页。

成员在圆明园协助组装礼品中的科学仪器，还被限制在一座戒备森严的房子里。亚历山大在日记中表达了他的失望之情："这对我来说是一个最严厉的决定……艺术家们注定要在这段最有趣的出使之旅中被埋没于北京。"[1] 由于缺乏直接观察的机会，亚历山大只能依靠亨利·威廉·帕里什中尉绘制的图纸创作有关热河的图像。帕里什作为一名炮兵军官，接受过地形测绘、制作用于军事目的的详图和草图的训练。正如马修·H. 埃德尼（Matthew H. Edney）所写，科学凝视（scientific gaze）"自称是一种自然主义凝视"，它"创造了'地形图'"，并且"以精确和正确的方式描绘了物理特征"，是"陆军和工程人员的一项珍贵技能，它在当时的军事教育中占有重要地位，与地图绘制和侦察密切相关"。[2]

帕里什的两幅速写，都基于现场仔细记录的信息。图 3.2 是基于细致观察和测量的谒见地点平面图，图 3.3 则是一种"地形图"，即在自然主义的注视下，准确描绘景观物理特征的产物。这两幅图都反映了一种典型的基于经验性观察和精确测量的军事图纸绘制的科学方法。在第一张展示帐篷和仪式的平面图中，帕里什绘制了一个比例尺，以 10 码为一个标准单位，以测量帐篷和仪仗队伍的长度（约 106 米）。皇家帐篷被描绘成一个圆形，其中矗立着一个长方形的宝座，当接近皇家帐篷时，使团的位置显示在右侧（E），而在其对面则是来自勃固（今缅甸境内的一个小国）的使者。帕里什还记录了乐器（D）、装有礼品的帐篷（F）和烟花大架（L）等，所有的物什和队列都由几何形状和水平线、曲线表示。

---

[1] Alexander's Diary, cited in Susan Legouix, *Image of China: William Alexander*, London: Jupiter Books Publishers, 1980, p.11.

[2] Matthew H. Edney, *Mapping an Empire: The Geographical Construction of British India, 1765-1843*, Chicago and London: University of Chicago Press, 1997, p.55.

第三章 历史一刻 81

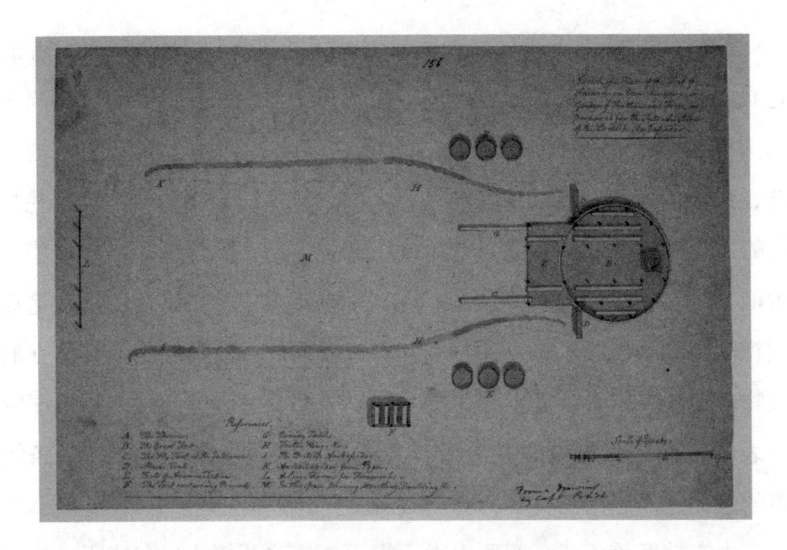

图3.2 为引荐英国使团准备的万树园觐见帐篷平面图草图，亨利·威廉·帕里什绘，1793年，纸本水彩（大英图书馆藏）

图3.3 在英国使团被引荐的早上，皇帝抵达万树园，亨利·威廉·帕里什绘，1793年，纸本水彩（大英图书馆藏）

帕里什的另一幅速写，以远景展示了三维环境中仪式的侧视图。它看起来是基于上述图示创作的，因为每个对象的比例和位置都同平面图相对应。正如平面图所示，帐篷位于右侧，两个队列向左侧延伸，在他们旁边，靠近观者的是三个供人住宿的帐篷和两个装有礼品的帐篷。此次活动的背景景观是高山密林，与实际景观相比，这些景观似乎来自帕里什的直接观察。在这幅水彩画中，帕里什用墨水笔在侧视图中勾勒出皇家帐篷的轮廓，并以粗略的方式描绘出一排站立的人物。他还在岩石上涂上浅色墨水块以表明其坚硬的质地，用更深的点表明植被；水彩画的右边缘有几棵高大的树木作为框架，一条蜿蜒的道路通向远处的树林，并与其融为一体。

由于缺席该仪式，亚历山大不得不依靠这两幅速写和使团成员的口头描述，在他的水彩画中实现纪实的品质。收藏于大英图书馆的一幅作品可能是他最早的有关该场景的水彩画作（彩图2），亚历山大遵循了帕里什对仪式的速写中的精确安排，皇家帐篷矗立在草地上，两边各排列着一排士兵、官员和外国贡使。与帕里什的画作明显不同的是，整个场景被设置成以皇家帐篷为正面场景的舞台，观众受邀直接凝视现场。乾隆皇帝坐在大轿上，由16名士兵抬着，从画面左侧向右行进。所有人物都是站立接受皇帝接见的。马夏尔尼使团站在中国官员中间的皇家帐篷入口附近，使团成员的形象在一众中式服装中被格外凸显。

亚历山大根据这幅水彩画于1796年创作了一幅成品画作。（彩图3）他将上述初稿加工为更为完善的作品，其中建筑、人物、礼器、山水，都用细腻的墨线精心勾勒，色彩柔和。墨线的变化提供了物体形状的三维渲染；绘画的柔和效果则增强了环境中愉悦和谐的气氛。此外，在这幅画作中还提供了第一个版本中不存在的信息——在早期版本中，使团人物被安排在靠近皇家帐篷右侧的位置，但在后期版本中，使团则位于画面前景左侧更显眼的位置。亚历山大在画中呈现了使团人员站在帐篷外等待乾隆接见的场景，这使得英国人看起来就像是与东道主平等的尊贵客人。

据清宫档案记载，1793年9月14日，乾隆在热河万树园的皇家帐篷里正式接见了使团。[1] 大英图书馆收藏的亚历山大的另一幅草图，便描绘了皇帝在帐篷内接待使团的情景，这是艺术家基于斯当东的文字记载想象出的场景。（图3.4）

在这幅用铅笔和淡墨绘制的图像中，包括中国官员和英国使团成员在内的所有人物，都站在皇帝御座周围。乾隆在画中端坐于御座之上，其形象很可能是从一幅肖像画发展而来（见第六章）。乾隆的左侧站着使团成员，他们都具有个性化的形象，并标注有代表他们名字的字母。这幅画显示了艺术家高超的技巧——他仅用非常粗略的线条便能够区分每位成员。马戛尔尼单膝跪地，在台阶上的平台上向乾隆呈递英国国王的国书。斯当东在他的《纪实》中记录了这一时刻：

> 特使通过礼部尚书的指导，双手恭捧装在镶着珠宝的金盒子里面的英王书信于头顶，至宝座之旁拾阶而上，单腿下跪，简单致辞，呈书信于皇帝手中。[2]

---

1 中国第一历史档案馆编：《英使马戛尔尼访华档案史料汇编》，国际文化出版公司1996年版，档案号4，第2页。根据这份档案，乾隆于1793年9月14日在万树园接见了马戛尔尼和斯当东，并赠送了他们如意。

2 George Staunton, *An Authentic Account of an Embassy from the King of Great Britain to the Emperor of China*, London: W. Bulmer and Co. for G. Nicol, 1798, Vol.3, pp.231-232.

图3.4 皇帝接见使团,包括其主要成员,威廉·亚历山大绘,1793年,纸本墨水(大英图书馆藏)

亚历山大将这幅画稿加工成一幅更细腻的水彩画,其中马戛尔尼的位置被小斯当东取代。(图3.5)画面捕捉到了乾隆皇帝将荷包赠予男孩的瞬间。斯当东在他的《纪实》中描述了这次赠礼:

> 或者由于这个童子的讲括使皇帝满意,或者见他活泼可爱,皇帝欣然从自己腰带上解下一个槟榔荷包亲自赐予孩童。荷包是中国皇帝经常赐予大臣的一种东西。但从皇帝身上解下荷包赐予一个外国人则确是一个非常特殊的恩典。皇帝身上的任何微小物件在中国都被认为是无价之宝……[1]

---

[1] George Staunton, *An Authentic Account of an Embassy from the King of Great Britain to the Emperor of China*, London: W. Bulmer and Co. for G. Nicol, 1798, Vol.3, pp.234-235.

图3.5 乾隆皇帝在热河皇家帐篷内向小斯当东赠送荷包,威廉·亚历山大绘,日期不确定,纸本水彩(亨廷顿图书馆、艺术博物馆和植物园,吉尔伯特·戴维斯收藏)

在最初的画稿中,皇帝倚在椅背上,姿态傲慢,而在最终版本中,他将上半身向前倾向男孩,给人一种仁慈和善良的感觉。据苏珊·雷高伊斯称,这幅水彩画是受斯当东家族中的一位成员委托创作的,它原本属于格特鲁德·林奇-斯当东小姐(Miss Gertrude Lynch-Staunton),后来于1957年通过伦敦的科尔纳吉画廊出售给亨廷顿图书馆和艺术画廊。[1]

尽管参与者的描述方式不尽相同,亚历山大用实证方法记录场景,更体现出了艺术家、工程师和科学家的密切合作,反映了英国全球探索活动中艺术与科学的密切联系。约瑟夫·班克斯强调了经验准

---

1 Susan Legouix, *Image of China: William Alexander*, London: Jupiter Books Publishers, 1980, p.60.

确性的重要性，正如法林顿（Joseph Farington）在他的日记中评论的那样："绘图的准确性似乎是约瑟夫爵士的主要建议。"[1] 与此同时，亚历山大操纵现实以服务于使团的政治目标，因此，在一定意义上，这些图像也是经验观察与政治想象之间平衡妥协的产物。

亚历山大的实证方法的另一个方面，是基于他对每个人物的举止和服装的仔细研究。两幅画稿描绘了马戛尔尼和斯当东身着厚重而精致的红色礼服的形象，以表明对"东方习俗和思想"的尊重。根据斯当东的描述，马戛尔尼"身穿绣花天鹅绒官服，缀以巴斯骑士钻石宝星及徽章，上面再罩一件掩盖四肢的巴斯骑士外衣"，而斯当东自己"以牛津大学法学名誉博士的资格，特于官服之上加罩一袭深红的博士绸袍"（图 3.6 和 3.7）。[2]

为了"重现"仪式，亚历山大不仅依靠帕里什的平面图和画稿，而且参考了其他可用的视觉来源，包括雅克·菲利普·勒巴斯（Jacques Phillippe Le Bas）在 1765 年创作的版画。[3]（图 3.8）该作品是乾隆委托欧洲版画家创作的 16 幅系列版画中的最后一幅。这些作品取材自在北京工作的耶稣会传教士艺术家们的画作，由路易十五宫廷中最优秀的版画家，在查尔斯-尼古拉斯·科钦的督导下于 1767—1774 年间复制完成。虽然广州商人支付了将雕版和 200 套版画运送到中国的费用，但其中一些版画复本仍保留在巴黎，而亚历山大很可能在那里

---

[1] Joseph Farington, *The Farington Diary (1793-1821)*, Vol.1, December 12, 1793, cited in John Gascoigne, *Joseph Banks and the English Enlightenment: Useful Knowledge and Polite Culture*, Cambridge: Cambridge University Press, 1994, p.72.

[2] George Staunton, *An Authentic Account of an Embassy from the King of Great Britain to the Emperor of China*, London: W. Bulmer and Co. for G. Nicol, 1798, Vol.3, p.231.

[3] Susan Legouix, *Image of China: William Alexander*, London: Jupiter Books Publishers, 1980, p.15.

图3.6 马戛尔尼勋爵肖像2，威廉·亚历山大绘，1793年，纸本水彩（大英图书馆藏）

图3.7 乔治·斯当东肖像，威廉·亚历山大绘，1793年，纸本水彩（大英图书馆藏）

图3.8 皇帝在北京为在战斗中表现出色的军官和士兵举行胜利宴会，基于郎世宁等人的绘画，1765年，铜版画（纽约大都会艺术博物馆藏）

获得欣赏这些版画的机会。[1] 这幅特别的版画是根据郎世宁在北京创作的《紫光阁赐宴图卷》加工而成。虽然场景实际发生在北京，但郎世宁借用了他早先绘制的《万树园赐宴图卷》的画面构图。这幅画描绘了1754年5月的宫廷宴会，当时乾隆皇帝在热河接见了归顺清廷统治的三车凌首领。[2] 与这两幅作品对比，亚历山大的水彩画显然借鉴了前者中皇家帐篷的位置和风格，以及16名士兵抬着皇帝的场景，并结合了热河周围的地形景观绘制而成。

尽管亚历山大依赖于帕里什的科学再现，但他的画作更多地具有

---

[1] 关于这批版画的信息，参阅 https://www.metmuseum.org/art/collection/search/395643 accessed on April 6, 2018。

[2] 杨伯达：《〈万树园赐宴图〉考析》，《故宫博物院院刊》1982年第4期。

宣传功能，促进了对英国人理想形象的塑造。例如，根据清朝档案，马戛尔尼使团实际上是与来自诸如青海、蒙古和缅甸等处的诸多内外藩贡使一同接受乾隆接见的。[1]然而，班克斯要求画家应将画作描绘为："皇帝走近大帐时，特使被第一个介绍给他。皇帝由16名男子抬在大轿上，后面是亲王和一大群官员，排成两列迎接他。"[2]该说明规定了亚历山大在创作时应遵循的准则，即将英国使团描绘为大帐外唯一被接待的外国使团。此外，据随同皇帝前往热河的军机章京管世铭透露，马戛尔尼虽然一开始拒绝行叩头礼，但最终还是叩了头。[3]然而，在英国使团创作的图像中，使团成员始终站在乾隆皇帝周围，而马戛尔尼则单膝跪地呈递国王乔治三世的国书。对这"历史一刻"的矛盾描述，亦暴露了各方不同的政治目标。

英国的描述给人的印象是，马戛尔尼使团在寻求与清帝国建立外交关系时被视为平等伙伴。清廷对英国礼仪的接受，明显反映了何伟亚所说的英国"以欧洲为中心的想象世界"[4]。它传达了中国是英国国际体系一部分的理念，并提出了中国可以成为英国外交、商业甚至政治伙伴的希望——尽管使团距离这些崇高目标还很遥远。

---

1 中国第一历史档案馆编：《英使马戛尔尼访华档案史料汇编》，国际文化出版公司1996年版，档案号4，第2页。

2 See Joseph Banks Papers, State Library, New South Wales.

3 管世铭：《癸丑仲夏扈跸避暑山庄恭纪》，《韫山堂诗文集》光绪二十年（1894）读雪山房重刊本。其中有诗句"一到殿廷齐膝地，天威能使万心降"，并有附注云："西洋英吉利国贡使不习跪拜，强之，止屈一膝，及至引对，不觉双跪俯伏。"

4 James Hevia, *Cherishing men from afar: Qing Guest Ritual and the Macartney Embassy of 1793,* Durham, NC: Duke University Press, 1995, p.72.

第二节 缂丝挂毯之秘

清代艺术家同样创作了有关马戛尔尼使团的视觉图像,其中最引人瞩目的是一幅缂丝挂毯。这幅挂毯似乎是基于使团抵达之前创作的一幅画作再创作而成的,因为它再现了耶稣会士早期制造的科学仪器,并描绘了具有混合民族身份的欧洲人形象。选择这种方式描绘马戛尔尼使团,反映了中国抵制英国野心,并将域外来者纳入自身世界秩序的目标。

目前,这幅缂丝挂毯收藏于英国格林威治国家海事博物馆。(彩图 6)根据该博物馆的记录,它是由博物馆创始人詹姆斯·凯尔德(James Caird)于 1934 年捐赠的。该作品长约 1.6 米,宽约 1.215 米。由于右上角缂织有乾隆为使团访华事件所作御制诗,因而人们认为它描绘的正是 1793 年马戛尔尼使团访华事件。挂毯描绘了欧洲人物,并重点展示了他们的科学仪器,表明该挂毯是根据乾隆从皇家收藏中挑选的一幅画作绘制的,并被指定为对 1793 年马戛尔尼使团来访经历的呈现之作。需要指的是,中国艺术家创作的其他使团的图像已无存世。

挂毯作品描绘了由欧洲人物组成的仪仗队伍携贡品前进的情景。其中两件礼品是天文仪器,由于体积庞大,需被许多人都抬着;他们身侧则有其他推车或肩扛贡物的人物。另有一些人物在队尾悠闲地聊天。图像中间两棵缠绕的松树形成一个 X,从而稳定了构图;祥云漂浮在树木和地面之间,巨大的假山矗立在图像的左右角落;隐藏在云层中的宫殿则被细致地描绘出来,旁边有一座高大的华表。

松树、祥云、假山石以及 X 形缠绕的树木等风格元素,在其他乾隆宫廷绘画中也有出现，表明这幅挂毯应当是由宫廷制作的——画面中央交叉的松树，其长长的枝条向两侧延伸，形成象征长寿的吉祥符号；祥云是宫廷绘画中的另一个常见主题，以螺旋和漩涡为代表，营造出神秘的氛围，这样的云彩也出现在宋徽宗的《祥瑞图》中；假山石被描绘得扭曲、光滑、不自然，其阴影给人一种立体感，是宫廷绘画的典型特征；宫殿则代表了中国建筑的一般形式，描绘了很多细节，但缺乏将其确定为特定结构的特征；至于华表，很可能代表了入口大门处。

如前所述，挂毯的右上角有一首乾隆御制诗，诗云：

红毛英吉利国王差使臣马戛尔尼奉表贡至，诗以志事

博都雅昔修职贡，英吉利今效荩诚。
竖亥横章输近步，祖功宗德逮远瀛。
视如常却心嘉笃，不贵异听物翊精。
怀远薄来而厚往，衷深保泰以持赢。

由这首乾隆在其寿辰期间于热河行宫创作的御制诗，可以引出几个关于挂毯的问题：这幅挂毯是由乾隆下令制作，以反映该诗内容的吗？或者是在该诗创作之前制作的？制作这幅挂毯的目的是什么？它在视觉表现中传达了什么信息？

缂丝挂毯作为图像缂丝作品的一种，最早在北宋初期由宫廷作坊生产。它通过将"不连续的纬丝压缩以隐藏纵向经丝，从而产生可辨别的纹理"[1]。这种丝织技术创作的图案描绘细致,适合制作宫廷绘画的临摹品;且由于挂毯通常使用绘画作为模板,因此这幅很可能也是基于宫廷绘画制作的。尺寸如此巨大的挂毯一般是在苏州的宫廷作坊中制作的——苏州作为江宁织造局三大作坊地之一,在乾隆时期以生产缂丝挂毯而闻名。[2]

此类大型挂毯大多用于装饰皇宫内部,以供皇帝欣赏;也有一些会被赠予清朝官员或外国使节,但通常并非孤品。不过这幅挂毯最初应当并不是被作为送给马戛尔尼使团的礼品而制作的,因为这种尺寸的作品往往需要耗费几个月的时间制成,而此时已距使团离开许久了。[3]虽然委托制作这幅挂毯的目的尚不清楚,但其主题表明,它是为了纪念英国使团来访的历史事件;通过挂毯上的诗句和图像传达的信息,我们可以洞察乾隆对马戛尔尼使团及其科学礼品的态度。

挂毯上描绘了众多穿着各种服装、摆出各种姿势的外国人。如果与宫廷画家创作编撰的《皇清职贡图》相对照,这些外国人形象的描绘与其他欧洲人的肖像画是一致的。《皇清职贡图》由金廷标、丁冠鹏、姚文翰、程梁在1751—1763年创作而成。1751年,乾隆下令让各省巡抚和总督收集有关本省内"土著"人以及与他们交往的外国人的信息,并将文字和视觉描述提交至朝廷。清代宫廷官员和艺术家将这些文献整理成九卷,收于《四库全书》,卷一便包括对一系列欧洲人物的描绘。该文献以乾隆时期流行的实证学研究为基础,对不同种

---

[1] Jean Kares, "Translation of Medium: Kesi Meets Painting," in *Textile Society of America Symposium Proceedings*, Textile Society of America, January 2008.

[2] 郭淇:《身兼数职的江南三织造》,《中国档案》2014年第12期。

[3] 故宫博物院的苑红旗研究员提出,制作如此大规模的挂毯,宫廷作坊可能需要几个月的时间。

族出身的各种人进行了类似现代民族志的研究,详细描述了他们的身体特征、习惯、风俗、服饰,以及他们在历史上与中国的关系。根据与中国的亲疏程度,这些欧洲人按等级顺序进行排列,对他们的描绘要么基于对欧洲人在现实中的直接观察,要么基于欧洲版画。尽管标题中含有"职贡"二字,但并非所有图像中的人物都是真正的贡使——有些欧洲国家在当时与大清帝国存有经济联系,有些则没有。[1]

挂毯上描绘的人物中,携带礼品的苦力似乎并无明确指向,但也具有标准的欧洲特征,例如卷发发型。与《职贡图》对照,苦力的发型与荷兰人肖像的发型很接近。(图3.9左上)此外,他们穿着类似于荷兰黑人奴隶的服装,但肤色不深。清代宫廷艺术家或许参考了相关记述手稿中对他们的描述,发现了他们作为奴隶劳工的地位,因而选择了这种服装表明其身份。换句话说,这些苦力形象是一种类型描绘,而非指向具体个体。

挂毯上悠闲地行走于苦力中间的官员,也可以被认为源自《职贡图》中的肖像。例如在左侧的一群正在交谈的欧洲官员,他们着不同的服装,表明来自不同的欧洲国家。左边三人戴着三角帽,穿着长袍,表明其葡萄牙人身份。(图3.9右上)他们旁边戴着皱褶卷毛帽子的人,可以看出是德意志人;而另一个穿着长袍、戴着帽子的人,看起来像法国人。(图3.9下两图)实现对人物形象的准确识别尚存在困难,因为织造品无法像绘画那么详细;但很明显,这些人物是欧洲人不同类型的代表,而不是对具体在场的个人的描绘。

赖玉芝在她的文章中提出,一些重要的宫廷绘画,如为庆祝乾隆

---

[1] 赖玉芝:《构筑理想帝国——〈职贡图〉与〈万国来朝图〉的制作》,《紫禁城》2014年10月号。

图3.9 荷兰人、葡萄牙人、德国人和法国人的肖像（复制自《职贡图》），18世纪中叶，版画（浙江大学图书馆藏）

母亲80岁生日而创作的《万国来朝图轴》，都是以《职贡图》为蓝本的。她认为，清代宫廷画家遵循一种制作程序，合作再现皇帝认可的图像。皇家作坊的制作方式与当时许多作坊的创作过程一致，艺术家们遵循模版，将其重新组合成不同的画面形式。[1] 缂丝挂毯的制作采用了类似的方法，艺术家们复制《职贡图》中的图像，以创造出令人信服的欧洲职贡者形象。

《皇清职贡图》包含了被认定为英国人的人物肖像，这就引出了一个问题：为什么挂毯不单独使用英国人肖像？最有可能的原因是清朝宫廷画家并不认为欧洲人之间的区别很重要，因为清朝是天下中心，所有外国人都被归为外藩。可以认为，该挂毯并不是对此次英国使团的直接描绘，而是对此前一系列欧洲职贡者的来华的笼统描绘；只是挂毯的某些特征被选择代表英国特使，并添加了后来定义其主题的御制诗——外国人的个人特征，被一种中国作为天下中心的观点统摄。

对使团进贡的天文仪器的描绘则可以展现中国人对英人的具体态度。挂毯上描绘了欧洲使节携带的两台大型科学仪器，以及由几辆推车装载的贡品行李。查《皇朝礼器图式》可知，这两种仪器分别是天体仪和三辰仪（图3.10）。《皇朝礼器图式》是受乾隆委托，于1759年在亲王允禄主持下创作的。其中有一个部分专门展示了50件科学仪器的插图，这些仪器的出现时间，可以追溯到1541—1750年间。它们不仅包括钦天监和造办处制作的仪器，而且包括意大利、德国、法国和英国特使提供的仪器。[2] 由于挂毯中对仪器描绘的细节极其准

---

1 赖玉芝：《构筑理想帝国——〈职贡图〉与〈万国来朝图〉的制作》，《紫禁城》2014年第10期。
2 刘潞：《一部规范清代社会成员行为的图谱——有关〈皇朝礼器图式〉的几个问题》，《故宫博物院院刊》2004年第4期。

图3.10 天体仪、三辰仪（复制自《礼器图》），18世纪中叶，版画（浙江大学图书馆藏）

确，包括精致的中国装饰，因而很明显，挂毯中描绘的两台天文仪器当来自《皇朝礼器图式》，就如同欧洲人物形象来自《皇清职贡图》。

将天文仪器描述为最突出的贡品形式，反映了长期以来天文学对中国皇帝的重要性。作为天子，皇帝负责建立天文学系统，用于计时、制定历法和进行星象占卜——通过计时，日常生活的秩序得以建立，提升了统治效率；历法则规定了各种仪式，"展示对农业周期的权威，确认宇宙秩序，并使与其他统治者的关系正常化"[1]；占卜需要对天象的准确预测，这为皇帝的德行提供了保证。鉴于天文学在中国政治、社会和文化生活中的特殊意义和地位，选择天文仪器作为皇帝

---

1 Benjamin Elman, *On Their Own Terms: Science in China 1500-1900*, Cambridge, MA: Harvard University Press, 2005, p.63.

收到的最重要的礼品形象是合理的。

天文知识也被认为可以从外国访客那里获得。元朝时期，穆斯林天文学家为中国天文学作出了重大贡献；耶稣会士紧随其后，在17、18世纪带来了欧洲的天文发现——汤若望、南怀仁等欧洲传教士先后在清廷钦天监任职，将西方天文学引入清廷；其中，南怀仁通过制定更准确的历法赢得了康熙皇帝的青睐，他还因1673年重建北京古观象台而闻名。[1]《皇朝礼器图式》的前六幅插图，就取材自南怀仁建造的青铜天文仪器。

马戛尔尼深知天文学在中国宫廷中的重要作用，以及皇帝对其的浓厚兴趣。如前所述，使团在出发前准备礼品时就选择了天体仪作为最重要的物品，并对其进行了迎合东方风格的装饰。在对礼品的介绍清单中亦详细阐述了该仪器的重要性，旨在迎合乾隆的兴趣和品位。[2]虽然使团带来的天文仪器确实属于合适的贡品，但挂毯中显示的仪器却显然不是马戛尔尼送来的。英国使团的仪器遵循当时在西方天文学中广为接受的哥白尼日心说，而明清天文学家则遵循第谷·布拉赫的天文学说，即太阳和月亮围绕地球转动，其他行星则围绕太阳转动——作为托勒密体系的追随者，耶稣会士将第谷体系视为"托勒密体系与哥白尼世界体系之间的天主教妥协"。[3]在挂毯中，宫廷艺术家们选择将更为古老的天文仪器，而非马戛尔尼带来的反映了更先进科

---

1 Benjamin Elman, *On Their Own Terms: Science in China 1500-1900*, Cambridge, MA: Harvard University Press, 2005, p.63.

2 关于天体仪的描述，参阅 George Staunton, *An Authentic Account of an Embassy from the King of Great Britain to the Emperor of China*, London: W. Bulmer and Co. for G. Nicol, 1798, Vol.2, p.492.

3 Benjamin Elman, *On Their Own Terms: Science in China 1500-1900*, Cambridge, MA: Harvard University Press, 2005, p.328.

学成的仪器，描绘成欧洲人的贡品——事实上，根据斯当东的说法，马戛尔尼所带来的天体仪在运输过程中并未组装，它们是在中国本土和在京耶稣会天文学家的监督下，于圆明园内拼装而成的。[1]

基于多种原因，挂毯中并未描绘马戛尔尼实际向宫廷赠送的礼品。比如，艺术家们可能没有机会亲眼观察这些新的天文仪器，并且可能被清朝官员告知，马戛尔尼的礼品同皇家收藏的礼品没有区别。[2] 于是，他们干脆选择了《皇朝礼器图式》中17世纪中叶最重要、最具代表性的仪器作为描绘对象。也有可能是挂毯或其参照的原画在马戛尔尼使团抵达之前很久便已创作完成，然后从皇家收藏中选出作为此次使团来华事件的代表图像，并题诗铭记。

于是我们可以假设：把英国人描绘为其他国家使者的形象，并呈现过时的天文仪器，证明这幅挂毯很可能是根据1793年马戛尔尼使团到来之前的某幅画作创作的——当时乾隆下令制作挂毯以纪念马戛尔尼使团，选择了一幅较旧的画作为模板。因此，可以说挂毯与更广泛的职贡图历史有关——这是一幅典型的《皇清职贡图》类型画作，主题与宾礼有关。宾礼是《大清通礼》中所列的五礼（吉礼、嘉礼、宾礼、军礼、凶礼）之一，该仪典规范由乾隆于1736年下令编订，于1759年完成。礼仪的举行旨在促进秩序、和谐，以及整个大清帝国的稳定。清朝时期，宾礼涉及满族宫廷与其盟友、大清帝国与其外藩之间的往来，以及中华文化圈内各民族之间的相互交流。进贡是

---

1 秦国经、高换婷：《乾隆皇帝与马戛尔尼》，紫禁城出版社1998年版，第100—118页。
2 参阅秦国经引用的金简奏疏，秦国经、高换婷：《乾隆皇帝与马戛尔尼》，紫禁城出版社1998年版，第109页。

宾礼的一种表现形式,由上呈礼单、进贡、接受赏赐三个步骤组成。[1] 挂毯应描绘了欧洲使节将贡品运送到北京皇宫这个中间步骤。

现存最早的职贡图是南朝梁萧绎创作于6世纪的作品(图3.11)。在这幅作品中,每个人物都用流畅而准确的线条描绘得栩栩如生。除了人物之外,文字描述还记录了其国家的名称、地理信息、民族特征和独特的产品。他们都穿着当地服装,并提供当地产品作为贡品。在空白背景下,这些人物彼此没有互动,但在叙事语境中并列。另一种职贡者的形象可以从唐代画家阎立本的《王会图》中观察到(图3.12)。这幅作品展示了一支长相怪异的职贡者队伍,就像志怪画作中的人物一样——他们携带着各种贡品,例如奇异的石头和动物,并以更具叙事性的形式,描述特定历史事件。

这些作品可能激发了挂毯图像的创作,且后者遵循了早期建立的绘画惯例。例如,清版《职贡图》沿袭了梁版的构图形式,挂毯则沿用了阎立本作品的叙事形式。创作乾隆挂毯的艺术家们结合了两种手法,借用民族志插画风格,将其重新组合成图画叙事。这幅挂毯与虚构的《万国来朝图》类似,后者描绘了44个国家的使节进贡的情景,也塑造了一个乾隆接受欧洲各国朝贡的理想帝国(图3.13)。[2]

乾隆皇帝不过是将马戛尔尼使团视为与其他欧洲使节一样的另一个职贡使团;使团带来的科学仪器也并没有特别引起他的兴趣——尽管它们被经过精心挑选,代表了当时英国最先进的科学成

---

[1] David C. Kang, *East Asia before the West: Five Centuries of Trade and Tribute*, New York: Columbia University Press, 2010.

[2] 赖玉芝:《构筑理想帝国——〈职贡图〉与〈万国来朝图〉的制作》,《紫禁城》2014年10月号。

图3.11 萧绎职贡图,宋人摹本,北宋,绢本设色(中国国家博物馆藏)

图3.12 王会图,阎立本绘,唐代,绢本设色(台北"故宫博物院"藏)

第三章 历史一刻 101

图3.13 万国来朝图轴(局部),佚名,18世纪,绢本设色(故宫博物院藏)

就。从这个角度来说,清王朝的天下观念,最终导致了马戛尔尼使团的命运。

* * *

英国和中国对乾隆皇帝与马戛尔尼使团会面的描述,存在显著的差异。为了追求经验的准确性,帕里什根据他接受的军事训练而熟知的科学方法,对这次会晤进行了更为客观的记录。亚历山大后来则重新设计了帕里什的科学图示和地形图,创作完成的水彩画将英国使团描绘成与清朝平等的合作伙伴,以鼓励其外交。尽管出于政治目的重新构建了表述,但它在一定程度上仍保留了科学元素,从而增强了其历史准确性。在清朝方面,缂丝挂毯以及相关诗文、笔记则讲述了一个大为不同的故事:英国人是向皇帝叩头的贡使。在这里,乾隆皇帝被视为多民族国家的普遍统治者,包括早期的荷兰和葡萄牙使节在内的外国使者,都是来向这位君主进贡的。乾隆的御制诗强调了清王朝的优越地位,并将代表欧洲最先进科学技术的使团礼品,视为价值有限或新奇的玩意儿。清朝的观点和由此产生的艺术描绘,以冷漠或轻蔑的态度看待所有欧洲使节及其科学仪器,将其放置在以中国为中心的世界秩序中较低的位阶上。

马戛尔尼使团对谒见乾隆的水彩画进行了重新设计,以实现其政治目标。需要强调的是,尽管在这一政治目标上可谓失败,但使团整体上仍提供了一幅关于18世纪末有关中国宝贵且基本准确的图景——虽然使团未能实现建立贸易伙伴关系的首要目标,但却获得了近距离观察中国和中国人民的机会。如接下来各章所述,在其旅行沿途,使团收集了大量有关中国社会的信息,并将这些知识带回英国。

第四章
旅途

在从英国前往中国的旅途中,马戛尔尼使团创作了大量的路线图像和地图,范围涉及内陆和沿海地区。同时,使团还使用林奈系统创建了一套观察、识别、命名和分类植物与动物的图像方法。这些图像提供了英国在海洋、陆地的制图和自然史方面关于科学知识的视觉记录。其中,对于海洋和海岸线图像的关注源于它们对于科学和航行导航方面的重要价值。测量员、工程师和艺术家之间的合作,创造了科学化、准确的、具有视觉吸引力的海景和岛屿图像;英国使团根据对海岸沿线的大量测量绘制的地图,其精度更远远超过了过去任何一个外国使团绘制的地图,并为其未来的探索奠定了基础。有关动植物种群的图画,则代表了英国通过林奈系统对全球自然历史进行编目的科学项目,以便了解现象和资源的相互联系。马戛尔尼使团对自然史的命名和系统梳理,证明了英国在全球背景下以博物学的方法考察中国的努力。

第一节 海洋

除了亚历山大日记中的一组海岸线水彩画外,大英图书馆收藏的三卷作品档案中,第二卷还包括了 220 幅海岸景观图画。此外,耶鲁大学英国艺术中心亦收藏有一本画册,其中包含帕里什绘制的另外 16 张海岸线图像。尽管没有记录表明亚历山大或帕里什接受过绘制海岸线和航线的培训,但他们的职业经历表明二人在此方面的确是专业的——开始时作为使团的绘图员,后来成为大马洛皇家军事学院的风景画教师,亚历山大很可能被要求掌握这项技能[1];而与许多炮兵军官一样,帕里什也可能接受过航海科学绘图技能的培训,因为这项技能对于地理和军事测绘都至关重要。在18世纪的英国,这种训练通常包括三角学、算术、几何学、天文学和计时学等科学学科与绘画技能的结合。军官们配备了诸如六分仪和天文钟等科学仪器,并需要记录航海日志或绘制航海图。[2]

使团的大多数海岸线图画应当是现场创作的,因为它们看起来是被快速绘制的,并且航海图上注有指示船只精确位置的各种数据。这种图像表现,需要在现场进行敏锐的科学观察。航海艺术涉及素描和地图制作的技能,以创建可识别的海岸线,使未来的水手能够遵循其轨迹。[3] 对于寻求与中国贸易的欧洲国家(葡萄牙、荷兰、英国)来说,寻找通往中国的最直接且危险性较小的海上航线,始终都是一个挑战。为了导航的目的,制图员需要记录船舶遇到和经过的陆地。

在这些海岸线图中,通过给出相对于周围海景的精确位置,船舶构成了图画的重要组成部分。船舶肖像画(ship portraiture)起源于16世纪下半叶的荷兰,在17世纪该国的黄金时代盛行。18世纪传入英国后,海洋主题绘画得到进一步发展,并被透纳(J. M. W. Turner)

---

1 Susan Legouix, *Image of China: William Alexander*, London: Jupiter Books Publishers, 1980, p.17.

2 Luciana Martins and Felix Driver, "John Septimus Roe and the Art of Navigation, c. 1815-30," in Tim Barringer, Geoff Quilley and Douglas Fordham, eds., *Art and the British Empire*, New York and Manchester: Manchester University Press, 2007, p.55.

3 Peter Whitfield, *The Charting of the Oceans: Ten Centuries of Maritime Maps*, London: The British Library, 1996.

图4.1 正在航行中的丹麦木船，塞缪尔·斯科特绘，1736年，布面油画
（格林威治国家海事博物馆藏）

等英国艺术家采用，以捕捉人类对海洋的情感和航海细节。荷兰海洋艺术对英国产生了深远的影响，查理二世曾邀请范德维尔德斯（van de Veldes）等荷兰海洋艺术家定居英国，18世纪英国人亦热衷于收集荷兰海景图。而随着时间的推移，他们又偏离了荷兰模式，开始寻求独特的英国海洋艺术，例如塞缪尔·斯科特（Samuel Scott）和查

图4.2 船体中部的透视图,按照埃德蒙·杜默的模型进行剖析和刻绘,18世纪(维基共享资源)

尔斯·布鲁金(Charles Brooking)的作品便是其代表。[1]

亚历山大很可能熟悉这些皇家艺术学院展出的受荷兰影响的海洋绘画作品,这类作品强调科学化的准确性。亚历山大显然借鉴了这种方法,甚至研究了船舶的结构和操作——他后来的相关主题水彩画也反映了塞缪尔·斯科特描绘船只的风格,强调忠实再现英国船只的宏伟,因为这是英国海军力量的象征。

16世纪的早期荷兰海洋画家还会把船舶模型保存在工作室中,英国艺术家可能效仿了这种做法。(图4.2)船舶插图也是这些艺术家的重要信息来源,因为这些图像通常会呈现结构细节,并使英国海洋画家能够精确地渲染船舶。

前述使团乘坐的舰船同样出现在了相关图画中。英国皇家海

---

[1] 关于英国海洋绘画的介绍,参阅 Michael E. Leek, *The Art of Nautical Illustration: A Visual Tribute to the Achievements of the Classic Marine Illustrations*, Secaucus, NJ: The Wellfleet Press, 1991。

彩图1　威廉·亚历山大自画像，威廉·亚历山大绘，1793年，纸本水彩（大英图书馆藏）

彩图 2　中国皇帝在热河接见特使 1，威廉·亚历山大绘，1793 年，纸本水彩（大英图书馆藏）

彩图 3 中国皇帝在热河接见特使 2（在彩图 2 基础上加工完成），威廉·亚历山大绘，1793 年，纸本水彩（大英博物馆藏）

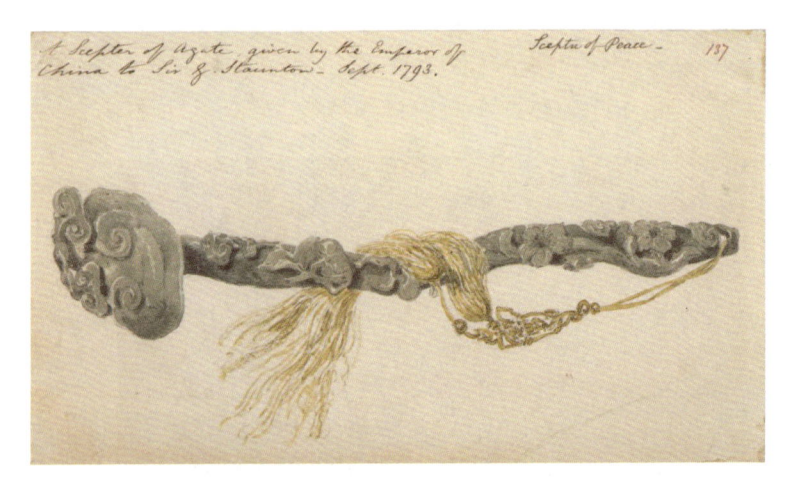

彩图 4　中国皇帝赠予乔治·斯当东的玉如意，威廉·亚历山大绘，1793 年，纸本水彩（大英图书馆藏）

彩图 5　锦缎荷包，威廉·亚历山大绘，1793 年，纸本水彩（大英图书馆藏）

彩图 6 职贡图挂毯，清宫廷画家绘，年代不详，缂丝挂毯，挂毯右上角附乾隆为马戛尔尼觐见事件所撰御制诗《红毛英吉利国王差使臣马戛尔尼奉表贡至，诗以志事》，诗云："博都雅昔修职贡，英吉利今效荩诚。竖亥横章输近步，祖功宗德逮远瀛。视如常却心嘉笃，不贵异听物翊精。怀远薄来而厚往，衷深保泰以持赢。"（格林威治国家海事博物馆藏）

彩图 7　在中国帆船环绕中的马戛尔尼使团船队,威廉·亚历山大绘,1793 年,纸本水彩(耶鲁大学英国艺术研究中心藏)

彩图 8　马戛尔尼角、高尔角和斯当东岛(复制自《纪实》),基于威廉·亚历山大的绘图,1797 年,铜版画(洛杉矶盖蒂研究所藏)

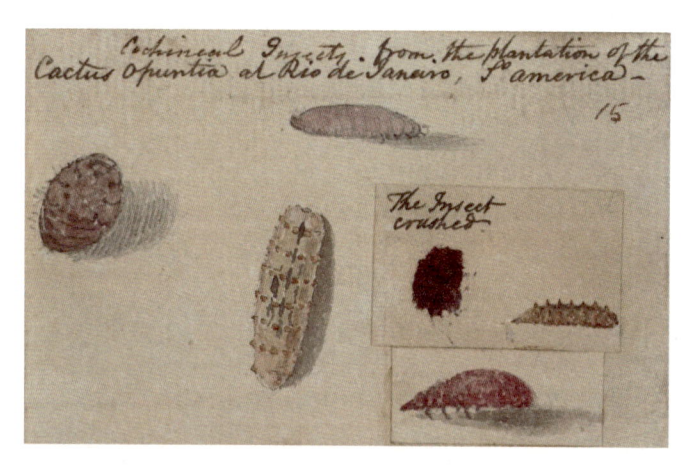

彩图9 胭脂虫图示,威廉·亚历山大绘,1793年,纸本水彩(大英图书馆藏)

左:彩图10 里约热内卢的仙人掌,当地的一个大型种植园种植有这些树木,用于繁育胭脂虫,威廉·亚历山大绘,1792年12月11日,纸本水彩(大英图书馆藏)

右:彩图11 山竹果图,威廉·亚历山大绘,1793年,纸本水彩(大英图书馆藏)

彩图 12　天津戏台景观，威廉·亚历山大绘，1793年，纸本水彩（大英图书馆藏）

彩图 13　使团在天津的接待会（复制自《中国服饰》），基于威廉·亚历山大的绘画，1805年，蚀刻版画（伦敦威康图书馆藏）

彩图 14　圆明园正大光明殿外景，威廉·亚历山大绘，1792—1794 年，纸本水彩（大英图书馆藏）

彩图 15　英国使团在北京的官邸（复制自《中国服饰》），基于威廉·亚历山大的绘画，1805 年，蚀刻版画（伦敦威康图书馆藏）

彩图16 热河皇家园林景观(复制自《中国行纪》),基于亨利·威廉·帕里什和威廉·亚历山大的绘画,1804年印刷(图片来自王志伟私人藏书)

彩图17 "小布达拉宫"风景,威廉·亚历山大绘,1793年,纸本水彩(大英图书馆藏)

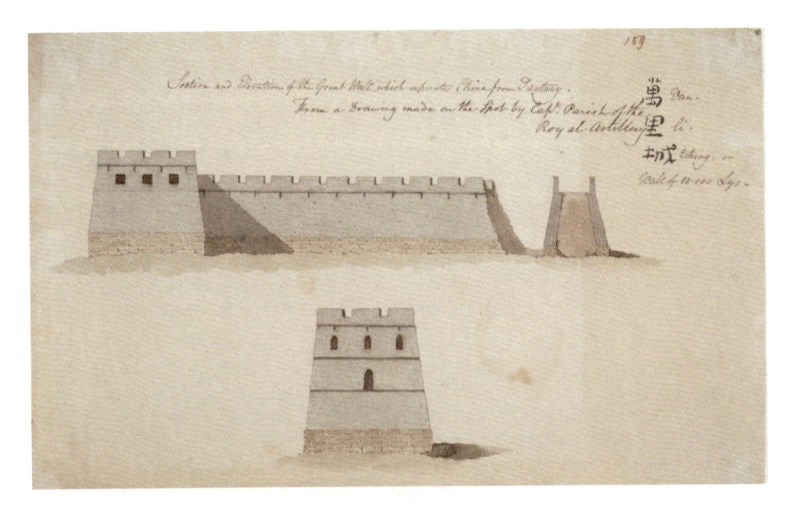

彩图 18　长城结构图示，亨利·威廉·帕里什绘，1793 年，纸本水彩（大英图书馆藏）

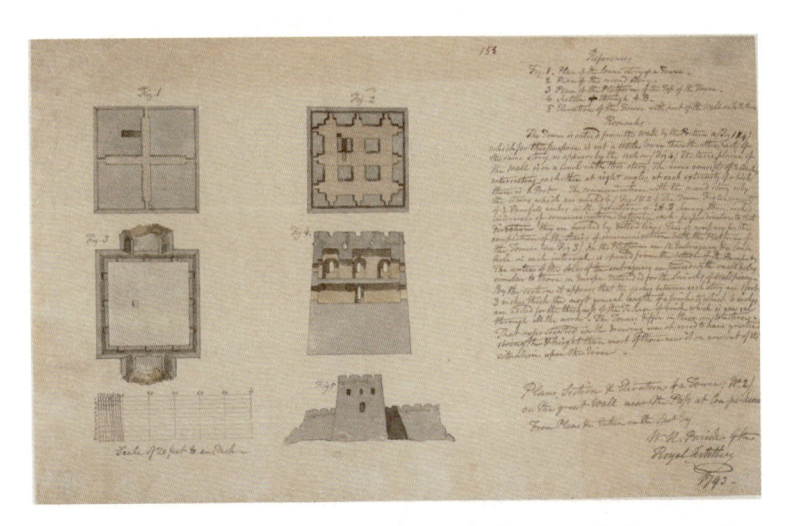

彩图 19　长城烽火台结构图示，亨利·威廉·帕里什绘，1793 年，纸本水彩（大英图书馆藏）

彩图 20 长城景观,亨利·威廉·帕里什绘,1793 年,纸本水彩(大英图书馆藏)

彩图 21　西湖景观，威廉·亚历山大绘，1793 年，纸本水彩（大英图书馆藏）

彩图 22　雷峰塔景观，威廉·亚历山大绘，1793 年，纸本水彩（大英图书馆藏）

彩图 23　临清宝塔景观，威廉·亚历山大绘，1793 年，纸本水彩（大英图书馆藏）

彩图 24　驳船准备通过水闸的景象，威廉·亚历山大绘，1793 年，纸本水彩（大英图书馆藏）

彩图 25　驳船从水闸较高一侧滑入低处河段的景象，威廉·亚历山大绘，1793 年，纸本水彩（大英图书馆藏）

彩图 26 运河汇入黄河河口处景观，威廉·亚历山大绘，1793 年，纸本水彩（大英图书馆藏）

军的"狮子号"军舰,由伊拉斯谟·高尔爵士指挥、配有64门大炮,于1777年9月3日在朴茨茅斯下水。[1]该舰曾参与在格林纳达(Grenada)和圣多明各(San Domingo)对抗法国舰队的海战。格林威治的国家海事博物馆收藏的一幅详细描绘这艘舰船的蚀刻画,是1794年马戛尔尼使团回国后创作的,可能就是为了纪念这次中国之行。(图4.3)

"狮子号"由"印度斯坦号"伴随,后者隶属于东印度公司,由威廉·麦金托什指挥。(图4.4)"狮子号"和"印度斯坦号"在战斗和全球探险中取得的成就,体现了英国海军实力,这无疑使使团对实现其出使目标抱有乐观态度。(彩图7)在航行期间,亚历山大和帕里什创作了许多包括船只在内的海岸线图画,并绘制了许多地区的海洋和陆地地图。船舶在这些图示中的方位为导航提供了重要信息。

使团的艺术家和科学家以科学化的方式准确描绘了航线,提供了导航信息,彰显了英国海军的优势。海岸线图则捕捉了地形和其他地理地质特征,使团成员以自己的风格,对海岸形态的形状和颜色进行了实验,并对其发现进行了分类、命名和研究。

帕里什和亚历山大的海岸线图,反映了对周围景观和船只的仔细观察,从地理和地质的角度记录了沿海岛屿的地形特征。例如,1793年6月20日,当使团在接近中国海岸时,看到了一座被欧洲人称为"大拉德龙"(Grand Ladrone,即大万山岛)的高山岛屿,以及附近另一座不那么引人注目的岛屿。同一天,使团在东北偏北方向观测到

1　Brian Lavery, *The Ship of the Line*, Conway Maritime Press, 1983, Vol.1, p.181.

图4.3 "狮子号",1794年,蚀刻版画(格林威治国家海事博物馆藏)

图4.4 "印度斯坦号"和其他船只,托马斯·卢尼绘,1793年,布面油画(格林威治国家海事博物馆藏)

了中国大陆。[1] 这些目击事件被描绘入亚历山大的两幅水彩画中,题为"拉德龙群岛"(Ladrone Islands,即万山群岛)。(图 4.5)

在第一幅作品中,亚历山大描绘了一幅远景,其中包括"狮子号",并以不规则、波浪状和不连贯的轮廓描绘了大拉德龙岛上的高峰,正如斯当东的《纪实》反映的那样:

> 在拉德龙群岛和中国南端之间,有一系列的岛屿,彼此距离很近,互不相连,形状和位置极不一致。这些岛屿好像都是很久以来不断经过海浪的冲击和自然界的变异,由大陆陆地分化出来的断片。[2]

图画中岩石呈现的浅黑色与斯当东《纪实》中的描述相符,即"由于海水盐分多,拉德龙群岛靠海的岩石多是黑色或深褐色"。亚历山大描绘的岩石上也几乎没有植被,暴露出其坚硬的质地,这再次与斯当东的描述相呼应:"除了极少地方有些令人愉悦的绿色植物而外,绝大部分都是光秃秃的岩石,上面不生一草一木。"[3]

在第二幅水彩画中,亚历山大似乎对第一幅图像有所修改,使岛屿的轮廓更加坚实和细致。他用不同色调的深绿绘制岛屿的主体,以创造三维效果。海浪变得更加弯曲、流畅,使画面显得生动、宏大。这两幅水彩画都以与科学观察的文字记录相对应的方式强调了岛屿的

---

1 George Staunton, *An Authentic Account of an Embassy from the King of Great Britain to the Emperor of China*, London: W. Bulmer and Co. for G. Nicol, 1798, Vol.2, p.385.

2 George Staunton, *An Authentic Account of an Embassy from the King of Great Britain to the Emperor of China*, London: W. Bulmer and Co. for G. Nicol, 1798, Vol.2, p.386.

3 George Staunton, *An Authentic Account of an Embassy from the King of Great Britain to the Emperor of China*, London: W. Bulmer and Co. for G. Nicol, 1798, Vol.2, pp.386, 387.

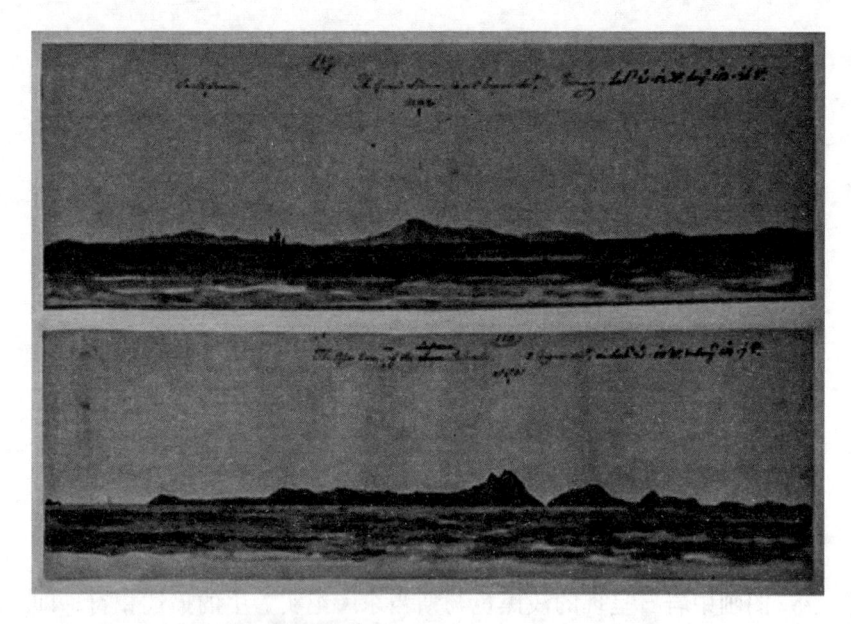

图4.5　拉德龙群岛，威廉·亚历山大绘，1793年，
纸本水彩（大英图书馆藏）

形状和轮廓以及其上岩石的地质纹理。作为一名艺术家，亚历山大试图忠实于对地质特征的观察，同时突出审美形式，创造令人赏心悦目的效果。

使团成员在航行途中创作的具有科学知识的海洋图画亦有助于推进英国航海知识并记录这次航行。例如，里约热内卢（Rio de Janeiro）是英国海上力量在全球范围中的重要节点，是英国船只前往印度洋、澳大利亚和远东的关键停靠点。意识到这座港口的重要性，帕里什和亚历山大开展合作，精确地描绘了其海岸线。在帕里什的水彩画中（图4.6、图4.7），他捕捉到了该地区的海洋地理，用简化、连续、流畅的线条勾勒出沿海山丘；还用浅绿色和蓝色水彩填充轮廓，以表现岩石的地质形状和纹理——在其笔下，岩石表面显得相当

图4.6 里约热内卢景观1，亨利·威廉·帕里什绘，1792年，纸本水彩
（耶鲁大学英国艺术研究中心藏）

图4.7 塔糖峰景观，亨利·威廉·帕里什绘，1792年，纸本水彩
（耶鲁大学英国艺术研究中心藏）

平坦、光滑，缺乏详细的视觉描述，但信息丰富。帕里什还指出了观察点的方向以帮助导航。

亚历山大在自己的水彩画中重新设计了帕里什的图像，用更细致和流畅的轮廓描绘山丘，并使用较暗的色调为岩石和植被添加阴影，为图画添加三维效果。（图4.8）其中，塔糖峰（Sugar Loaf）位于西侧，其独特的圆锥形山体特征被艺术家视为地标。帕里什和

图4.8 里约热内卢景观2，威廉·亚历山大绘，1792年，
纸本水彩（大英图书馆藏）

亚历山大之间的这次合作展现了这些海岸线图画中艺术与科学的结合。

类似的例子还可以在他们对位于南印度洋的圣阿姆斯特丹火山岛（St. Amsterdam）的描绘中看到。在斯当东的《纪实》里收录了亚历山大绘制的该岛海岸线图像，以及帕里什和巴罗绘制的火山口图。在大英图书馆收藏的原始水彩画中，亚历山大描绘了被群山环绕着的"一个小海湾或一大盆水，由一条狭浅的水道通向大海"[1]。正如斯当东他的叙述中描述的那样，一艘船正驶向海湾的开口。与其他海岸线绘画一样，艺术家尝试使用不同色调的绿色和棕色表示岛上的岩石和植被。

在斯当东的《纪实》收录的作为最终版的版画2中，显示了这艘船从火山岛的开口处驶回的画面。（图 4.9）该图像的顶部是三幅显示岛屿平面的图示。它们提供了有关岛屿形状、火山口以及温泉和海豹捕手小屋位置的视觉信息，并提供了具体测量数据，包括岛屿规模和温度。在《纪实》中，斯当东记录了吉兰大夫对该岛岩石、土壤以及温泉的形成进行的长时间研究，这反映了他在旅途中对地质学和矿物学的研究。

---

1 George Staunton, *An Authentic Account of an Embassy from the King of Great Britain to the Emperor of China*, London: W. Bulmer and Co. for G. Nicol, 1798, Vol.1, p.207.

图4.9 圣保罗岛和阿姆斯特丹岛的视图（复制自《纪实》），基于亨利·威廉·帕里什、约翰·巴罗（上）和威廉·亚历山大（下）的绘图，1797年，铜版画（洛杉矶盖蒂研究所藏）

与这一时期其他全球探险之旅一样，马戛尔尼使团也发现了西方世界过去未知的土地，他们对这些土地进行了研究、命名和分类，反映了早期的欧洲殖民主义活动。1793年7月16日，使团航行至黄海时，发现两岬一岛，这是其自南侧驶入渤海湾时最初遇到的陆地。使团精确测量了它们的地理位置数据，并分别将之命名为"马戛尔尼角""高尔角"和"斯当东岛"。亚历山大的水彩画没有包含对"高尔角"和"斯当东岛"的详细文字描述，但为识别这些地标以供未来导航提供了宝贵的视觉信息。与文字描述一致，"马戛尔尼角"则被描绘为"具有六座尖峰的非凡外观"[1]。斯当东《纪实》中的版画7便根据亚历山大的水彩画描绘了这三处陆地。(彩图8)以使团成员的名字命名土地,显示了探险家发现新土地,通过科学手段识别它们,并认可和纪念自己的成就时拥有的"权力"。而这些被命名的"新发现地"位于中国境内的事实,则体现了英国的优越感和帝国野心。

总体而言,使团人员沿用了海洋绘画的传统描绘英国的航海经历,其目的不仅是为了地理识别,也是为了彰显英国的海洋力量。海岸风景画的创作目的则是帮助未来的水手识别路线上的地标,以便他们能够成功航行。通过这种方式,亚历山大和帕里什创作的图像证明了海洋科学与艺术的结合。这是英国全球探索的一部分——中国也是其目的地之一。

第二节 陆地

在马戛尔尼使团访华旅途中,艺术家们与测量员合作进行地图绘制和风景描写,记录中国境内的地理、地形和旅行路线等信息。在探索内陆地区时,使团对中国的土地及其自然资源进行了勘察和绘制,以建立贸易路线、评估新发现的土地,并规划未来的资源开发。所有这些目标,同进一步发展科学知识的目标,被一并纳入了英国的探索航行活动。

在过去的数百年里,地图学为欧洲和中国之间的重新相互认识作出了贡献。在上古时代和中世纪,对于欧洲人而言中国地理属于神话

---

[1] George Staunton, *An Authentic Account of an Embassy from the King of Great Britain to the Emperor of China*, London: W. Bulmer and Co. for G. Nicol, 1798, Vol. 2, p. 457.

范畴，有关中国的地图集往往基于猜测和想象。16世纪初，葡萄牙航海家首次与中国直接接触，地理和航海信息开始积累。与此同时，耶稣会传教士开始通过观察和记录中国的地理、人口、风土人情，构建中国的理想形象。他们还致力于传播欧洲的地理技术和知识，以此吸引中国的精英知识分子，以便向他们传播基督教信仰。在康熙皇帝的统治下，法国耶稣会传教士与清朝官员合作对中国疆域进行地理测量。杜赫德正是结合在中国获得的所有数据，于1735年在巴黎出版了《中华帝国及其所属鞑靼地区的地理、历史、编年纪、政治及博物》(*Description geographique, historique, chronologique, politique et physique de l'Empire de la Chine et de la Tartarie chinoise*，即前述《中华全志》)，这部四卷本巨著包含了50张图表，基于当时最准确、最科学的制图学技术绘制，使之成为自基歇尔《中国图说》以来，在18世纪的西方世界最具影响力的中国主题作品。[1]

18世纪下半叶，英国人继其他欧洲国家商人和传教士之后，凭借其海军力量和科学机构的支持，成为发起海上探险的领导者。詹姆斯·库克的三次航海，向公众展示了广阔而未知的太平洋，填补了全球地理的空白，扩展了开发自然资源、开拓新市场的机会。英国船只配备了用于地理探索的先进科学仪器，并雇用了一批科学家和博物学家。与库克的航海团队一样，马戛尔尼使团由技术人员和制图师组成，他们制作了包括岛屿、海港和内陆旅行路线在内的一系列重要地图，并标出了中国在世界地图上的方位。斯当东的《纪实》就收录了约翰·巴罗创作的几张旅行路线图。巴罗擅长数学，担任使团的审计

---

[1] 关于西方对中国地图学影响的历史介绍，请参阅 Cordell D. K. Yee, "Traditional Chinese Cartography and the Myth of Westernization," in *The History of Cartography*, Vol.2, Book 2, Chicago: University of Chicago Press, 1987, pp.170-202.

员,并教授小斯当东数学。[1] 1792 年,他出版了一部名为《数学绘图仪器说明》的著作,显示了他对测量技术的掌握,这对地理测绘至关重要。巴罗和帕里什等科学家和技术人员,利用科学方法绘制了与早期欧洲探险家的作品不同的高度精确的地图,特别是在对中国内陆的测量方面,在过去是无法到达的。马戛尔尼拥有几乎所有当时存世的关于中国的书籍,其中亦包括地图,并鼓励使团成员从这些书籍和到过中国的海员那里收集所有重要的地理数据。例如,前述杜赫德的著作提供的地理测量的最新成果,借鉴了中国知识分子与官方和法国耶稣会科学家的合作成果。[2] 该作品在当时被认为是对中国最准确的地理研究,对于使团制作中国地图大有助益。

使团于 1792 年 9 月 21 日启程,经过 8 个月的海上航行,到达交趾支那(Cochin China,今越南南部及柬埔寨东南部)。斯当东的《纪实》第一卷中收录的一幅墨卡托投影世界地图,显示了"狮子号"与其他船只从朴茨茅斯出发,经过马德拉群岛(Madeira)、特内里费岛(Teneriffe)、圣雅戈岛(St. Jago)、里约热内卢、特里斯坦-达库尼亚群岛(Islands of Tristan d'Acunba)、好望角(Cape of Good Hope)、圣阿姆斯特丹岛、巴达维亚(Batavia,今印度尼西亚雅加达)、普洛孔多雷(Pulo-condore,今越南昆山岛),于 1793 年 5 月到达交趾支那。(图 4.10)此图还包括船舶沿航行路线的精确定位,体现了高水平的航海技术。

对于特定的港口,艺术家和测量员合作绘制了地图及其相应的海岸线图,为英国水手提供了迄今为止最直接的导航信息。例如,1793

---

1 关于约翰·巴罗的经历,参阅 Oxford Dictionary of National Biography。
2 白鸿业、李孝聪:《康熙朝〈皇舆全览图〉》,国家图书馆出版社 2014 年版。

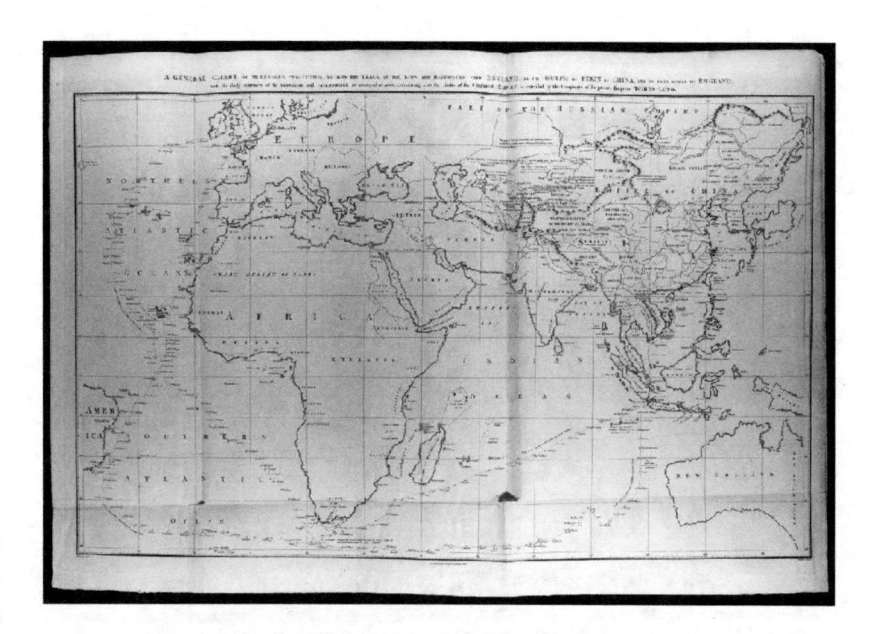

图4.10 墨卡托投影世界地图，注有马戛尔尼使团自英国往返中国的航程信息（复制自《纪实》），基于约翰·巴罗的绘图，1797年，铜版画（洛杉矶盖蒂研究所藏）

年6月，船只从土伦湾（Tourane Bay，今越南岘港）驶向澳门外海的拉德龙群岛，继续前往舟山群岛。斯当东的《纪实》中收录有一幅标识为版画5的图示，展示了许多用不同形状描绘的岛屿。（图4.11）它是根据桑顿（Thronton）船长绘制、亚历山大·达林普尔（Alexander Dalrymple）出版的早期地图加工而成。[1] 地图上的注释表明，巴罗根据直接的科学观察和测量，对达林普尔的地图进行了补充和修订。

---

1 亚历山大·达林普尔（Alexander Dalrymple）是英国海军部第一位海道测量师。1753年，他离开伦敦，前往马德拉东印度公司任职。在此期间，他对与东印度群岛和中国的贸易产生了兴趣。22岁时，达林普尔访问了广州。1765年，他回到伦敦，成为英国皇家学会会员。达尔林普尔制作并出版了大量海图和地图。例如，1774年2月至1777年3月期间，他在伦敦出版了《东印度群岛平面图和港口集》（*A Collection of Plans and Ports in East Indies*），其中包括从南非到中国和东部群岛的83个港口图示，并附有航行方向和地形描述。

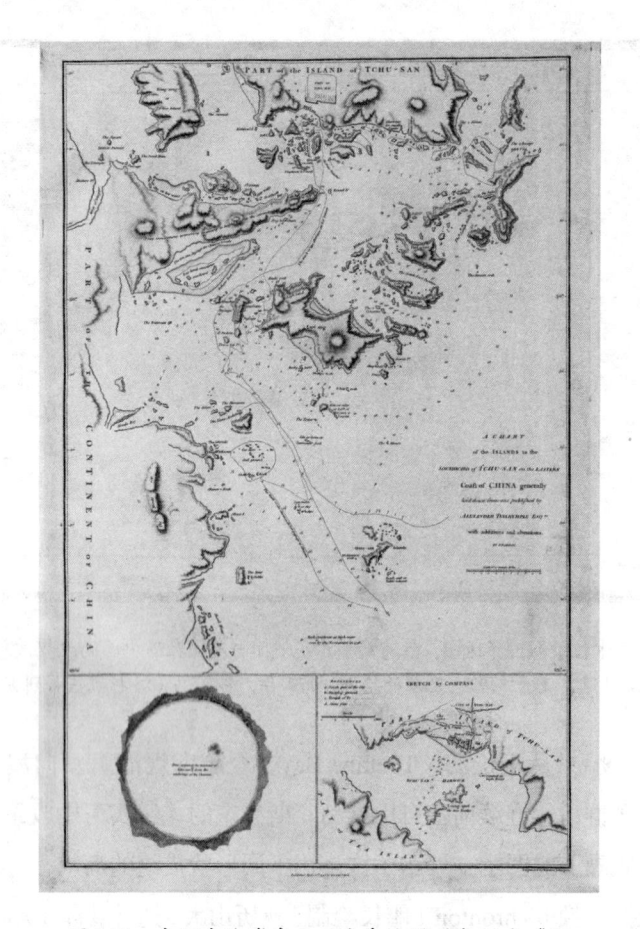

图4.11　中国东海岸舟山以南岛屿图（复制自《纪实》），基于约翰·巴罗的绘图，1797年，铜版画（洛杉矶盖蒂研究所藏）

正如玛丽·路易丝·普拉特所说，在欧洲探索的新时代，从海洋范式转向探索和记录大陆内部，出于开发当地资源的经济目的，产生了一种与自然史相关的新知识生产模式。尽管乾隆拒绝了马戛尔尼的所有要求，但使团在穿越中国内陆时确实获得了近距离观察中国的机

图4.12 从热河经陆路到北京，再从那里经水路到杭州的旅程草图（复制自《纪实》），基于约翰·巴罗的绘图，1797年，铜版画（洛杉矶盖蒂研究所藏）

会。他们获准跨越长城，并从北京经内陆返回广州。在旅途中，使团收集了当地环境的信息，还获得了宝贵的自然标本。斯当东的《纪实》中收录有两幅地图，版画9题为"从热河经陆路到北京，再从那里经水路到杭州的旅程草图"（图4.12），版画10则是"从杭州到广州的

图4.13 从杭州到广州的旅程草图（复制自《纪实》），基于约翰·巴罗的绘图，1797年，铜版画（洛杉矶盖蒂研究所藏）

旅程草图"（图4.13）。

这两幅地图很可能是由马戛尔尼使团成员通过直接测量和观察绘制的。在地图中，还标出了重要的湖泊、运河和桥梁。他们注意到不同城市或省份的自然资源情况，例如植物、稻米和糖——两位植物学家大卫·斯特罗纳克和约翰·哈克斯顿对这些资源的观察和记录作出了贡献。

在第一张地图所展现的旅程中,马戛尔尼和其他使团成员从天津经通州到达北京,然后往东北方向前往热河。一路上,他们收集了当地农业、工业、生活等方面的信息,还标记了一些重要的地标,例如皇宫和园林,而后将其与指示其位置的地理数据一起转移到地图上。使团从北京启程回国时,沿运河前往杭州。在这一段旅程中,使团成员注意到用于制作在欧洲被称为"南京布"的中国布料的棉花灌木;在苏州附近,他们发现用来制作蜡烛的乌桕树;在西湖边,他们观察了出现在亚历山大有关雷峰塔的画作中描绘的垂柏。[1] 抵达杭州时,由于"狮子号"已经离开舟山,只剩下"印度斯坦号"的人员留在那里,于是使团兵分两路:包括亚历山大在内的"印度斯坦号"乘员被要求在钦差大臣松筠的陪同下前往舟山,在那里搭乘"印度斯坦号"南下。马戛尔尼则在新任两广总督长麟的带领下,继续由内陆前往广州。[2]

巴罗与马戛尔尼穿越江西省时绘制了第二张地图,描绘了从杭州到广州的路线。在钱塘江沿岸,使团成员记录了甘蔗种植园和柑橘树。斯当东还记录了中国枣子和柿子的品种——亚历山大后来在他的一幅画作中描绘了这些品种——他们还第一次观察到了茶丛。使团到达常山镇时,因河水太浅,船只无法通行,于是他们经内陆到达玉山,从那里乘船前往广州。由于该县地处江西、浙江两省交界处,此前没有任何外国使团去过这里,他们于是完全根据自己的科学观测和测量绘

---

1 George Staunton, *An Authentic Account of an Embassy from the King of Great Britain to the Emperor of China*, London: W. Bulmer and Co. for G. Nicol, 1798, Vol.4-5, pp.438-526.

2 秦国经、高换婷:《乾隆皇帝与马戛尔尼》,紫禁城出版社1998年版,第156—174页。

制了该处地图。[1] 在此过程中，使团还游览了江西省的竹林，观察了中国的茶叶种植和丝绸工业。

与早期的海洋探索相比，马戛尔尼使团能够沿着以往其他外国使团无法进入的岛屿路线行进。而英国使团制作的中国内陆地图，更提供了这条路线的重要知识。它对中国自然史的探索，扩大了英国对中国自然资源的了解，而前者则希望在与中国的贸易中利用这些自然资源。

第三节　全球自然史

不同于将 18 世纪视为 16—17 世纪第一次科学革命和 19 世纪以降第二次科学革命这两部史诗之间"低谷期"的传统观点，科学史学家最近开始将其称为"科学时代"（age of science）。[2] 这一时期获得该称号的主要原因之一，是当时欧洲开展的几次重要的科学考察，并尤以詹姆斯·库克的三次南太平洋航行为代表。地理和自然史研究是这些全球航行的主要目标之一。早在 17 世纪末，罗伯特·博伊尔（Robert Boyle）就出版了《一个国家无论大小的自然历史概要：绘制供旅行者和航海家使用》（*History of a Country, Great or Small; Drawn Out for the Use of Travelers and Navigators*），他在其中提倡自然史调查和地理测量，以"帮助他们和国家进步"[3]。伦敦皇家学会在其出版物《哲学学报》（*Philosophical Transaction*）中亦为旅行者提供了指导和建

1　秦国经、高换婷：《乾隆皇帝与马戛尔尼》，紫禁城出版社 1998 年版，第 156—174 页。

2　Clark William, Jan Golinski and Simon Schaffer, eds., *The Sciences in Enlightened Europe*, Chicago: The University of Chicago Press, 1999, p.16.

3　Robert Boyle, *General Heads for the Natural History of a Country, Great or Small; Drawn Out for the Use of Travelers and Navigators*, London: John Taylor and S. Holford, 1692.

议,帮助他们对外国土地进行广泛的地理和自然史调查,并在回国后向协会汇报。[1] 大卫·斯托达特(David Stoddart)论证了欧洲对太平洋的发现对于地理学作为一门学科的形成的重要性,以及对"自然历史全球化项目"的贡献。[2] 在此期间,通过系统地收集、分类和评估来自世界各地的标本,地理知识和自然史经历了巨大的转变。而这正是由卡尔·冯·林奈提出并领导的一场生物分类革命。[3]

于 1735—1738 年在荷兰出版的《自然系统》(Systema Naturae)一书,发明了一种名为"双名命名法"的现代植物命名系统。对林奈来说,地球上所有已知或未知的生物,可以根据其生殖部位分类。他确定了雄蕊、雌蕊的 24 种构型,并根据字母表加以命名。林奈将这种分类方法视为对自然界之混乱的整理。在《自然系统》之后,他通过《植物哲学》(Philosophia Botanica,1751 年)和《植物物种》(Species Plantarum,1753 年),最终确定了这一分类系统。该系统主要用于对植物进行分类,但也可延伸于动物和矿物,旨在定位地球上的每个自然品类,并将其放置在有序系统中的适当位置。[4]

自从该系统发明以来,欧洲旅行者开始环游世界,收集和命名植物和昆虫,绘制图示并保存标本。海外贸易公司,特别是瑞典东印度

---

1 Daniel Carey, "Compiling Nature's History: Travelers and Travel Narratives in the Early Royal Society," *Annals of Science*, Vol.54, No.3, 1997, pp.269-292.

2 Charles W. J. Withers, "Geography, Natural History and the Eighteenth-Century Enlightenment: Putting the World in Place," *History Workshop Journal*, No.39, Spring, 1995, p.138.

3 Charles W. J. Withers, "Geography, Natural History and the Eighteenth-Century Enlightenment: Putting the World in Place," *History Workshop Journal*, No.39, Spring, 1995, p.141.

4 关于林奈系统的介绍,参阅 Mary Louise Pratt, *Imperial Eyes: Travel Writing and Transculturation*, London and New York: Routledge, 1992, pp.25-37。

公司,甚至为林奈的学生提供免费旅行。例如,彼得·奥斯贝克(Peter Osbeck)于 1750 年作为瑞典东印度公司的随船牧师来到中国,他在广州及其周边地区停留了四个月,其间收集了中国的自然物品。奥斯贝克在日记中列举了他收集的 244 种中国植物,并用林奈系统进行了分类描述。奥斯贝克把他的收藏品交给了林奈,林奈在《植物物种》中描述了其中 37 种植物。[1] 此后,经过林奈的学生丹尼尔·索兰德(Daniel Solander)、赫尔曼·斯波林(Herman Sporing)和安德斯·斯帕尔曼(Anders Sparrman)的努力(他们都参加了库克的三次航行),双名法及相应的分类系统越来越多地被博物学家采用。1762 年,林奈根据他 1734 年的达勒卡利亚(Dalecarlia)之旅获得的知识,制作了一本小册子,并为如何进行自然实地研究提供了一般指南。根据其规定,博物学家在探索遥远的土地时,必须对当地的产物和资源进行地理绘制、命名和分类。他们将标本带回欧洲后,应进行进一步检查、分类,并在自然博物馆、植物园和学术团体中展示。[2]

此分类系统于 18 世纪下半叶在英国流行的原因有很多,包括林奈分类理论的广泛传播、约瑟夫·班克斯的推广、公众兴趣从物理和数学科学转向观察和实验科学,以及英国在全球探险活动的兴起。[3] 伊萨克·劳森(Issac Lawson)最初资助出版了林奈的《自然体系》,并在英国积极从事林奈体系的研究。后来林奈获得了几位重要的英国

---

1 E. Bretschneider, *History of European Botanical Discoveries of China*, St. Petersburg: Press of the Imperial Russian Academy of Sciences, 1898, p.58.

2 Charles W. J. Withers, "Geography, Natural History and the Eighteenth-Century Enlightenment: Putting the World in Place," *History Workshop Journal*, No.39, Spring, 1995, p.144.

3 John Gascoigne, *Joseph Banks and the English Enlightenment: Useful Knowledge*, Cambridge and New York: Cambridge University Press, 1994.

拥护者，例如博物学家约翰·埃利斯（John Ellis）、彼得·科林森（Peter Collinson）和本杰明·斯蒂林弗利特（Benjamin Stilingfleet）。在后者的支持下，威廉·赫德森（William Hudson）于1762年出版了《英国植物区系》(*Flora Anglica*)，詹姆斯·史密斯（James Smith）爵士将其描述为"标志着林奈植物学原理在英国的确立，以及在实际应用中的应用"[1]。1788年，史密斯还帮助建立了林奈学会，约瑟夫·班克斯认为该学会是皇家学会的补充机构。

班克斯是18世纪后期英国最重要的博物学家，也是自然科学的赞助人。他陪同库克首次远航南太平洋（1768—1771年），帮助国王乔治三世在邱园建立皇家花园，并于1778—1820年担任英国皇家学会主席。加斯科因指出，随着科学学科专业化的出现，班克斯由艺术收藏家向植物学家和原始人类学家转变。[2] 作为林奈系统的热情支持者，班克斯的科学探索是林奈本人及其学生进行的许多探险活动的延伸。林奈去世后，班克斯在给其儿子的一封信中便向林奈致敬，并表示"我始终对他的知识遗产怀有最高的敬意"，因为"我总是在您博学的朋友索兰德博士的指导下，按照他的系统规则进行学习；我打算出版的作品（《奋进号花卉》）中的植物，将按照他最严格的规则进行排列"。[3]

值得特别注意的是，林奈系统的日益普及，大约与英国海军进行

1　John Gascoigne, *Joseph Banks and the English Enlightenment: Useful Knowledge*, Cambridge and New York: Cambridge University Press, 1994, p.100.

2　John Gascoigne, *Polite Culture and Science in the Service of Empire: Joseph Banks, the British State and the Uses of Science in the Age of Revolution*, Cambridge: Cambridge University Press, 1998.

3　John Gascoigne, *Joseph Banks and the English Enlightenment: Useful Knowledge*, Cambridge and New York: Cambridge University Press, 1994, p.105.

的大型科学考察同时发生。普拉特认为，分类系统可能是一种新形式的"全球意识"，它与旧的导航习惯不同，因为前者试图绘制"地球表面每一个可见的平方米，甚至立方英寸"，而在这一过程中，科学家们"生产出秩序"。[1] 同导航地图中发现河流和海岸不同，这一新的全球性活动旨在寻找自然资源、市场和土地并进行探索和殖民。库克的航行提供了一个典范模型，科学家们在其中为科学目的和丰富的资源，绘制了新大陆的地图。许多未知自然资源的发现提高了博物学家的地位，他们在英国得到了越来越多的支持。在那一刻，英国科学界的兴趣从占主导地位的物理和数学证据，转向在欧洲大陆尤其是法国的影响下不断发展的观察和收集技术。班克斯鼓励所有科学分支的发展，其中自然包括自然史。[2]

英国对中国自然史的探索，始于18世纪初东印度公司在中国的活动。1701年，詹姆斯·坎宁安（James Cunningham）随东印度公司探险队在舟山进行了英国对中国自然史的首次探索。[3] 他是第一位建立中国植物收藏的欧洲人，收藏有约600份从舟山采集的中国植物标本，并在标本上贴有记载名称、地点、描述和用途的标签。伦纳德·普卢克内特（Leonard Plukenet）和詹姆斯·佩蒂弗（James Petiver）随后在他们的著作中发表了坎宁安收藏的植物。[4] 坎宁安还

1　Mary Louise Pratt, *Imperial Eyes: Travel Writing and Transculturation*, London and New York: Routledge, 1992, pp.25-37.

2　John Gascoigne, *Joseph Banks and the English Enlightenment: Useful Knowledge*, Cambridge and New York: Cambridge University Press, 1994.

3　詹姆斯·坎宁安出生于苏格兰，最初接受外科医生培训，后来在伦敦成为一名植物学家。

4　这些植物现收藏于伦敦自然历史博物馆的斯隆植物标本室中。参阅 *Oxford Dictionary of National Biography*。普卢克内特在他的《植物志》（*Phytographia*）第三卷中发表了坎宁安的中国植物，佩蒂维在他的《佩蒂维博志》（*Musei Petiveriani*）中描述了其中大约200种植物。

收集了自中国出口的植物图画,并将其送给佩蒂弗,其中789幅如今保存在大英图书馆。1766年,英国博物学家约翰·布拉比·布莱克(John Bradby Blake)作为东印度公司的押运员航行到中国。在广州期间,他收集了中国植物及其种子,计划将其移植到英国和殖民地。布莱克指导一位中国艺术家画了一套植物图画,这些图画后来被班克斯收藏。[1] 布莱克还在中国收集了化石和矿石,例如为约书亚·威治伍德收集了高岭土和陶瓷件的样本,试图发现中国瓷器的制作秘密。[2]

马戛尔尼使团除了作为寻求与中国贸易的外交使团的主要角色外,还履行了类似的科学职能。班克斯指示马戛尔尼带上合格的技术人员,因为他相信,"其中一些务实的人将在几周内获得大量信息,如果将这些信息交给勤劳而活跃的英国制造商,从中华帝国获得的全部收入将巨幅增加"。[3]

在使团出发前,班克斯还撰写了一篇文章,题为"给访华使团随行的先生们的关于园艺主题的提示",建议使团在中国收集有关"加速开花"(accelerating of flowers)和"矮化树木"(Dwarfs trees)的信息:

加速开花

欧洲的园丁完全不知道加速植物开花的方法……毫无疑

---

1 Aubrey J. Toppin, "Chitqua, the Chinese Modeller, and Wang-Y-Tong, the 'Chinese Boy'," *Transactions of the English Ceramic Circle*, Vol.2, No.8, 1942, pp.151-152.

2 E. Bretschneider, *History of European Botanical Discoveries of China*, St. Petersburg: Press of the Imperial Russian Academy of Sciences, 1898, p.152.

3 P. J. Marshall, "Britain and China in the Late Eighteenth Century," in Robert A. Bickers, ed., *Ritual and Diplomacy: The Macartney Mission to China, 1792-1794*, London: Wesweep Press, 1993, p.25.

问,中国人掌握有这样的技艺,而我国的园丁非常渴望获得这样的技艺……

矮化树木

中国人掌握有一种整训树木的技艺,可以使它们在具有同物种中衰老个体的所有外观的同时,还能开花、结果和生出叶子,并且尽管这样一棵树木在自然状态下可以生长到60英尺(约18.3米——引者注)高,但在此种技艺下可被限制在仅10英寸(约25.4厘米——引者注)的范围内……[1]

班克斯还鼓励使团成员要像关注优雅美丽的植物一样关注那些不起眼的微小植物。他列出了32种植物,并向使团提供了《山奈图标》(*Icones Kaempferiana*)一书。[2] 在探索中国内陆的过程中,斯当东按照班克斯的提示,采集了400多种植物标本,并全部按照林奈系统命名和分类。班克斯主张通过两种方式收集植物——收集和保存以备博物馆展示的标本,以及在植物园中培育活株。为了满足他的要求,使团出使期间收集的每一种植物,都被裱压为标本,并附有一个装有该种植物种子的信封。[3] 斯当东收集的上述中国植物标本,被收藏在大英博物馆和英国皇家植物园的植物标本室中,有些则被法国和德国的私人藏家收藏。[4]

---

1 Aubrey Singer, *The Lion and the Dragon: The Story of the First British embassy to the Court of the Emperor Qianlong in Pekin 1792-1794*, London: Barrie&Jenkins, 1992, p.160.

2 Peter J. Kitson, *Forging Romantic China: Sino-British Cultural Exchange 1760-1840*, New York: Cambridge University Press, 2013, pp.126-152.

3 Aubrey Singer, *The Lion and the Dragon: The Story of the First British embassy to the Court of the Emperor Qianlong in Pekin 1792-1794*, London: Barrie&Jenkins, 1992, p.161.

4 E. Bretschneider, *History of European Botanical Discoveries of China*, St. Petersburg: Press of the Imperial Russian Academy of Sciences, 1898, p.163.

对班克斯的指示和使团博物学家需求的响应，体现在亚历山大的第三卷作品档案中，其中包含了大约 30 幅自然历史图像，涉及植物、哺乳动物、鸟类和昆虫，大部分是在从英国出发前往中国的旅行途中创作的。亚历山大总是将图像放置在空白背景下，并将一些昆虫放大以显示细节。这些图画旨在供英国博物学家出于科学目的进行检查。亚历山大这种将有机体与其环境分开，并将物种重新排序到编目系统中的独立图像，反映了林奈的流行方法。在斯当东的《纪实》中，则根据林奈系统对这些植物和动物进行命名和分类。

虽然这些图像具有明确的科学目的，但对生物体的研究也具有发现新的原材料，并为大英帝国探索潜在的商业市场的目标。例如，班克斯在英国推行自给自足计划，将某些作物引入英国及其殖民地自行种植，以满足国内消费，而使团则渴望收集有关海外商业市场需求的各种重要信息，以便推广自己的产品。

使团还对昆虫和当地产业进行了研究，为英国昆虫学学科作出了贡献。事实上，学者们在里约热内卢时就已对当地自然史及其产业应用进行了研究。在那里，他们注意到了胭脂红的生产及其染色。亚历山大绘制了两幅有关胭脂虫（cochineal insects）和这些昆虫生长的仙人掌属植物的图画。对于这一生物，斯当东引用了巴罗的研究并将其描述如下：

> 雄性昆虫非常好看，遍体亮红色，极似被称为红湖（red lake）的颜料，椭圆形的胸靠近头部，触角将近躯体的一半长，腿部的红色比其他各部更显鲜艳。从腹部生出两条细白鳃丝，约有整个昆虫的三倍长。两个朝上翘的翅膀，呈稻草颜色，纹理非常精细。雌性昆虫没有翅膀，椭圆形躯体，背腹两部都凸

出,背部比腹部凸出得更厉害,背上生有好像棉花一样的白色绒毛,腹部生有横切皱纹。嘴长在胸部,呈褐色接近浅紫。吃的时候,把嘴伸到植物里面去。它的六条腿都呈鲜明的艳红色。[1]

在第一幅画中,亚历山大描绘了五只胭脂虫,其如同被放置在实验室桌子上。(彩图9)他还在画上贴了另一张小纸,上面留有被碾碎的胭脂虫呈现出的胭脂红色。斯当东描述了胭脂红的制作过程,其中包括将昆虫收集在木钵中,然后在炭火上加热,直至昆虫分解,在钵中呈现为微红色颗粒,也即胭脂红染料。他指出,博物学家过去一直对胭脂红的原料是一种植物、动物还是矿物感到困惑;并补充说,里约热内卢的胭脂红产量非常有限,每年大约30磅。[2] 这次对胭脂红生产的发现,是使团成员作出的几项重要贡献之一。

亚历山大还绘制了一幅仙人掌属植物的叶片,胭脂虫即以这种植物为食。对此,巴罗再次应用林奈系统,将这些植物归类为"仙人掌属"(cactus opuntia),亚历山大在他的绘图中注明了这一点。对此斯当东的描述是这样:

> 这种树叶厚实,上面比下面更平,甚至有点凹,呈椭圆形,没有茎,一个叶片生在另一个叶片的边际,上面有1英寸(约2.5厘米——引者注)左右的刺。[3]

---

1 George Staunton, *An Authentic Account of an Embassy from the King of Great Britain to the Emperor of China*, London: W. Bulmer and Co. for G. Nicol, 1798, Vol.1, pp.165-171.

2 George Staunton, *An Authentic Account of an Embassy from the King of Great Britain to the Emperor of China*, London: W. Bulmer and Co. for G. Nicol, 1798, Vol.1, pp.165-171.

3 George Staunton, *An Authentic Account of an Embassy from the King of Great Britain to the Emperor of China*, London: W. Bulmer and Co. for G. Nicol, 1798, Vol.1, pp.165-171.

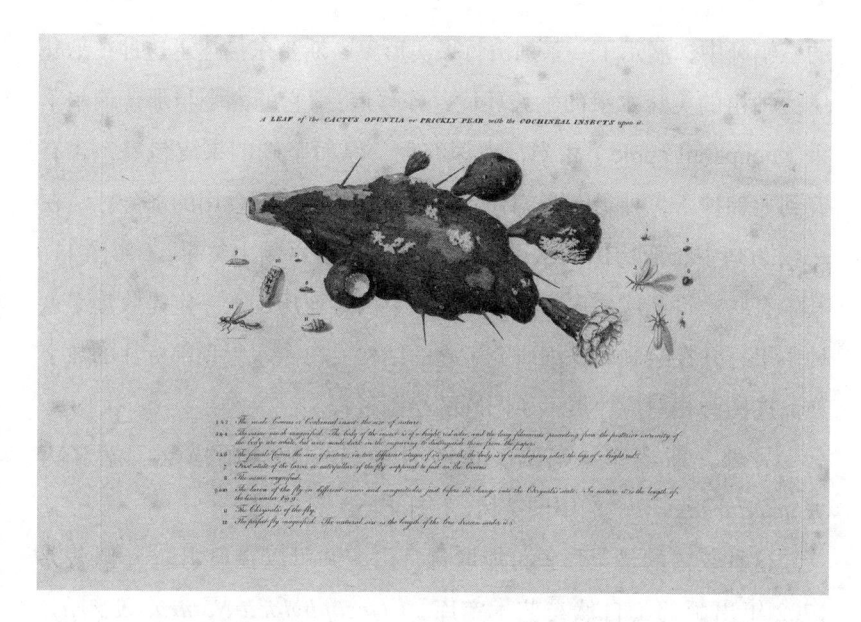

图4.14 仙人掌属植物的叶片，上面有胭脂虫（复制自《纪实》），1797年，铜版画（洛杉矶盖蒂研究所藏）

使团将昆虫研究与植物研究联系起来。斯当东在《纪实》中收录的版画12展示了仙人掌叶片。（图4.14）这一被放大的叶片图像呈标本形态，似乎是从背景之外的茎上摘下的，肥硕的叶片上长有刺和一朵花。不同生命阶段的胭脂虫分散在叶片周围，以显示其生命周期。视觉表现一定来自自然学家的科学观察，因为插图精确而具体，显然基于精确的测量。

亚历山大还用水彩绘制了一整株仙人掌，他非常注重描绘茂密的叶子，并用浅绿色勾勒出各种形状。（彩图10）在画中，亚历山大捕捉到植株的主要物理特征和结构，并一如既往地在空白背景上描绘，从而为博物学家提供了宝贵的视觉资料。

在爪哇，亚历山大对当地的水果和蔬菜表现出特别的兴趣。在他的三幅画中，展示了一系列山竹果实形象。斯当东描述了这种在爪哇广泛种植的美味水果的生长环境，并写道："它的大小与那普瑞尔苹果（nonpareil apple）相当，由深红色、厚而坚硬的果皮包裹，含有五到七颗种子，种子上覆盖有一层果肉，是唯一可食用的部分。"[1] 在一幅图画中，亚历山大从不同的角度展示了六颗山竹果，（彩图11）其中有些被打开或剥皮，露出果核和果肉。亚历山大一定是收集了这种水果，并在绘画时仔细研究了它的结构。每个水果顶部标注的数字与前述图画相对应，展示了图画的绘制过程。

另外，斯当东《纪实》中收录的另一幅版画描绘了学名为"Camellia sinensis"的中国茶树。（图4.15）

这种茶树的最早形象可能取自舟山，并可以在詹姆斯·佩蒂弗1702年出版的《自然与艺术宝库》（*Gazophylacii Naturae & Artis*）中找到。[2] 它可能是基于1698年詹姆斯·坎宁安寄给佩蒂弗的植物图画绘制而成的。[3] 在斯当东的《纪实》收录版画中，该植物以类似的图画构图表示，即以一根树枝沿着对角线排列，枝上叶子中间长着一朵花和一个花蕾，其中一片叶子上躺着一只不明的昆虫。这幅版画与班克斯的《花谱》（*Florilegium*）相比，绘画风格具有很高的科学性。《花谱》是班克斯和丹尼尔·索兰德在1768—1771年库克航行期间收集的植物标本的版画集，西德尼·帕金森（Sydney

---

1 George Staunton, *An Authentic Account of an Embassy from the King of Great Britain to the Emperor of China*, London: W. Bulmer and Co. for G. Nicol, 1798, Vol.1, p.275.

2 Whitehead and P. I. Edwards, *Chinese Natural History Drawings: Selected from the Reeves Collection in the British Museum* (Natural History) London: The Trustees of the British Museum, 1974, p.14.

3 常修铭：《马戛尔尼使节团的科学任务——以礼品展示与科学调查为中心》，台湾清华大学硕士学位论文，2006年，第72页。

图 4.15 茶花图（复制自《纪实》），1797年，版画（洛杉矶盖蒂研究所藏）

Parkinson）研究了这些植物，创作了植物水彩插图，而后由班克斯在英国聘请18名雕刻师，于1771—1784年进行了加工。亚历山大的作品同样很可能受到班克斯收集的这些植物水彩画的影响——将班克斯的植物插图与亚历山大的植物插图进行比较，我们发现，两类图画都将植物呈现为空白背景下开有花朵的枝条。亚历山大标本形态的插图展示了放大的生物体，其细节精确、绘图精致。作为这一时期典型的植物插图，它们向英国公众传达科学信息和植物学知识。然而，这类插图未能提供有关该植物生存环境的信息，班克斯对博物学家的这种疏漏表示遗憾，他认为"这使干燥的标本几乎毫无用处"[1]。

1　Peter J. Kitson, *Forging Romantic China: Sino-British Cultural Exchange 1760-1840*, New York: Cambridge University Press, 2013, pp.142.

班克斯还表达了在英属孟加拉种植中国茶树的兴趣。加尔各答植物园由罗伯特·基德中尉（Lt. Robert Kyd）于1786年建立，成为一些重要植物移栽的实验空间，种植有咖啡、烟草、胡椒以及中国茶树等。班克斯期待着马戛尔尼使团能够解开中国茶叶种植技术的秘密，希望其能带回茶树。在此之前，他已经成功地将面包树从塔希提岛（Tahiti）运到西印度群岛（West India），以作为当地奴隶的食物。[1] 班克斯在1788年写给弗朗西斯·百灵（Francis Baring）爵士的论文中，判断中国茶树生长在纬度26°—30°之间，提出"孟加拉国因其土壤、气候和人口的优势而得天独厚"，将产生一种"贡品"，这种"贡品"通过最强大、最不可分割的人类联系——共同利益和互惠优势，与母国紧密相连。[2] 使团奉命获取可送往孟加拉供基德移植的茶树幼枝，希望"有朝一日它们可以被视为我们国家的商业资源"[3]。最终，使团不负期望，获得了一些质量上乘的茶树幼苗，马戛尔尼将这些幼苗移交给詹姆斯·登维德，以便由其带到孟加拉种植。

使团的博物学家还研究了行经途中各地的鸟类，这也对英国鸟类学的研究作出了贡献。例如，在巴达维亚，东道主送给马戛尔尼一只野鸡作为礼品。马戛尔尼后来将其转送给大英博物馆的乔治·肖

1　Alexander, Caroline. Captain Bligh's cursed breadfruit. https://www.smithsonianmag.com/travel/captain-blighs-cursed-breadfruit-41433018/. Accessed on January 3, 2022.

2　Peter J. Kitson, *Forging Romantic China: Sino-British Cultural Exchange 1760-1840*, New York: Cambridge University Press, 2013, pp.141. 基特森建议，班克斯借用朝贡制度，将其运用到孟加拉对英国的殖民关系上。

3　Peter J. Kitson, *Forging Romantic China: Sino-British Cultural Exchange 1760-1840*, New York: Cambridge University Press, 2013, pp.141.

图4.16 爪哇火背雉(复制自《纪实》),基于S.爱德华兹的绘画,1797年,铜版画(洛杉矶盖蒂研究所藏)

(George Shaw)进行研究。[1]在斯当东《纪实》中收录的版画13便描绘了这种叫"爪哇火背雉"(fire-backed pheasant of Java)的鸟类。此图像由西德纳姆·蒂斯特·爱德华兹(Sydenham Teast Edwards)创作。(图4.16)

爱德华兹早年接受过植物学和植物插图绘制方面的训练。1787—1815年,他创作了大量植物学和动物学插图,包括为《植物杂志》绘制插图,并被选为林奈学会会员。[2]在这幅版画中,一只野鸡站在

---

[1] George Staunton, *An Authentic Account of an Embassy from the King of Great Britain to the Emperor of China,* London: W. Bulmer and Co. for G. Nicol, 1798, Vol. 1, p. 246. 1791年,肖博士出任大英博物馆自然历史部助理馆长。作为一名动物学家,他于1794年出版了《新荷兰动物学》(*Zoology of New Holland*),其中研究了包括鸭嘴兽在内的几种重要的澳大利亚动物。

[2] *Dictionary of National Biography,* "Edwards, Sydenham Teak"。

一条被砍伐出的小道上，周围长满了野草；旁边是一片沼泽，远处则是连绵的山丘。在检视标本并与林奈描述的其他鸟类进行比较后，乔治·肖博士断言，这种雉鸡并未在任何鸟类学著作中被记录。他总结出这种鸟的基本特征："黑雉，钢蓝色光泽，体侧红褐色，背部下端火红，尾巴圆润，中间两根羽毛为淡黄棕色。"[1]

使团经过山东省时，观察了大运河沿线的渔鸟。斯当东指出，这种渔鸟是"鹈鹕的一种，类似于普通鸬鹚"，但肖博士描述称，这种鸟也被认为是"棕色鹈鹕或鸬鹚，有白色的喉咙，身体下面白色，有棕色斑点，尾巴圆形，虹膜蓝色，喙黄色"。[2]亚历山大的一幅画稿描绘了山水背景中的一只中国渔鸟。他生动地捕捉到了斯当东描述的这种鸟的基本特征。（图4.17）相较其背景中具有中国意味的两个人物、房屋、宝塔、亭子等图像，渔鸟被故意放大到不成比例，以强调其突出地位。

在斯当东《纪实》的版画37中，这种鸟的身体被拉长，使其显得更加优雅和健壮。（图4.18）斯当东认为，中国渔鸟经过训练后不会吞下猎物，因而用不着在其喉部用线或圈套着。从10世纪开始，使用鸬鹚就是中国和日本渔民的主要捕鱼方法之一。16、17世纪期间，这种方法亦在英国和法国得到应用。[3]使团成员的相关描述或可解释为英国对这种鸟的兴趣。

1　George Staunton, *An Authentic Account of an Embassy from the King of Great Britain to the Emperor of China*, London: W. Bulmer and Co. for G. Nicol, 1798, Vol. 1, p. 275.

2　George Staunton, *An Authentic Account of an Embassy from the King of Great Britain to the Emperor of China*, London: W. Bulmer and Co. for G. Nicol, 1798, Vol. 4., p. 388.

3　Berthold Laufer, "The Domestication of the Cormorant in China and Japan," *Publications of the Field Museum of Natural History*, Anthropological Series 18, No. 3, 1931, pp. 201-262.

图4.17 渔鸟图1,威廉·亚历山大绘,1793年,纸本水彩(大英图书馆藏)

图4.18 渔鸟图2(复制自《纪实》),基于S.爱德华兹的绘画,1797年,铜版画(洛杉矶盖蒂研究所藏)

在亚历山大的许多画作中，都可以观察到类似的科学插图风格，例如他对树木、哺乳动物、鸟类、海洋生物的描绘，总是将之独立于其环境。像博物学家一样，亚历山大研究了这些生物的结构，并从不同的角度展现它们。

* * *

马戛尔尼使团配备了先进的科学仪器，也掌握了先进的技术，使团成员对从英国到中国海路，以及中国内陆旅行沿线都进行了探索调查。旅程中，成员们绘制了航线上的海洋和陆地地图，并描绘了重要的海岸线图，旨在为未来的英国探险家提供导航信息。他们还研究自然，并根据林奈系统收集、命名和分类标本。帕里什、巴罗和亚历山大等人，依凭自己作为技术人员和制图员接受的培训，以极其准确和翔实的手法对海岸、岛屿和内陆进行了科学描述。使团中的博物学家大卫·斯特罗纳克、约翰·哈克斯顿在顾问约瑟夫·班克斯的指示下收集了鸟类、花卉、植物和昆虫的标本，并用科学方法进行研究，以此为英国市场探索当地资源。虽然有些时候亚历山大对图像的艺术渲染超越了严格的科学描述，但其作品总体上依然保持了准确性。作为一名艺术家，亚历山大以科学的眼光描绘海岸线和自然标本，反映了那个时期艺术与科学的融合。使团对地理和自然历史的收集和编目，也成为大英帝国全球探索目标的重要组成部分。

第五章
中国风貌

马戛尔尼使团观察并记录了中国的土地风貌、山川河流和人类居住区,并绘制了大量图像。这些有关人文地理的艺术创作,反映了科学和美学于景观再现方面的新兴融合。旅行沿线的主要城市和景观,都是在当时流行风格的影响下呈现的,其中最突出的便是"如画"(Picturesque)和"崇高"(Sublime)美学。而这些艺术呈现的背后,则是对科学技术的崇敬,这在大运河沿线的江景绘画中体现得最为明显。地理学和考古学等新兴学科在形成中国景观和文物的科学表述方面亦发挥了重要作用。使团成员对地形景观的个性和特性的关注,同"如画"美学的规范形成了对话,如此改变后的图像迎合了英国人的品位,当然也保留了事实上的准确性。从画稿到成画,甚至后续制作的版画,艺术家和探险家合作创造了一幅强化大英帝国背景下的中国图景。这种取向,可以从对景观语言和艺术语言进行的选择、重新排序和再创造中观察到。

第一节 城市与地形

进入 18 世纪,由于地质学和地理学等学科的发展,科学观测变得越来越重要,以致在 19 世纪初为支持这些学科的发展而成立了众多组织,包括伦敦地质学会(the Geological Society of London,1807 年创立)和英国皇家地理学会(the Royal Geographical Society,

1830年创立）。[1] 相关的科学考察团队，其成员通常包括地质学家、地理学家、气象学家以及其他科学和自然史专家。他们仔细研究遥远之地的地理、岩石和大气，并用文字和图片记录观察结果。这些文献为艺术家创作描绘特定地理形态和气象现象的风景画提供了第一手资料——图像表达补充了文本叙述，以呈现风景的全貌。

陶格提出了19世纪上半叶法国风景画体现的"地形美学"概念。他通过对法国旅游指南的研究，追溯了美学的形成，认为"这不仅仅是自然主义的当地变体，而且是一套独特的表现策略，承载着一种新的景观意义，最终与一种特殊的法国形式的国家认同联系在一起"[2]。类似的地形美学出现在18世纪英国风景画中，例如约瑟夫·法林顿和保罗·桑德比等艺术家的画作。法林顿以其"细致、精确的地形图而闻名，他为有关英国风景的版画对开本绘制了这些图画，并在因国外动乱而被困在英国的游客群体中找到了现成市场"[3]。他于1785年创作出版的《坎伯兰湖和威斯特摩兰湖景》（*Views of the Lakes of Cumberland and Westmorland*）、1794年创作出版的两卷本《托马斯河史》（*History of the River Thomas*），都是典型的地形景观作品。[4] 水彩画家桑德比的职业生涯始于担任苏格兰军械测量局首席制图员（1747—1755），当时他在大卫·沃森（David Watson）上校手下工作，

---

1 关于伦敦地质学会和英国皇家地理学会的介绍和历史，参考 "The Geological Society of London and the Royal Geographical Society," https://www.geolsoc.org.uk/society, https://www.rgs.org/about/the-society/history-and-future. Accessed on February 7, 2022。

2 Greg Thomas, "The Topographical Aesthetic in French Tourism and Landscape," *Nineteenth-Century Art Worldwide*, Vol.1, Issue 1, 2002.

3 法林顿的经历，参阅 *Oxford Dictionary of National Biography*。

4 桑德比的经历，参阅 *Oxford Dictionary of National Biography*。

为军队提供有关苏格兰地形的可靠信息。[1] 后来，他被任命为伍尔维奇皇家军事学院的首席画师，并在英国和爱尔兰进行了大范围的旅行，以描绘当地的风景和古迹。[2] 桑德比还为班克斯制作了一系列威尔士风景版画，这也反映了班克斯对经验准确性的重视。[3] 英国地形美学是马戛尔尼使团测量员和艺术家开展工作的基础，他们的景观图画传达了有关中国的地理信息。亚历山大对地形准确性的关注，反映他的朋友桑德比对他的影响——他们二人有着相似的背景和兴趣。[4]

与地形风景画相关的是城市图像的绘画传统，它同样强调对建筑形式及其周围环境的仔细观察。马戛尔尼使团访问了天津、北京、苏州等中国重要城市，并通过绘画准确呈现了这些城市的风貌。例如，亚历山大研究了天津的地理环境和特征，考察了当地建筑的材料。1793年8月5日，使团抵达海河沿岸的大沽，马戛尔尼登上了准备接待的中国船舶。8月9日，使团其余人员乘坐另外16艘船舶——每艘船都满载礼品——离开大沽前往天津。[5] 斯当东指出，天津位于从北京流出的潮白河和漕运河的交汇处，从而与遥远的省份产生联系[6]——今天，这两条河流被称为北运河和南运河，天津市位于其交

---

[1] Luke Herrmann, "Paul Sandby in Scotland: A Sketch-Book," *The Burlington Magazine*, Vol.107, No.750, Sep. 1965, pp.466-468.

[2] Peter Hughes, "Paul Sandby's Tour of Wales with Joseph Banks," *The Burlington Magazine*, Vol.117, No.686, July 1975, pp.452-457.

[3] See Faring's Diary, cited in John Gascoigne, *Joseph Banks and the English Enlightenment: Useful Knowledge*, Cambridge and New York: Cambridge University Press, 1994, p.72.

[4] Susan Legouix, *Image of China: William Alexander*. London: Jupiter Books Publishers, 1980, pp.16-17.

[5] 秦国经、高换婷：《乾隆皇帝与马戛尔尼》，紫禁城出版社1998年版，第47—63页。

[6] George Staunton, *An Authentic Account of an Embassy from the King of Great Britain to the Emperor of China*, London: W. Bulmer and Co. for G. Nicol, 1798, Vol.3, pp.23-24.

汇处。[1] 斯当东评论说，中国古代地图相当混乱，因为虽然它们显示黄河分为两条支流，但尚不清楚北支流是在天津汇入其他河流还是单独流入渤海。他还查阅马可·波罗的著作，推断天津在13世纪就已经是一座著名城市。斯当东观察到，这座城市建在高地之上，新的房屋不断地在旧有废墟上修建。[2] 在文字记述之外，亚历山大画作描绘了天津三岔河口的风貌。这里是天津最早的居住地，也是最早有人定居的陆海对接区，及至18世纪末的清朝，这里已成为中国北方的交通枢纽和主要商业中心，有着众多商店和旅店。[3]

在大英图书馆收藏的三幅有关天津的水彩画作中，亚历山大描绘了使团所乘船舶对面的两层中国戏台——戏台上表演着专供使团娱乐的剧目，戏台外部装饰有绚丽的色彩并配以黄色的屋顶。在画作中，一场中国戏剧即将上演，周围数百名普通民众在等待观看演出。亚历山大似乎是在停泊于戏台对面的船上创作了这两幅画作，他用简单、明快的笔触粗略地勾勒出了建筑物和人物的轮廓。（图5.1、彩图12）图像基于直接观察，准确地呈现了现场场景，尤其对戏台的建筑以远景和近景的视角呈现。

第三幅风景更为优美的水彩画则展示了更完整、翔实与平和的景观。（图5.2）图中右侧的大型船只形成一种天然的框架，中间则是较小的船只，远景是装饰精美的建筑。亚历山大还在三幅草图中描绘了戏台的图像，并将其同自己早期对亭阁和军事堡垒的研究相结合，创造出令人愉悦、和谐的表现形式。

1　仲小敏：《天津地理》，北京师范大学出版社2011年版。

2　George Staunton, *An Authentic Account of an Embassy from the King of Great Britain to the Emperor of China*, London: W. Bulmer and Co. for G. Nicol, 1798, Vol.3, pp.42-43.

3　天津市档案馆编：《天津运河故事》，天津人民出版社2014年版。

第五章 中国风貌 143

图5.1 天津风景1,威廉·亚历山大绘,1793年,纸本水彩(大英图书馆藏)

图5.2 天津风景2,威廉·亚历山大绘,1793年,纸本水彩(大英图书馆藏)

在《中国服饰》版画集中，亚历山大则描绘了天津河上的场景——载着英国使团成员及其礼品的船只靠向岸边。（彩图13）

由于画稿原作不存，故而该图像当是基于文字描述，结合艺术家对建筑物材料和施工技术的仔细考察的产物。斯当东在《纪实》中指出，河边的村庄中的房屋似乎是用泥土建造的，但仔细观察可以发现，墙壁是用烤砖砌成的，瓦顶上涂满了泥土颜色的东西，建造房屋时没有使用石灰或石头。[1] 亚历山大用棕色的泥色砖描绘了接待场所，其简单的外观暗示着为使团提供的是一处临时建造的建筑。接待大厅的左侧是一座较为简陋的房屋，右侧是一座更为精致的蓝瓦屋顶寺庙；更右侧则有更多的住宅和商店密集矗立着，屋顶上有红色和蓝色的瓦片。据斯当东《纪实》中的记载，砖块有三种不同颜色：青色、红色和浅棕色，它们的差异源于将泥土转化为砖块的不同过程：

> 浅棕色的砖是太阳下面晒好的，没有经过火烧。青色砖是在窑内用木炭烘焙好的，它受不到火焰的直接燃烧。受火烧的砖，颜色就变红了。[2]

亚历山大再现了平房或双层楼房。斯当东确实提到，中国人更喜欢平房，因为他们觉得上下楼梯很尴尬，只由于天津靠近水，才需要双层楼房以防潮。

从通州府前往圆明园，必须经过首都北京。在这里，艺术家们非

---

[1] George Staunton, *An Authentic Account of an Embassy from the King of Great Britain to the Emperor of China*, London: W. Bulmer and Co. for G. Nicol, 1798, Vol.3, p.18.

[2] George Staunton, *An Authentic Account of an Embassy from the King of Great Britain to the Emperor of China*, London: W. Bulmer and Co. for G. Nicol, 1798, Vol.2, pp.340-341.

图5.3　北京西直门景观1，约翰·巴罗绘，1793年，
纸本水彩（大英图书馆藏）

常注重对建筑形制的准确描绘——从城门、皇宫到普通住宅。使团从东门进入，步行约两个小时，到达了巴罗在画中描绘的北京西直门（图5.3）。

斯当东的《纪实》中包括对北京城周围流入潮白河的小河的简要描述。[1] 北京西直门于20世纪60年代被拆除，使团成员创作的图像则保留了这座重要古迹18世纪末的外观。巴罗描绘了由长长的城墙连接起来的箭楼和城楼，旁边还有一些简陋的房屋；一座石拱桥横跨河面，围墙周围有人物穿越。该画作笔触松散，缺乏亚历山大画作的细节，其色调较为柔和，传达出温暖的感觉。

1　George Staunton, *An Authentic Account of an Embassy from the King of Great Britain to the Emperor of China*, London: W. Bulmer and Co. for G. Nicol, 1798, Vol.2, p.124.

图5.4　北京西直门景观2（复制自《纪实》），基于威廉·亚历山大的绘图，1797年，铜版画（洛杉矶盖蒂研究所藏）

在斯当东《纪实》的版画20中，亚历山大模仿了巴罗的上述作品，同时将整个视角拉得更远。（图5.4）

亚历山大细致地描绘了桥下经过的小船。桥附近，巴罗原画中的马车被替换为搬运工，他们有的拉或推行着车辆，有的则用背篓背着货物——这些细节与当时有关中国搬运工的记载相符，当是基于亚历山大的直接观察。亚历山大描绘了晴朗天空下的云彩，并以暖色调渲染，营造出一种大气磅礴的视觉效果。桥附近矗立着一座牌楼，斯当东将其翻译为"凯旋门"（Triumphal Arch），他描述道：

> 牌楼是木制的，牌楼门共有三个，两边的小，当中的高大。牌楼上面共有三层顶盖，油漆雕刻得非常漂亮。牌楼上面横楣

上用油漆或者涂金写着几个中国字,说明这个牌楼的建筑意义,有的为了纪念某一个人,有的为了纪念某一件事。[1]

对圆明园正大光明殿的考察,可以更明显反映出使团对建筑的兴趣。抵达海淀后,使团奉命在圆明园布置礼品以供展示。亚历山大根据巴罗的平面图,绘制了一幅宫殿实景图。斯当东《纪实》中的版画22,即根据亚历山大的这幅图画绘制而成。这座建筑是皇帝接见官员和外国使节之所,也是为其生日和其他庆祝活动而举行盛大宴会之所。巴罗的图像显示了宫殿及其相邻庭院的俯视图,图像基于建筑比例的精确估量;他还准确记录了不同庭院、宫殿、大门和高大树木的空间位置和这一建筑群的其他关键数据。

亚历山大在其画作中则展示了内宫庭院的开放视野。他用细致的轮廓勾勒出这座宏伟大殿,准确地展示了其建筑风格(彩图14):屋顶为浅灰色,柱子和装饰物则漆成红色。宫殿周围呈现了一幅轻松的场景,太监们在树下交谈或休息。

斯当东的《纪实》收录的版画中,更详细地展示了这座建筑群的特征,大殿十根柱子后面的门窗得到更为细致的描绘,并附有复杂的装饰图案。(图5.5)在这幅图中,同样描绘了官员和太监提着箱子走过,或者坐在椅子上抽烟聊天的场景。

除了正大光明殿之外,使团艺术家们还描绘了内宫庭院的总体平面图,展示了内门和用于出行准备的西厢房。在关于圆明园宫殿的一幅画稿中,亚历山大以开放的内部视野,记录了建筑的结构。将英国使团成员的图像同清朝宫廷艺术家唐岱有关正大光明殿的风景绘画进

---

1 George Staunton, *An Authentic Account of an Embassy from the King of Great Britain to the Emperor of China*, London: W. Bulmer and Co. for G. Nicol, 1798, Vol.3, p.117.

图5.5 圆明园正大光明殿景观（复制自《纪实》），基于威廉·亚历山大的绘画，1797年，铜版画（洛杉矶盖蒂研究所藏）

行比较，可以看出前者对皇宫的建筑进行了仔细研究，但又突出了核心建筑，使之显得更加宏伟高大，与周围相对较小且略显模糊的远景形成对比。

基于生活和交际方面的考虑，使团提出希望居留在北京城内而非城外的圆明园。于是很快，他们就被送到了一处据称为原粤海管监督所有的宅邸——他因腐败而被皇帝抄没财产。在有关这座宅院的水彩画和版画中，亚历山大描绘了一幅以一座石舫为中心，周围环绕各种建筑的图景。

斯当东在《纪实》中描述了这座宅邸，并特别关注支撑建筑的柱子：

柱子是木头的，约 16 英尺（约 4.9 米——引者注）高，柱底约 16 英寸（约 0.4 米——引者注）直径粗，逐渐向顶削小约六分之一。他们没有希腊建筑术语上所谓的柱头和柱底，也没有支持飞檐的屋盘。它的柱底插在下面的石座圆孔中，形状同托斯卡纳式柱有些近似。飞檐以下的四分之一的柱身雕刻装饰，这一段可以称为柱顶，柱身永远是红色的，柱顶同柱身颜色不同。在拐角的地方有柱廊支着突出横墙板以外的屋顶。这样一来，整个房子都不露天了。[1]

在这里，斯当东用科学例证的方式，将中国建筑柱子的材料结构，同欧洲传统柱式进行了比较。为了让人熟悉这种异国情调的建筑，他引用了欧洲建筑术语描述新鲜事物。在一幅可能是现场创作的水彩画中，亚历山大则展示了马戛尔尼、斯当东和小斯当东跟随两名引导他们的中国官员在宅邸游览的场景。（图 5.6）画中石舫的正面像一座亭子，石室则构成盖船，两名中国人正坐在石舫上聊天。

上述画稿中的石舫后来在版画中得到修饰。（彩图 15）《中国服饰》中的版画很可能便是基于这些画稿，因为两者关于石舫及其周围环境的描绘非常相似。该版画呈现了这一图景的最终版本，其中建筑和石舫被涂上了各种柔和的颜色，并加上细致的装饰图案——尤其体现于屋顶和窗户之上。按照使团成员的口述，亚历山大还在石舫周围添加了假山，上面立着几盆盆景。版画背景上绘有塔、亭、牌楼等作为装饰，以符合中国风审美。特别值得注意的是，亚历山大对中国园

---

[1] George Staunton, *An Authentic Account of an Embassy from the King of Great Britain to the Emperor of China*, London: W. Bulmer and Co. for G. Nicol, 1798, Vol.3, p.140.

图5.6 英国使团在北京的官邸景观，威廉·亚历山大绘，1793年，纸本水彩（大英图书馆藏）

林的描绘，体现了对假山和盆景的密切观察，以迎合英国人对中国园艺的好奇之心。

沿途的繁华城市同样引起了使团成员的极大兴趣，他们对沿线的风景和地标进行了精确观察和生动再现。这些作品中包括一幅描绘苏州风貌的水彩速写，以及基于此而创作的两幅版画。在水彩画中，一艘船从拱桥下穿过，两岸都是房屋和建筑物。

这幅作品后成为《中国服饰》内成品版画的范本（图5.7），其中的建筑和人物都被刻画有精致的细节，并带有明亮的色彩。

在斯当东《纪实》所收录的版画35中，桥梁、房屋、亭台楼阁，都被嵌进了熙熙攘攘的场景中。（图5.8）

在这些图像中，亚历山大特别关注桥梁。斯当东亦仔细观察了桥梁的建筑材料，并进行了科学、准确地描述：

第五章 中国风貌 151

图5.7 苏州市郊一座桥梁，基于威廉·亚历山大的绘画，1805，蚀刻版画（伦敦威康图书馆藏）

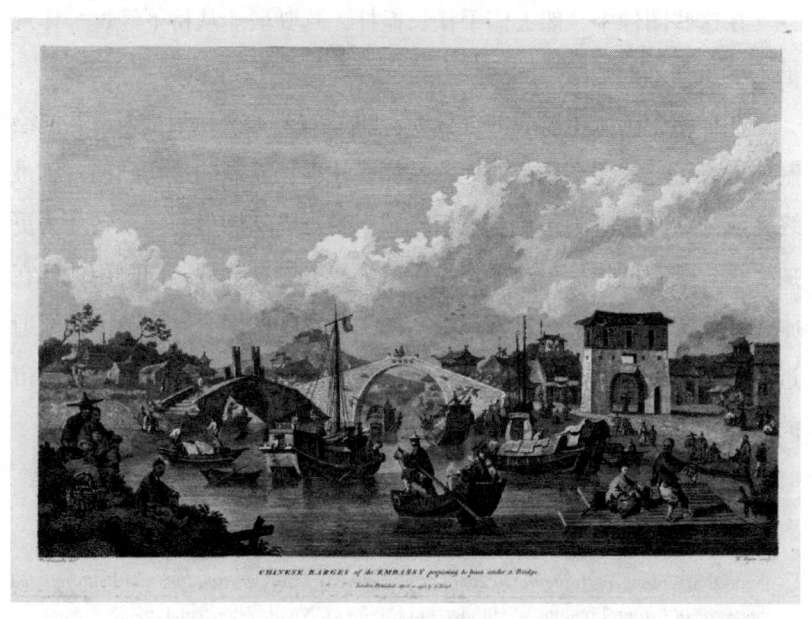

图5.8 使团的中国驳船准备从桥下通过（复制自《纪实》），基于威廉·亚历山大的绘画，1797年，铜版画（洛杉矶盖蒂研究所藏）

> 江南省内的运河道上修建了许多坚固的永久的桥梁。有些是红色花岩石桥,这种花岩石里包含着大批长石。有些是粗的灰色大理石桥。有些桥的桥拱是半圆形,有些是椭圆形,椭圆顶在桥拱顶端。有些是马蹄形,桥拱顶上最宽。[1]

斯当东还描述了船只如何从桥下通过:

> 船过桥的时候需要把坚牢的单桅杆取下……这种桅杆很容易取下来过桥。有些桥的桥拱很高,船不用下帆也可以过桥。[2]

在这些图像中,船夫们手托长桅杆,驾驶驳船从桥下经过,体现了艺术家和工程师敏锐的观察力。

在描绘中国城市风貌的过程中,使团的艺术家和测量人员共同绘制和记录了这些主要城市的地理特征。从现场绘制的最初画稿,到最终完成的绘画和版画,艺术家们将城市景观,从图形与图示转变为更加生动、美观的作品,这些作品保留了经验的准确性,同时用他们在旅途中收集的绘画元素进行点缀。艺术与科学的融合,使英国民众通过富有感染力、信息丰富、审美价值高的图像,接收到有关中国城市的新信息。

1　George Staunton, *An Authentic Account of an Embassy from the King of Great Britain to the Emperor of China*, London: W. Bulmer and Co. for G. Nicol, 1798, Vol.4, p.425.

2　George Staunton, *An Authentic Account of an Embassy from the King of Great Britain to the Emperor of China*, London: W. Bulmer and Co. for G. Nicol, 1798, Vol.2, p.426.

第二节 "如画"美学

"如画"(picturesque)一词源自法语 *pittoresque* 和意大利语 *pittoresco*,其字面意思是"以图画的方式"。[1] 威廉·吉尔平在其1768年的《版画随笔》(*Essay upon Prints*)中,将这一术语定义为"表达那种特殊的美,这种美在图画中是令人愉悦的"。[2] 根据吉尔平的说法,与强调平滑和整洁的审美相反,"如画"以粗糙度和多样性为特征。1770年代,他前往英格兰、苏格兰和威尔士的偏远地区旅行,一路记日记和写生。旅行结束后,他出版了五卷旅行纪实,成为寻求"如画"美学的游历者们的热门指南。[3] 吉尔平风景画的特点是三重结构——侧屏树、中景桥、背景山,都是从低角度观察的。后来者尤维代尔·普莱斯爵士(Sir Uvedale Prince)进一步主张更大的艺术自由和更轻松的风格,反对"万能的"布朗("Capability" Brown)刻板的"平滑和整齐"。[4] 他将"如画"同"崇高""美丽"等美学观念区分开来,指出每种事物都有不同的品质,引起人不同的反应。他"如画"的创作手法,主要集中在对希腊神庙废墟和帕拉第奥式建筑的

1　See the definition of "Picturesque" in *Oxford English Dictionary*.
2　Malcolm Andrews, *The Search for the Picturesque: Landscape Aesthetics and Tourism in Britain, 1760-1800*, Stanford: Stanford University Press, 1989, p.56.
3　See "The Picturesque Tours," in Malcolm Andrews, *The Search for the Picturesque: Landscape Aesthetics and Tourism in Britain, 1760-1800*, Stanford: Stanford University Press, 1989, pp.85-240.
4　风景园林中的"如画"风格是对自然的有意识的操纵,创造前景、中景和背景,以突出一系列吸引观者的形式元素;"'万能'的布朗"即兰斯洛特·布朗(Lancelot Brown),18世纪英国最著名的景观设计师。他的设计灵感源于舒适、经济和优雅这三个实用原则,通常采用哥特式或新古典主义风格。

描绘，以及一些简陋场景的主题上，例如小屋或破旧的磨坊，其中涉及的少数人物则是吉卜赛人或乞丐。[1]"如画"的审美品位本质上是精英主义的，受到有着良好教育的绅士的拥护——他们有能力在大不列颠群岛寻找和描绘其理想的风景。[2] 为此他们配备了克劳德玻璃镜（Claude Glass，一种可用于观察风景的深色玻璃镜）、指南针和地图，指导他们站在特定地点观看"如画"的景色；他们还学会了如何修改自己的画作，使画中景物显得更加微妙和精致。

"如画"审美同样对使团成员产生影响，并表现于科学家和艺术家合作描绘的位于北京和热河的此类景观以及皇家园林。例如，在一幅描绘北京皇家园林的水彩画相应的版画中（斯当东《纪实》中的版画29），亚历山大描绘了矗立在现今北海公园山顶上的著名白塔。（图5.9）北海白塔始建于1651年，初为一座西藏式佛塔。亚历山大的绘图清楚地表明，他考察了白塔的形式、结构和风格，从而准确地描绘出其三个不同的部分：底基、塔身和顶部。从建筑物的有利位置看不到背景中的山地景观。这些图像与斯当东的描述非常吻合：

> 从这里眺望宫墙内，不似城外一片平地。里面有的地方修成斜度很大的山，挖出土来造山的一些地方就成为深谷，里面盛满了水。曲曲折折的人工湖当中点缀了各种奇巧小岛和不同树木。皇帝有些宫殿就建筑在这些山上，整个好似一个仙境。

---

1 有关如画理论的发展，请参见 Malcolm Andrews, *The Search for the Picturesque: Landscape Aesthetics and Tourism in Britain, 1760-1800*, Stanford: Stanford University Press, 1989, pp.58-59。

2 Malcolm Andrews, *The Search for the Picturesque: Landscape Aesthetics and Tourism in Britain, 1760-1800*, Stanford: Stanford University Press, 1989, pp.67-83。

图5.9 北京御苑景观(复制自《纪实》),基于威廉·亚历山大的绘画,1797年,铜版画(洛杉矶盖蒂研究所藏)

在一座山的高处,有许多高大树木,当中建有许多凉亭。[1]

亚历山大以"如画"的形式描绘了白塔的地形环境,用不规则的轮廓表现山丘轮廓,并用亭台楼阁加以修饰。与吉尔平的画作一样,亚历山大采用了三重结构,前景是亭,中景是人工湖,背景是白塔坐落的山丘。艺术家创造了一幅和谐而迷人的风光图景,人们在其中乘船游览,欣赏美景。

这些图像表明,亚历山大从各种来源中汲取灵感,准确地描绘了

---

[1] George Staunton, *An Authentic Account of an Embassy from the King of Great Britain to the Emperor of China*, London: W. Bulmer and Co. for G. Nicol, 1798, Vol.3, p.121.

中国园林的地形。他留下的许多宝塔、亭阁和宫殿建筑的草图，都显示出其对结构、风格和装饰的仔细研究。例如，一幅亭阁画中有一座高大的石碑——它不太可能是实际场景的一部分，但却是他在旅行中看到的典型中国古迹。亚历山大还受到威廉·钱伯斯作品的影响，后者的版画被他收藏，现存于大英图书馆的档案中。钱伯斯作为一位苏格兰建筑师，曾三次随瑞典东印度公司远赴中国，研究中国建筑和装饰，因为英国皇家植物园设计中国宝塔而闻名。亚历山大一定仔细研究了钱伯斯的作品，以了解中国建筑的结构。

不过有趣的是，斯当东在《纪实》中提到，亚历山大画中的亭子是明末崇祯皇帝自杀的地方。但据历史记载，崇祯皇帝实际上是在紫禁城外、离北海不远的景山上吊自杀的。亚历山大似乎没有搞清楚北海和景山的位置，只根据口头传言将白塔画在景山风景之中——尽管此山景的表现既不同于北海，也不同于真正的景山。实际情况可能是：艺术家对白塔进行了详细勾勒，并在笔记中记载了它矗立在湖边的一座山上；然后，基于斯当东的文字描述，最终根据已不甚准确的记忆创造了一幅似是而非的想象场景。

这一现象在对热河景观和皇家园林的描绘中亦有所呈现。英国使团越过长城后，开始对鞑靼土地及其人民进行科学考察。在帕里什的一幅画作中，背景为一系列高山，山上矗立着一块引人注目的岩石。斯当东写道："使团的一位绅士立即在距离相当远的路上画了一幅速写。"他指的一定是帕里什。斯当东继续写道：

> 山脊差不多排成横线，主要是大小不等的花岗岩石块，形状好似四足兽的脊椎……在一处山脊和山谷的中间有一块笔直的岩石，或者古代废墟；因为第一眼望过去，二者都有点像。

图5.10　非凡岩石的景观1，亨利·威廉·帕里什绘，1793年，纸本水彩
（大英图书馆藏）

它高逾200英尺（约60.9米——引者注），顶宽于底，形状极不规则，上部生有很高的灌木。[1]

这块岩石就是磬锤峰，矗立在东距避暑山庄十余里的高山上。该岩上宽下窄，按现代测量高度为38.29米。[2] 帕里什的图画准确描绘了现场的岩石和桑树。（图5.10）他还细心留意到周边的植被和地形。斯当东描述道："除了不同大小、不同种类的松树外，还有发育不良

1　George Staunton, *An Authentic Account of an Embassy from the King of Great Britain to the Emperor of China*, London: W. Bulmer and Co. for G. Nicol, 1798, Vol.3, p.204.

2　该岩石在中国文献中的记载可追溯到1500年前，例如北魏地质学家郦道元的著作《水经注》即对其有所记录，称之为"石挺"。

的橡树……大小与灌木差不多。"[1] 这一描述与帕里什对前景中一棵高大的松树、中景山脚下的一些灌木的描绘相符。

而当这幅图像被采用以创作另一幅水彩画并随后刻成版画时,艺术家做了巨大改变,甚至在前景中添加了一座巨大的湖泊,湖中还有船只——其实该地区为山区,并无湖泊。(图 5.11、图 5.12)岸边山脚下的树林中隐约可见一栋中国民居——斯当东确实提到了山上的居民,但描述说经过吉兰大夫的仔细检查,他们患有甲状腺肿,脖子肿胀。[2] 然而这两幅画中的人物却表现出在山中享受快乐、自由、健康的生活,以应和"如画"审美的品位。

美丽的风景为艺术家提供了灵感和丰富的视觉资源,这在对热河皇家园林的描绘中更为突出。1793 年 9 月 15 日,使团参观了避暑山庄御园,欣赏了皇家园林的优美风景。对于参观路线,军机大臣和珅预先做了行程安排。[3] 帕里什和亚历山大即有几幅描绘御园的画作,前者更是根据精确的观察和测量,绘制了一份详细说明御园地理方位的平面图。

在一幅水彩速写中,帕里什展示了湖景:左岸形成一条对角线,

---

1 George Staunton, *An Authentic Account of an Embassy from the King of Great Britain to the Emperor of China*, London: W. Bulmer and Co. for G. Nicol, 1798, Vol.3, p.200.

2 George Staunton, *An Authentic Account of an Embassy from the King of Great Britain to the Emperor of China*, London: W. Bulmer and Co. for G. Nicol, 1798, Vol.3, p.202.

3 当日的相关安排,清廷方面进行了简要记载如下:"皇帝出惠迪吉拜佛。门外排班:城内王公同乾清门行走、蒙古王公为第一班;西洋人即依次为二班;外边行走、蒙古王公、九卿为三班;缅甸为四班。依次排列,俟圣驾经过后,臣等即带领英吉利国使臣,一同进惠迪吉门,于山口骑马。由北岸行走至卧碑马头,坐船至烟雨楼瞻仰,毕。至西岭晨霞马头下船,进沧浪屿看金鱼,毕。至如意洲前后殿瞻仰,顺便令看仪器,毕。坐船至月色江声前后殿瞻仰,毕。坐船至万壑松风马头下船,由郁李坡行走带出。令其归寓。"参见秦国经、高换婷:《乾隆皇帝与马戛尔尼》,紫禁城出版社 1998 年版,第 92 页。

图5.11 非凡岩石的景观2,威廉·亚历山大绘,1793年,纸本水彩
(大英图书馆藏)

图5.12 非凡岩石的景观3(复制自《纪实》),1797年,版画
(洛杉矶盖蒂研究所藏)

指向背景山脉中那块引人注目的岩石。一座桥梁横穿湖边茂密的树林；右边是一群巨石，上面矗立着一棵柳树和一座建筑物。斯当东的《纪实》则提到了漂浮在水面上的睡莲。他记录道：

> 大家骑马游行在一座青绿山谷中，园中有一些巨大的柳树，地面上野草长得很高，未加修治。他们到达一个巨大的不规则形的湖边，湖中已有游艇在此等俟。大家于是登船泛湖。湖面上一部分种有莲花……仍然用蔓延的莲叶和芬芳的花朵装饰着湖面。坐船一直到湖的最狭窄处，上面有一座桥，挡着了船的去路，再过去似乎就没有路了。[1]

亚历山大的版画则在帕里什速写的基础上，以"如画"的美学展现了更加生动的皇家园林形象。（彩图16）画中的湖岸边新添加了几座宫殿，这可能基于斯当东的描述："有些建筑物矗立在最高的山峰上，有些则埋在最深山谷的黑暗深处。"[2] 也可能是基于亚历山大带回英国的中国木刻版画。无论哪种情况，亚历山大显然都对建筑物的结构和景观的地形特征进行了研究。他在山顶画了一座类似于万树园东北部永佑寺的宝塔，其东侧就有那块引人注目的岩石。尽管亚历山大没有去热河，但他阅读了使团其他成员的描述，以及对途中遇到的宝塔的研究。他对帕里什的草图进行了研究，并以"如画"的规则重新创作了御园的图像，赋予其参差、不规则的质感。

---

[1] George Staunton, *An Authentic Account of an Embassy from the King of Great Britain to the Emperor of China*, London: W. Bulmer and Co. for G. Nicol, 1798, Vol.3, p.241.

[2] George Staunton, *An Authentic Account of an Embassy from the King of Great Britain to the Emperor of China*, London: W. Bulmer and Co. for G. Nicol, 1798, Vol.3, p.242.

图5.13 "小布达拉宫"平面图（复制自《纪实》），基于亨利·威廉·帕里什的绘图，1797年，铜版画（洛杉矶盖蒂研究所藏）

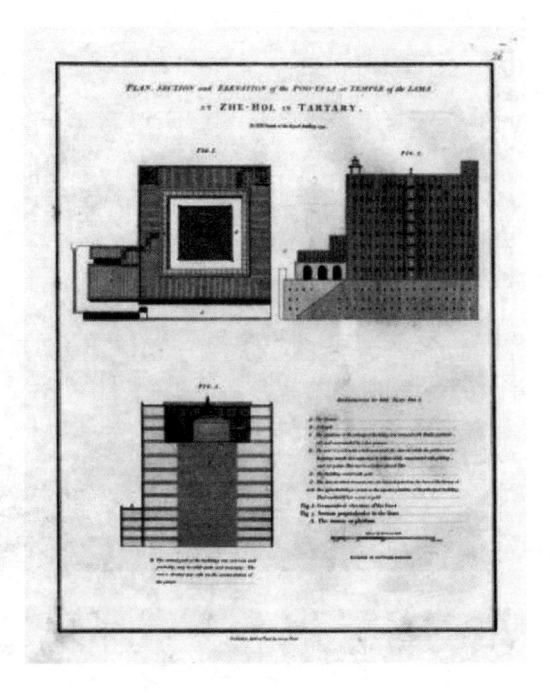

9月17日，英国使团参观了外八庙。这些建筑中最重要的是普陀宗乘之庙（"小布达拉宫"），系为庆祝乾隆皇帝六十大寿和次年他母亲八十大寿而建的。该寺庙仿照西藏的布达拉宫，于1767—1771年修建。帕里什在地图上用字母G标注了这座寺庙，并绘制了准确的平面图、剖面图和立面图。（图5.13）

根据这幅建筑图示，亚历山大创作了一幅水彩画，描绘了这座宏伟的藏传佛教寺院（彩图17）。该建筑分为三部分：山门和各种小庙、白台和大红台。亚历山大以"如画"美学的形式展示了这座雄踞山间的建筑，以及走向它的人物；东侧则隐约地增加了一座塔和一座亭。

这幅水彩画后来被加工为收录于斯当东《纪实》中的版画27，亚历山大在其中添加了僧侣人物形象，以非常细致的建筑轮廓展现了

图5.14 "小布达拉宫"景观（复制自《纪实》），基于威廉·亚历山大根据亨利·威廉·帕里什绘制的速写而创作的绘画，1797年，铜版画（洛杉矶盖蒂研究所藏）

寺庙，并使宝塔和亭阁的呈现更加细致、复杂和斑驳。（图5.14）

一如前述的自然风貌的呈现，使团中的测量人员和艺术家展开合作，根据地形和风景美学，表现了北京和热河的风景、皇家花园和寺庙景致。而在努力忠实于风景地形的同时，他们仍然对它们进行了改造，以符合英国观众熟悉的"如画"美学品位。

第三节　"崇高"与中国废墟

进入18世纪，英国视觉艺术尤其是绘画艺术中对废墟的表现开始流行。废墟唤起了失落的过去,让人产生敬畏之感。正如威廉·马歇尔(William Marshall)描述的,"崇高必须唤起心灵中某种非凡的情感"[1]。埃德蒙·柏克在1757年发表的颇具影响力的作品《对崇高与美丽的观念起源的哲学探究》中指出,敬畏是"崇高最高程度的效果"[2]。废墟激起了强烈的恐惧、孤独和高远感,正如当时的一位学者所评论的那样,"任何人在回顾一座废弃的古老建筑时,即使有哪怕一点点的情感或想象力,也不会不生出崇高的情感……一千个想法笼罩在脑海中,让人充满了可怖的震惊"[3]。此外,对废墟的沉思,还与如画美学中"令人愉快的忧郁"(pleasing melancholy)和"令人愉快的恐怖"(agreeable horror)的情感体验相关联。[4]处于被称为"忧郁时代"的英国艺术家们,通过表现有关过去时代人们创造但已朽坏废弃的建筑和文物,迎合了这种审美品位。

18世纪中叶,对废墟的艺术表现得到了科学探究的补充,从而催生了考古学这一新兴学科。进而,古文物研究被纳入英国海外扩张的一部分。[5]在此之前,许多受过教育的英国人踏上了欧洲大陆的壮

---

1 "On the Pleasure Arising from the Sight of Ruins or Ancient Structures ," *European Magazine* (1795), cited in David Lowenthal, *The Past is a Foreign Country,* Cambridge: Cambridge University Press, 1985, p.173.

2 Edmund Burke, *A Philosophical Enquiry into the Origin of our Ideas of the Sublime and Beautiful,* London: R. and Dodsley, 1759, pp.95-96.

3 "On the Pleasure Arising from the Sight of Ruins or Ancient Structures ," *European Magazine* (1795), cited in David Lowenthal, *The Past is a Foreign Country,* Cambridge: Cambridge University Press, 1985, p.173.

4 Malcolm Andrews, *The Search for the Picturesque: Landscape Aesthetics and Tourism in Britain, 1760-1800,* Stanford: Stanford University Press, 1989, p.41.

5 Saran Tiffin, "Java's Ruined Candis and the British Picturesque Ideal," *Bulletin of SOAS,* Vol.72, No.3, 2009, p.525.

游之旅，获得了探索和品味古希腊古罗马文明之古典历史的机会，这一风潮提高了人们对古代遗址的兴趣。七年战争期间（1756—1763年），由于前往欧洲大陆的旅行变得困难，英国人开始参观英格兰境内衰落的城堡和破败的修道院，由此进一步培养了大众对废墟的欣赏能力。之后，英国探险队开始寻找和研究世界其他地区被毁的古代遗迹。考古学最初起源于业余古物爱好者的活动，后来才逐渐成为对文物和建筑遗迹进行科学观察和分类的严肃研究领域。学者们发表了有关古代纪念碑和古建筑的著作，以文字和图像的形式详细分析了它们的形式和尺寸。这些信息在知识界广泛流传，为公众了解远方的古代文明提供了第一手的知识。对废墟的欣赏，同如画和崇高美学完美契合，后者将古罗马和古希腊理想化为理性与秩序的典范。英国浪漫主义画家还专注于描绘被毁坏的哥特式修道院和教堂，这些修道院和教堂，仿佛与"无果的生活和贪婪的死亡"反映的忧郁息息相关。[1]

　　这种对于废墟的美学鉴赏，于马戛尔尼使团的行程中，即体现为使团的科学家与艺术家，以科学准确且符合崇高美学的方式，再现了中国古代建筑与遗址，例如对长城、小布达拉宫以及杭州陵墓和宝塔的描绘。

　　长城是使团访华期间参观的最重要的军事防御工事。在前往热河的旅途中，使团人员邀请清朝官员乘坐从英国带来的马车游览长城。他们还曾在途中居住在古北口的行宫（即万寿宫）。古北口位于北京东北120千米处，是山海关、居庸关之间的要塞，也是连接草原与帝都北京之间的重要通道。9月5日，使团考察了古北口长城，此段城

---

[1] John Hutchins Ruppert, "A Ruin Aesthetic," Thesis submitted to Rochester Institute of Technology, 1982, p.21.

防具有重要战略意义，在明朝的隆庆、万历年间，戚继光对古北口进行了整修，增建了望楼以供永久戍守，城垛上也增添了新的设计。[1]使团在此处亲身体验了戚继光的建筑理念。

帕里什在一张速写里描绘了从南天门到古北口的行进路线，并在那里以及从北京到热河的路线上标记了许多军事哨所。该图提供了各每处堡垒和长城位置的准确信息，被作为一项有关中国国防军事的重要情报。斯当东在《纪实》中检视了城墙上两种类型的烽火台，其在帕里什的两幅水彩画中被描绘出来，包括长城城墙的剖面图和立面图，以及古北口一座毗邻的烽火台。

帕里什描述道："长城的主体是夯土高台，两侧筑有砖石墙，并由方砖砌成阶梯状平台。"在绘画中，他将侧视图和墙壁的剖面图并置，以展示使用的材料。例如，墙的剖面图暴露了其内部的泥土，上面用砖石覆盖加固。帕里什还将烽火台的外部和墙壁涂成蓝色，以表明其材料。他的书面记录描述了一项实验，他将砖块暴露在炽热的火中，但它们没有收缩。他还找到了生产砖块的炉窑。对于第一座烽火台，帕里什的绘图显示了一座单层建筑，上面矗立着一个护墙，前面有三个射孔和垛口。（彩图 18）

帕里什还画了一座双层烽火台，并绘制了五张结构图，分别是烽火台的底层、第二层、顶部平台 A 和 B 剖面，以二分之一的比例描绘了部分城墙立面图。（彩图 19）帕里什以精确的比例绘制了长城，

---

[1] 有关戚继光重修长城的更多信息，参阅 William Lindesay, *The Great Wall Revisited: From the Jade Gate to Old Dragon's Head*, London: Frances Lincoln Limited Publishers, 2007, p.224。威廉·林赛在书中介绍了诸如具有倾斜边缘的城齿等新设计功能，它们为防御者提供更广阔的观察和射击视野，并在行道上留有开口，以供他们投掷石块和炸药。

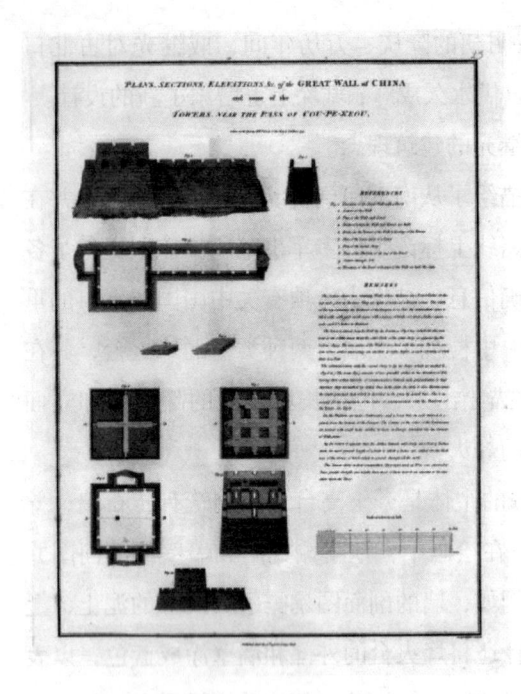

图5.15 长城平面图（复制自《纪实》），基于亨利·威廉·帕里什的绘图，1797年，铜版画（洛杉矶盖蒂研究所藏）

图上1英寸代表了实际的20英尺。

帕里什仔细检查了烽火台的顶部、下部、侧面结构，详细而准确地测量了建筑的长度、宽度和厚度，这些数字被保留在斯当东的《纪实》中。（图5.15）

例如，在彩图19所示长城烽火台结构图上（也即图5.15下半部分），帕里什于左上图将烽火台底层展示为一个正方形，与十字形的拱形通道相交。由上图展示了具有四个方形支柱的内部结构。右下图展示出了具有三个平行拱形的剖视图。在追求细节并在对被自然环境隔离的建筑的仔细检查中，他研究了长城的每个部分。

除了这张科学图示之外，斯当东的《纪实》还收录了具有"如画"美学风格的长城景观。该景观图示应源自帕里什首先绘制的古北口长城的画稿（彩图20）——这幅草图可能是亨利·威廉·帕里什现场绘制的，因为斯当东《纪实》中关于长城的铜版画插图标注为亚历山大基于帕里什的速写而创作的作品，该画作展示了长城的山地景观。

斯当东在《纪实》中描述了古北口的北部，其西边是卧虎山，东边为盘龙山：

> 站在一处，一眼望过去，这条堡垒式城墙从小山岭到最高山顶，穿过河流上的拱门，下到最深的山谷，在重要的隘口地方筑成两道或三道城墙，每一百码左右距离建有一座高大的棱堡或楼塔，整个这条城墙一眼望不到边。这样巨大的工程真令人惊心动魄。[1]

与古北口的实际景观进行对比，可以发现帕里什的描绘非常真实和准确，而不像一些学者所声称的源自天马行空的想象力。[2] 图画前景中，一座双层烽火台处于废弃状态，与通向山顶的城墙相连，其地形景观与卧虎山崎岖险峻的实际环境极为相似。在图画的右下角，帕里什描绘了他自己在画速写的情景，而其他使团成员则在观察长城。这一图像传达了帕里什现场创作该画作的意向，以表明这可能是对长城的第一次现实描绘。

由于亚历山大没有参加热河之行，他只能以帕里什的绘画为基础创作水彩画，并在斯当东的《纪实》中进一步发展为版画。（图5.16）

---

1 George Staunton, *An Authentic Account of an Embassy from the King of Great Britain to the Emperor of China*, London: W. Bulmer and Co. for G. Nicol, 1798, Vol.3, p.183.

2 林赛在实地考察后发现，图中的景观与卧虎山高度相似，甚至还认出了著名的姊妹楼。

图5.16　长城景观（复制自《纪实》），基于威廉·亚历山大根据亨利·威廉·帕里什的速写而创作的绘画，1797年，铜版画（洛杉矶盖蒂研究所藏）

在这些作品中，亚历山大沿袭了帕里什图画中烽火台的构图和建筑结构，但用旅行者和士兵的形象取代了使团成员。亚历山大描绘了人们用双峰骆驼运输货物，记录骆驼装载着来自鞑靼的珍贵毛皮，以及做饭用的木炭。右下角还绘有数名牵马的士兵。通过纳入这些人物形象，亚历山大试图以一种经验准确的方式，捕捉长城外游牧民族生活的特征。相应地，"如画"和"崇高"的美学意味流溢于废墟之上风景中游荡着的人物形象中，正如吉尔平指出的那样：

> 最适合这些宏伟场景的人物是那些给我们留下了伟大、野性或凶猛印象的人物；所有这些都触及了崇高的特征。穿着长

长的折叠长袍的人物；吉普赛人；土匪；以及士兵——不是穿着现代的制服……所有这些人物都带有这些特征中的一个或几个：与地方的壮丽、荒野或恐怖混合在一起，它们合适地融合在一起；并反映着相同的形象，给场景的特色增添了更深的色彩。[1]

如果说长城在18世纪末仍有一定的现实功用，那么在英国使团对杭州古墓和宝塔的描绘中，废墟的主题可谓更加突出。在杭州期间，陪同使团的通州协副将王文雄邀请约翰·巴罗等使团人员泛舟西湖。正如斯当东描述的，亚历山大在风景"如画"的山间描绘了这处湖景，湖边山上矗立着寺庙和宝塔，还有宅邸和花园。（彩图21）

著名的雷峰塔矗立在另一座山顶上，亚历山大通过仔细观察，在另一幅画稿中专门描绘了这座建筑。艺术家的水彩画展示了这座顶部已毁的四层宝塔。（彩图22）与1924年宝塔倒塌前拍摄的照片相对比，亚历山大的描绘非常精确，既呈现了整体建筑风貌，也捕捉到了诸如塔尖造型甚至飞檐材料等细节。他还把这座塔画成了长满青草和苔藓状态，这既符合斯当东的描述，也与近代照片中的实际状况相匹配。亚历山大还用僧侣和搬运工等人物形象，体现塔的高度——根据斯当东的说法，它的高度不超过120英尺（约36.6米）。[2] 亚历山大的渲染，揭示了古物学家对中国古代建筑的兴趣，以及对准确再现其建筑的承诺。

1　William Gilpin, *Three Essays: On Picturesque Beauty; On Picturesque Travel; and on Sketching Landscape: To Which is added a Poem, On Picturesque Painting*, London: R. Blamire, 1792, pp.45-46.

2　George Staunton, *An Authentic Account of an Embassy from the King of Great Britain to the Emperor of China*, London: W. Bulmer and Co. for G. Nicol, 1798, Vol.4, p.445.

170　凝视远邦：1793年马戛尔尼访华使团的视觉文化

图5.17　西湖与雷峰塔景观（复制自《纪实》），基于威廉·亚历山大的绘画，1797年，铜版画（洛杉矶盖蒂研究所藏）

最终的版画是根据亚历山大的画稿发展而来的（图5.17），原稿中的拜祭僧侣被西湖岸边的坟墓图像取代。亚历山大对坟墓的兴趣，从他在中国内陆由北方到南方的旅程中对不同坟墓积累的大量画稿便可见一斑。

根据斯当东的描述，该地区是一处墓地，人们可以在那里找到各种形式的坟墓，墓碑材质包括石头、木头和泥土。他还描述说，坟墓"以小房子的形式建造，大约6—8英尺（约1.8—2.4米——引者注）高，漆成几乎蓝色，前面有白色的柱子，排列成一条矮人街道的形状"。亚历山大的一幅速写反映了这一描述，其中显示佛塔旁边有一座类似房屋的坟墓。斯当东指出，这些坟墓属于地位较高的人，"分

图5.18 长洲岛的坟墓，威廉·亚历山大绘，1793年，
纸本水彩（大英图书馆藏）

散地坐落在山坡上的半圆形露台上，由石头胸墙和黑色大理石门支撑，上面刻有名字，详细地记录被死者的品质和美德；露台上常常竖立着方尖碑"。亚历山大在广州丹麦岛（Dane's Island，即今长洲岛）绘制的蹄形坟墓（图5.18），亦同斯当东的描述相符。

此外，亚历山大还在广州现场绘制了一幅关于土墓的景观（图5.19），上面覆盖着雨伞、鲜花、丝绸和彩纸。他似乎将不同坟墓的视觉来源混合在一起，以使图像尽可能提供信息。在描绘坟墓景观时，亚历山大表达了许多主题——忧郁和孤独的感觉、生命的无常，以及自然的力量。

坟墓旁边站着一位僧侣，在一棵柳树下向死者表示敬意，斯当东将其称为"一种垂柳，或称木香树"。塔上的植被营造出一种氤氲氛围，令人产生一种忧郁的愉悦感。[1] 正如莎拉·蒂芬（Sarah Tiffin）所

---

[1] See George Staunton, *An Authentic Account of an Embassy from the King of Great Britain to the Emperor of China*, London: W. Bulmer and Co. for G. Nicol, 1798, Vol.4, p.445.

图5.19　长洲岛的坟墓，其上摆放着贡品，威廉·亚历山大绘，1793年，纸本水彩（大英图书馆藏）

说，这种效果超越了视觉兴趣："它不仅增加了色调的趣味性和多样性，增强了废墟形式如画的品质，而且促进了对自然噬一切力量的崇敬，以及人类在更宏大项目中的对微观事物的运用。"[1] 被毁的宝塔和坟墓的表现，体现了"如画"和"崇高"的美学，反映了时间的流逝和人类在大自然史诗般浩劫中的渺小。周围山丘多样且不规则的形状则放大了这种效果。

这些关于长城、西湖和雷峰塔的图像艺术，是英国从古物传统向考古学之科学学科发展的典例，因为它们揭示了对建筑古迹的细致研究。同时，这些古老的建筑被描绘成废墟状态，旨在迎合浪漫主义的崇高美学。此外，使用废墟图像，可能暗含对中国文明衰落和停滞的隐喻，相对地，也暗示使团自认为乃是高级文明的代表。

1　Saran Tiffin, "Java's Ruined Candis and the British Picturesque Ideal," *Bulletin of SOAS*, Vol.72, No.3, 2009, p.532.

第四节　大运河

英国使团对大运河沿线的河道景观产生了浓厚的兴趣，并从科学的角度记录了河运系统。

1793年10月7日至12月19日，使团从北京南下前往广州。亚历山大虽由于在杭州奉命前往舟山登上"印度斯坦号"，从海路南下广州，因而无缘观察从杭州到广州的中国内陆风貌；但在前半段旅途，也即从北京沿大运河南下到杭州的内陆之旅中，他得以陪同马戛尔尼左右。[1] 在这一阶段的旅行中，亚历山大观察了运河沿岸的风景，并绘制了一系列速写作品，这些画稿后来演变为几幅重要的版画——它们表现了运河沿岸的风景和当地人的生活，显示了亚历山大对大运河交通系统的特别兴趣，也呈示了这一时期中国建筑和水运技术水平。

众所周知，大运河是隋朝在前代基础上开始系统兴建的一项大型工程。该工程由隋炀帝下令开动，涉及数十万工人，用时六年，最终完成了一条以洛阳为中点，从北京一直延伸到杭州的巨大水道。在元代，大运河截弯取直，改为从黄河下游贯通南北，并修建了天津和北京之间的运河。[2] 在沿运河南行的过程中，亚历山大创作的几处重要的沿途景观，包括临清河景、运河进入黄河的河口、宝应湖和金山岛。

1　Susan Legouix, *Image of China: William Alexander*, London: Jupiter Books Publishers, 1980, p.12.

2　Kevin Bishop, *China's Imperial Way: Retracing an Historical Trade and Communications Route from Beijing to Hong Kong*, Hong Kong: The Guide Book Company Limited, 1997, pp.20-28.

使团沿大运河南下过程中途经的第一座重要城市是河北临清,亚历山大在那里创作了几幅草图和画稿。1793年10月22日,使团抵达临清,参观了高达九层的临清塔。该塔矗立在大运河之畔,相传建于明代。斯当东概括性地描述了这种类型的建筑,并特别着墨于临清塔:

> 中国人喜欢在多山地带建塔。这种高大建筑一般总是建在山顶上。由下到上一般是120—160英尺(约36.6—48.8米——引者注)高,整个高度是塔底直径的四倍到五倍。塔的层数一般总是单数,五层、七层或九层,越到上层越小,塔底面积最大……(临清塔)大概为的是纪念大运河这座具有实用功能的天才工程的开工或完工。[1]

这一描述强调了对中国宝塔结构的科学研究,并以临清宝塔为例,将该建筑的功能与大运河的建设联系起来。亚历山大创作了两幅有关临清的风景水彩画,其中第一幅显然是在现场绘制的,宝塔占据了画面的中心。(彩图23)

在水彩画成品和版画中,亚历山大于宝塔周围添加了一座村庄,许多当地人从事各种活动,例如钓鱼、聊天、休憩和散步。(图5.20和5.21)

对大运河沿线宝塔的研究活动,同样体现于对长江中的岛屿金山岛的观察中——如今金山已不再是一座岛屿,而是同江苏镇江的陆地连成一片。对于金山岛,斯当东写道,它"几乎垂直地从江中升起,

---

[1] George Staunton, *An Authentic Account of an Embassy from the King of Great Britain to the Emperor of China*, London: W. Bulmer and Co. for G. Nicol, 1798, Vol.4, pp.380-381.

图5.20 临清宝塔景观，威廉·亚历山大绘，1793年，纸本水彩
（大英图书馆藏）

图5.21 大运河畔临清景观（复制自《纪实》），基于威廉·亚历山大的绘画，1797年，铜版画（洛杉矶盖蒂研究所藏）

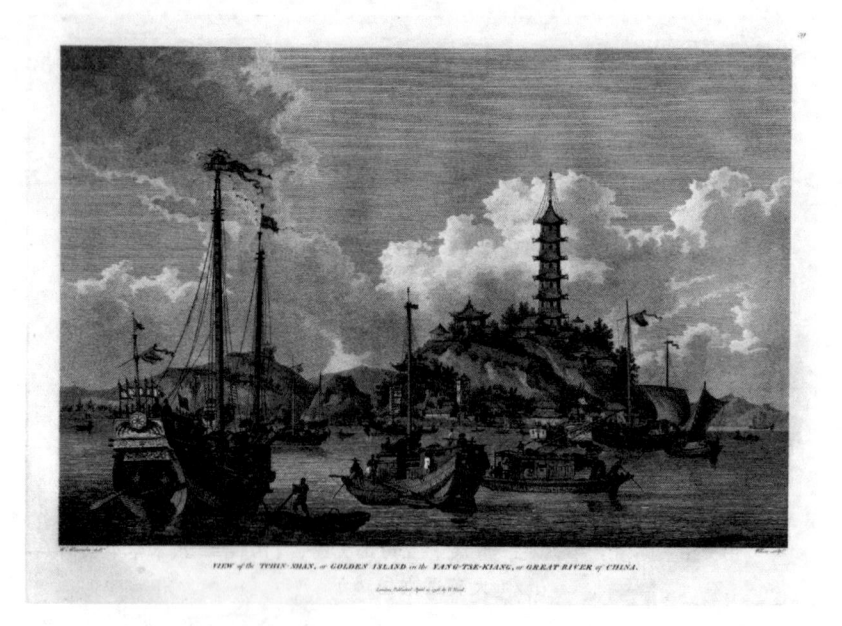

图5.22　金山岛景观（复制自《纪实》），基于威廉·亚历山大的绘画，1797年，铜版画（洛杉矶盖蒂研究所藏）

其上点缀着花园和别墅"。岛上有著名的金山寺和金山塔，已有1600多年的历史："岛的最高处建有寺庙和宝塔，皇帝在这里有一很大而漂亮的行宫。"[1] 在一幅水彩画中，亚历山大再现了金山岛的景色，图中心便有一座突出的宝塔。在斯当东《纪实》收录的版画39中，亚历山特使用了相同的构图，但添加了更多的大型帆船和驳船，使画面呈现出一幅繁荣的景象。（图5.22）

由于中国运河弯道多、水流量大，其水利工程与欧洲有很大不同，其中的典型便是大运河上的水闸设计。根据斯当东的记载：

---

[1] George Staunton, *An Authentic Account of an Embassy from the King of Great Britain to the Emperor of China*, London: W. Bulmer and Co. for G. Nicol, 1798, Vol.4, p.424.

同欧洲的水闸不一样，大运河上的水闸没有高低水门。它的水门构造非常简单，容易控制，修理起来也不需要很多费用。它只是几块大木板，上下相接安在桥砧或石堤的两边沟槽里，当中留出开口来足够大船航行。[1]

　　当使团乘坐的船向南航行时，亚历山大创作了几幅以船只通过水闸为主题的图画。斯当东《纪实》收录的版画 34 展示了使船只能够在不同水位的运河之间通过的水闸或防洪闸门平面图和剖面图。(图 5.23)

　　该版画上有五幅图像。其中左上显示了水闸及其上桥梁的平面图，绘图者指出了构成防洪闸门的木板、水平绞盘和在滚轮上移动的桥梁；中上为水闸剖面图；右上为桥梁立面图。左下是两条不同高度的运河之间的斜面图，其剖面则如右下所示。对于水闸机构的说明则列于注释中。[2] 斯当东还描述了船只通过水闸的过程——船只从运河的高段移下低段时，靠自身重力滑落，从低段移向高段时，则由固定在一个或多个绞盘上的杆，通过近百名男人子的协助拉上来。[3] 显

---

[1] George Staunton, *An Authentic Account of an Embassy from the King of Great Britain to the Emperor of China*, London: W. Bulmer and Co. for G. Nicol, 1798, Vol.4, p.382.

[2] 版画中的文字说明："水闸或防洪闸门通常由十一二块松散的木板组成，这些木板在凹槽中滑入石桥台，通过垂直压在其上的翼梁固定下来。当船只即将通过时，这些木板被拉起，其一端会漂浮起来。桥通过固定在其框架上的滚轮撤回，滚轮在松散的翼梁上运行。只有在地表不规则的地方，运河之间才会通过斜面进行连通。当每个桥墩上的一个绞盘不足以容纳上层船只时，就会将额外的绞盘放入为此目的而设计的孔中……"

[3] George Staunton, *An Authentic Account of an Embassy from the King of Great Britain to the Emperor of China*, London: W. Bulmer and Co. for G. Nicol, 1798, Vol.4, p.383.

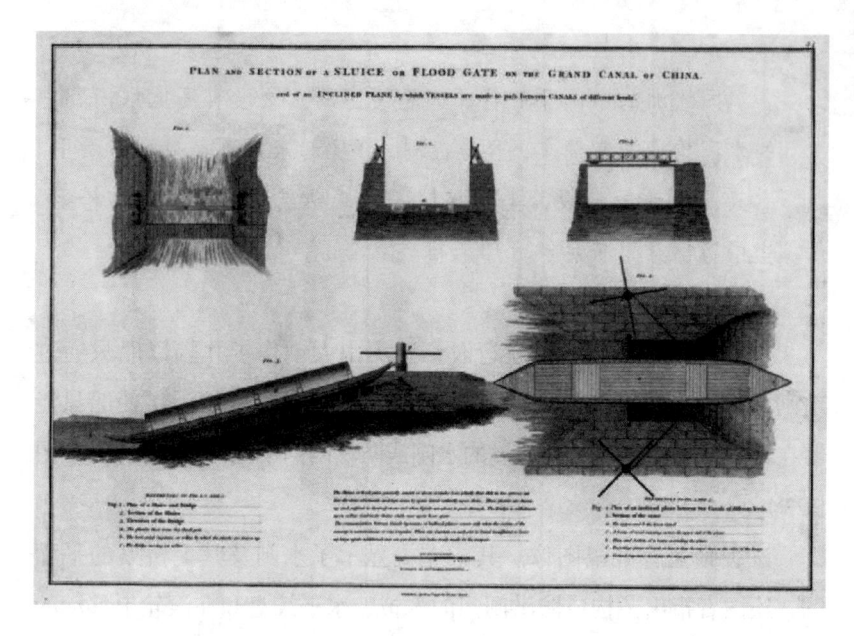

图5.23 水闸视图（复制自《纪实》），基于威廉·亚历山大的绘图，1797年，铜版画（洛杉矶盖蒂研究所藏）

然，该版画是一张科学绘图，水闸的每个部分都经过测量、计算和精心绘制，应当借鉴了使团科学家和工程师的专业知识。

在两幅具有代表性的水彩画中，亚历山大描绘了船只准备通过水闸的时刻，以及驳船从高处滑向低处的时刻（彩图24、彩图25）。

在另一幅图画中，当一艘船只刚刚经过时，木板被升起，另一艘驳船紧随其后。（图5.24）

斯当东《纪实》收录的版画35提供了船只通过水闸的完整且详细的图像——两侧的桥墩上都站着负责升闸的士兵。（图5.25）

黄河是使团科学观测研究的又一重点。途经山东省时，亚历山大绘制了一幅运河汇入黄河河口的水彩画。（彩图26）对于当时的情景，

图5.24　驳船通过水闸1，威廉·亚历山大绘，1793年，纸本水彩
（大英图书馆藏）

斯当东描述道，"一片连续不断的城镇和漂亮村庄呈现眼前，岸上居民非常拥挤，河里有各种式样的船只，说明快要到黄河了"[1]。此时正逢11月初，随着北运河水位下降，不少粮船正准备渡过黄河北上北京。黄河给使团留下了深刻的印象，尤其是巴罗，他利用自己的数学专业知识，对黄河的平均宽度、深度和流速进行了保守估计，并进一步确定了悬浮在黄河水中的泥浆量。[2]

亚历山大的另一幅水彩画则描绘了一艘运输谷物的船只，并揭示

---

[1] George Staunton, *An Authentic Account of an Embassy from the King of Great Britain to the Emperor of China*, London: W. Bulmer and Co. for G. Nicol, 1798, Vol. 4, p. 402.

[2] George Staunton, *An Authentic Account of an Embassy from the King of Great Britain to the Emperor of China*, London: W. Bulmer and Co. for G. Nicol, 1798, Vol. 4, pp. 408-412.

图5.25　驳船通过水闸2（复制自《纪实》），基于威廉·亚历山大的绘画，1797年，铜版画（洛杉矶盖蒂研究所藏）

了大运河及其堤坝的建造技术。（图5.26）巴罗的《行纪》以文字形式对此做了说明：

> 黄河到扬子江之间的这段大运河，是依照黄河和御河之间一段的方式修筑，地势平坦，布满湖泊和沼泽地，全程流经用石头护加固的土堤，约90英里（约144.8千米——引者注），有的地方高出整个地面不下20英尺（约6.1米——引者注）；水面宽200英尺（约60.9米——引者注），有时每小时流速3英里（约4.8千米/小时——引者注）。交通渠从西面供水，多余的水则被流放到低洼的沼泽地里。宝应县城墙正与运河水面

一般高，因此，如果面对县城的堤岸崩溃，全城不可避免要被水淹。[1]

画中，宝应湖与大运河以土堤隔开，右侧毗邻美丽的城镇和村庄。在斯当东《纪实》收录的版画36"隔土堤与大运河相望的宝应湖"中，这幅由上述水彩画修改而成的作品，其右侧便是大运河，其上有粮船驶过，并由官兵看护。（图5.27）自隋代起，政治中心位于北方的王朝便向长江沿线的农民征收谷物作为贡赋，由各省沿运河送往京城，以满足朝廷的需要。

艺术家、工程师和测量师之间的合作，证明了艺术与科学在传播中国风景知识方面的密切关系。使团成员研究并展示了大运河沿岸的宝塔和亭阁等重要地标，证明了他们在收集中国建筑形式信息方面所做的努力。运河沿岸的河景，提供了有关人们的生活方式，以及中国交通系统的重要信息。使团的工程师研究并记录了水闸等装置，艺术家将其融入绘画作品中。不同的视角，让英国读者了解了中国的水利技术，同时也从艺术的角度看到了这些特点。

*　*　*

英国使团创作的景观图像，展示了艺术和科学元素，将"如画"和"崇高"的美学同地形表现相结合。基于科学目的，更由于有助于地理定位和导航，巴罗和帕里什创作了几幅重要的图画和科学图示，

---

[1] John Barrow cited in Kevin Bishop, *China's Imperial Way: Retracing an Historical Trade and Communications Route from Beijing to Hong Kong*, Hong Kong: The Guide Book Company Limited, 1997, p.116. 中译文参考自约翰·巴罗：《巴罗中国行纪》，载乔治·马戛尔尼、约翰·巴罗：《马戛尔尼使团使华观感》，何济高、何毓宁译，商务印书馆2019年版，下同。

图5.26 宝应湖景观，威廉·亚历山大绘，1793年，纸本水彩（大英图书馆藏）

图5.27 宝应湖景观，该湖与大运河之间被登船土坡隔开（复制自《纪实》），基于威廉·亚历山大的绘图，1797年，铜版画（洛杉矶盖蒂研究所藏）

展示了中国的建筑和交通方面的信息；亚历山大在创作图画时，则遵循了一种艺术公式，更青睐崎岖、多样和不规则的风景，以将它们与更客观的科学插图区分开来。除了地理因素之外，关于长城、热河小布达拉宫和西湖的图像，也包含了对废墟的浪漫品位，这与当时欧洲由考古学的学科发展而引起的崇高审美有关。

文字与图像之间的联系，为考察科学与艺术的应用和融合提供了关键信息。使团留存的大多数文本，都是对中国地理和地质的直接描述。与之相对，虽然视觉图像同样力求准确地呈现这些科学知识，但它们同样叠加了"如画"和"崇高"的元素，以吸引英国受众。如此，科学和艺术元素的交叉融合反映了这次使团的双重目标，即进一步探索对外国土地的经验知识，并在全球扩张时代表达英国全球扩张的帝国雄心。通过观察、分析和调查，使团获得了关于中国土地、河流、建筑和纪念碑的丰富科学知识，使它们对英国精英观众更加熟悉。通过艺术，使团再现了中国的风景，以反映如画和崇高美学。像其他遥远的土地一样，中国成为英帝国急于纳入自身世界观的世界体系的一部分。

第六章
中国人

与新兴的民族志学科发展一致,马戛尔尼使团对考察中国人的生活和习俗也充满了兴趣。其调查对象既包括宫廷显贵,也涉及普通百姓。使团采用了面相术(physiognomy)这一当时流行的学科,该学科旨在通过对包括皇家人物在内各色人物的面部特征的描述,传达主体的道德价值观。除了这些更具推测性质的调查外,使团亦记录了中国社会的各行各业,包括各种形式的手工艺和相关职业。使团还考察了中国女性的社会地位、她们在家庭中的角色,以及男性如何对待她们;并考察了中国文化中其他关键方面的影响,包括宗教习俗、刑罚,以及为社会秩序提供保障的法律和政治制度。通过将这些因素与英国社会进行对比,使团参与塑造了西方对中国文明的看法。值得注意的是,使团探究的范围与当时欧洲新兴知识分子对"人类科学"(the science of man)的关注是一致的。

第一节 全球视觉的民族志

人们广泛接受的观点是,人类科学是18世纪欧洲的发明。[1]在科学革命及其对进步和理性信念的推动下,自然哲学家创立了自然科学,启蒙思想家则试图追随这一趋势,创造人类科学。当时的人们认

---

1 Sergio Moravia, "The Enlightenment and the Sciences of Man," *History of Science*, Vol.18, 1980, pp. 247-268.

为人体像自然机器一样运转，因而物理科学的机械定律被应用于人体的研究。[1] 关于人类科学最著名的著作，是大卫·休谟的《人性论》(*Treatise of Human Nature*)。他在其中写道，人性"只是关于人的科学，但迄今为止却最被忽视。如果我能把它更多地带入流行话语的话，这对我来说就足够了"[2]。18世纪的启蒙运动期间，知识分子对研究人类的思想和文化兴致勃勃，从而催生了体质人类学和社会人类学，并在19世纪早中期逐渐专业化。[3]

对人类科学在历史领域的关注导致了"推测史学"的产生——一种由苏格兰启蒙运动时期的历史学家们提出的观念。杜加尔德·斯图尔特解释说，推测史学源于对欧洲知识获取、观念、风俗和制度与原始部落的比较。其基本假设是，文明是由从"未开垦自然的最初简单努力"到"奇妙人工和复杂的事物状态"的渐进转变的结果。由此，苏格兰历史学家们在研究中将事实信息与推测性方法相结合。推测史学家描述了人类社会中狩猎、放牧、农业和商业四个阶段的线性进步。这种分析方法不仅涉及经济复杂性，还关涉人类的道德，其研究主题包括语言、科学、艺术、政府以及观念、风俗和制度。[4]

1　Christopher Fox, "How to Prepare a Noble Savage: The Spectacle of Human Science," in Christopher Fox, Roy Porter and Robert Wokler, eds., *Inventing Human Science: Eighteenth-Century Domains*, Berkeley: University of California Press, 1995, p.3.

2　David Hume, "A Treatise of Human Nature," cited in Christopher Fox, "How to Prepare a Noble Savage," in Christopher Fox, Roy Porter and Robert Wokler, eds., *Inventing Human Science: Eighteenth-Century Domains*, Berkeley: University of California Press, 1995, p.2.

3　Robert Wolker, "Anthropology and Conjectural History in the Enlightenment," in Christopher Fox, Roy Porter and Robert Wokler, eds., *Inventing Human Science: Eighteenth Century Domains*, Berkeley: University of California Press, 1995, p.32.

4　H. M. Hopfl, "From Savage to Scotsman: Conjectural History in the Scottish Enlightenment," *Journal of British Studies*, Vol.17, No.2, Spring, 1978, p.20.

在欧洲全球探险队的许多素描和绘画中，艺术家们皆遵循了民族志的绘画惯例。从概念的发展而言，1771年，德国哥廷根历史学家、语言学家奥古斯特·路德维希·施洛泽（August Ludwig Schlozer）就在他的著作中使用了"Ethnographie"一词；到1834年，"民族志"的正式概念首次出现在期刊中，并在1845年成为大英博物馆一个展馆的主题；至18世纪末，随着人文科学的巨大进步，"民族志概念化"时期方才到来。[1] 但就欧洲民族志表征的视觉惯例而言，可以追溯到更早，例如在活跃于16世纪末的版画家西奥多·德·布里（Theodor de Bry）对美洲土著的描绘中，即创作了基于土著妇女和儿童形象的人物图示，这可能受到了安德烈亚斯·维萨里（Andreas Vesalius）等艺术家的解剖图影响。在此种图示中，德·布里并没有强调人物的相貌，而是将其作为一种类型标本。这种将域外人种视为自然历史标本的民族志惯例，在18世纪得到延续和发展，正如约翰内斯·舒瓦梅克（Johannes Schumaker）对非洲土著的描绘展现的。[2]

马戛尔尼使团在其中国旅行中，以一种典型的民族志式的精确化形式，描绘了不同人物的具体身体特征。例如，在《中国行纪》中，巴罗用亚历山大绘制的中国男子头像，同博物画家塞缪尔·丹尼尔（Samuel Daniel）绘制的非洲霍屯督人（Hottentot）头像进行比较，并得出结论认为二者非常相似，所以可能有古代贸易发生在中国和非洲的东海岸之间。（图6.1）

---

1 关于民族志的兴起，参阅 Han F. Vermeulen, "Origins and Institutionalization of Ethnography and Ethnology in Europe and the USA, 1771-1845," in Han F. Vermeulen and Arturo Alverez Roldan, eds., *Fieldwork and Footnotes: Studies in the History of European Anthropology*, London and New York: Routledge, 1995, pp.39-59。

2 西方艺术中民族志惯例的简要介绍，参阅 Rugiger Joppien and Bernard Smith, *The Art of Captain Cook's Voyages*, New Haven and London: Yale University Press, 1985，pp. 6-8。

图6.1 中国人和霍屯督人的比较（复制自《中国行纪》），基于威廉·亚历山大和丹尼尔的绘图，1804年印刷（图片由王志伟私人藏书提供）

在这幅版画中，一个中国男子和霍屯督人的头像像样本被并置在一起，巴罗仔细研究了他们的面部特征，宣称：

> 进一步的观察使我相信，他们之间相貌极其相似。他们身体的特征各方面几乎一样。他们身上特别细小的关节和肢体，他们的声音和说话方式，他们的性情，他们的肤色和模样，特别是形状奇特的眼睛，近鼻处呈圆角形，像椭圆形的一端，可能源自鞑靼或斯基泰，这些都极其相似。[1]

---

1 John Barrow, *Travels in China*, Philadelphia: W. F. M'Laughlin, 1805, p.33.

图6.2　圣雅戈土著，威廉·亚历山大绘，1797年，纸本水彩
（大英图书馆藏）

这一比较，其结论于今日看来虽无根据，但却凸显了18世纪欧洲艺术家和科学家对世界上各类人种的身体特征的高度关注，这对于全球民族志研究至关重要。

大英图书馆收藏的亚历山大绘画档案的第一卷和第三卷，包含有许多对不同地区人物的水彩画稿。亚历山大记录了他们的身体特征、服装和举止，并贴上了地理和种族信息的标签。例如，在亚历山大绘制的关于一对非洲东侧圣雅戈岛（St. Jago）居民的画作中，便显示了早期民族志传统的影响（如扬·惠根·范·林斯霍滕［Jan Huygen van Linschoten］1596年出版的《行程》［*Itinerario*］）（图6.2）——

图6.3 里约热内卢奴隶肖像,威廉·亚历山大绘,1792年,纸本墨水(大英图书馆藏)

画中男女人物以特定姿势展示其正面和背面;艺术家对海洋背景进行了简化处理,以便观众更多地聚焦于人物形象;男女裸露上半身,则表明了他们原始的生活方式。

詹姆斯·库克的科学考察同样留下了一系列遵循民族志的科学方法所创作土著肖像画(例如文身的新西兰人)。如前所述,库克的航行因其科学性而成为其他英国探险活动的典范,因而在班克斯的建议下,亚历山大一定会从这类作品中获得灵感——他创作有几幅水彩画,表现了域外人种的身体素质。例如,在亚历山大为里约热内卢的一名奴隶绘制的肖像中,艺术家重点关注了人物的面部特征、卷曲的头发和黝黑的肤色,以强调他的种族身份。(图6.3)

作为由推测史学知识支持的帝国项目的一部分,18世纪的英国科学家致力于收集关于地球上所有人的数据,并通过视觉图像将它们按照不同的文明水平进行排名。而马戛尔尼使团作为其中的一分子,对于中国人的图像呈现自然也会遵循这一秩序。

第二节　乾隆皇帝与廷臣

可以说，马戛尔尼使团的工作，实现了欧洲人对中国皇帝的描述从想象和刻板的符号，到更现实地呈现的转变。此前，在欧洲中国风艺术作品的视觉呈现中，大清皇帝的形象反映了欧洲人的异国情调观念——如弗朗索瓦·布歇的《中国皇帝上朝》（图6.4）——而不是写实描绘。

马戛尔尼使团则首次获得了观察和研究宫廷各方面的机会。虽然与乾隆的会面时间很短，但使团成员们还是观察到了这位皇帝的帝王气度和举止，并通过文献和同廷臣的交谈中了解了他的统治和生活方式。

亚历山大关于乾隆及其廷臣的肖像画，受到了如前所述在18世纪末的英国非常流行的面相术研究的影响，这门"新学问"通过分析面部特征展示人的性格，并成为当时业已流行的颅相学的竞争对手，后者试图通过对头骨的形状和区域分布进行分析，以解释个性。[1] 约翰·卡斯帕·拉瓦特（Johann Kaspar Lavater）是当时最著名的面相术学家，他于1775—1778年间出版了其最著名作品《面相术随笔》（*Essays on Physiognomy*）。该书在德国初获声望后，于1780年代被翻译成英文；至1790年代，已有不少于12个英文版本以5种不同语言的译本出现。[2] 拉瓦特的理论强调，每个人都有其反映道德价值观的独特性。亚历山大在塑造中国人时，也运用了类似的方法——现

---

[1] John Crawford, "Physiognomy in Classical and American Portrait Busts," *American Art Journal*, Vol.9, No.1, 1977, pp.49-60.

[2] John Graham, "Lavater's Physiognomy in England," *Journal of the History of Ideas*, Vol.22, No.4, 1961, pp.561-572.

图6.4　中国皇帝上朝，弗朗索瓦·布歇绘，1742年，布面油画（维基共享资源）

存的其绘制的四幅乾隆肖像，都详细记录了皇帝的相貌、举止和服饰。

第一张展示乾隆面部的草图，用墨水绘成，可能是基于亚历山觐见皇帝后的印象绘制的。（图 6.5）亚历山大在日记中描述了1793年9月30日，使团在北京迎接从热河归来的乾隆皇帝的那一刻：

> 与使团有联系的官员站在我们身后，穿着他们的仪式礼服。当皇帝经过时，我们跪着，有一人认为我的头垂得不够低，不够尊重他的君主，于是把手按在我脖颈上，使我的头几乎低到了尘土里。我实在渴望看到这壮丽的一刻，以致在这个难忘的时刻可能歪着头。[1]

1　William Alexander, *Journal of a Voyage to Pekin in China on board the Hindostan E. I. M., which Accompanied Lord Macartney on His Embassy to the Emperor*, September 30, 1793. （British Library, Add. MS 35174）

图6.5 乾隆肖像1，威廉·亚历山大绘，1793年，纸本墨水（大英图书馆藏）

斯当东形容乾隆皇帝"毫无保留、开朗、不做作"，"他的眼睛饱满而清澈，面庞开阔"。巴罗则写道："他的眼睛乌黑、敏锐，鼻子为鹰钩鼻，他的肤色即使到了如此高龄，仍然红润。"[1] 这些细节皆被亚历山大捕捉并呈现于画作中，例如，他把乾隆的眼睛描绘得明亮而锐利，意在反映其头脑的迅捷敏锐；上扬的嘴角则给人一种仁慈感，表明他的统治英明、公正、有效。

第二幅肖像可能部分以第一幅肖像为基础，并以活跃在清代宫廷中的耶稣会画家所作皇帝画像为参照（彩图27）——将之与意大利耶稣会士、宫廷画师潘廷章（Giuseppe Panzi）的作品进行比较，可

---

1 George Staunton, *An Authentic Account of an Embassy from the King of Great Britain to the Emperor of China,* London: W. Bulmer and Co. for G. Nicol, 1798, Vol.3, pp.323-324.

以看出，两幅肖像中人物的五官、帽子、服装都非常相似。两幅作品皆为乾隆正面像，其有着锐利的杏仁眼，鼻子挺直，嘴型给人一种泰然自若感，体现了皇帝的冷静性格以及睿智和风度。亚历山大如此重视对皇帝相貌的描绘，可能意在揭示乾隆的性格和修养——健康而充满活力的面部表情，反映了他活跃而强大的思想。巴罗形容乾隆"敏于出谋划策，一如执行之果断，犹如亲自在指挥胜利"。他指出，乾隆在困难时期实行减税和救济，但"对敌人则绝不留情和宽恕"。[1] 亚历山大正是尝试通过对相貌特征的描绘，传递这种精神和心态。

除了相貌之外，服饰和仪态也反映了乾隆的性格和行事。亚历山大的第三幅乾隆肖像是一幅全身水彩画，描绘了皇帝身着石青色外套和明黄色长袍，悠闲地坐在靠着一根大柱子的御座上。（彩图 28）他根据皇帝的头像描绘了本画中皇帝的脸，服装和姿势则可能是从郎世宁的画作发展而来的。

这幅水彩画，后来被改为版画收录于斯当东的《纪实》中。（图 6.6）斯当东这样描述乾隆：

> 皇帝陛下虽日理万机，但还可以在不影响其履行君主责任的前提下，腾出工夫致力于各项文艺的研究。他喜欢作诗，在意境和表达技术上有很高水平，并注重对自然的观察。相对于创意性，他的诗作在哲学和伦理方面更具吸引力，因而不同于弥尔顿，更近似伏尔泰的咏史诗。[2]

---

[1] John Barrow, *Travels in China*, Philadelphia: W. F. M'Laughlin, 1805, p.152.

[2] George Staunton, *An Authentic Account of an Embassy from the King of Great Britain to the Emperor of China*, London: W. Bulmer and Co. for G. Nicol, 1798, Vol.3, p.267.

图6.6 乾隆肖像2(复制自《纪实》),基于威廉·亚历山大的绘画,1797年,铜版画(洛杉矶盖蒂研究所藏)

这些评论呈现了乾隆政治统治者身份之外,作为具有较高文化造诣的文人学者的形象。亚历山大在水彩画和版画中,都捕捉到了皇帝泰然自若地坐在王座上、左脚搁在脚凳上的那一刻。这种姿势体现了他在处理各种事务时的从容不迫;同时,他的优雅风度也表现出其在文艺方面深厚的修养。

第四幅肖像是亚历山大的《中国服饰和习俗图鉴》中的一幅版画,展现了作为权力符号或象征的皇帝形象,也展现了皇帝本人的健康和活力。(图6.7)

亚历山大没有与此版画相关的画稿。相较于面部特征,此画更强调皇帝的身体结构和姿态,展现出其修长、苗条、健美的身材。说明文字称乾隆"看上去是一个60岁的硬朗而精力充沛的人"——尽管

图6.7 乾隆肖像3（复制自《图鉴》），基于威廉·亚历山大的绘画，1814年，蚀刻版画（伦敦威康图书馆藏）

这些画作创作时他已83岁。[1] 巴罗同样指出，皇帝"腰板完全挺直"，不难看出他"曾经拥有很健壮的体魄"。[2] 该图像借用了亚历山大的大部分视觉信息，淡化了皇帝的面部特征。与早期欧洲中国风艺术作品强调奇特相貌和夸张服饰的中国皇帝形象不同，在亚历山大笔下，乾隆是作为一种个体人类的形象表现的。艺术家努力以更现实的方式，捕捉他的面部特征、身材、举止和服装，反映了18世纪的民族志的传统。

---

1 William Alexander, *Picturesque Representations of the Dress and Manners of the Chinese*, London: John Murray, 1814, caption of Plate II.

2 John Barrow, *Travels in China*, Philadelphia: W. F. M'Laughlin, 1805, p.152.

除了乾隆肖像外，亚历山大还绘制了一系列"王大人"（王文雄）和"乔大人"（乔人杰）的肖像，这两位官员受皇帝指派，在使团留华期间陪同并照顾他们。在《中国服饰》收录的一幅亚历山大描绘王文雄的版画中所附说明文字，将这位中国军官描述为"一个大胆、慷慨、和蔼可亲的人"[1]（图6.8）。为了捕捉他的身份和个性，亚历山大描绘了这位官员着装细致、佩带武器、神态坚毅的形象；其面部特征是圆脸、弯眼、微笑的嘴角，赋予了人物如文字描述中那种既勇敢又仁慈的观感。

同样在《中国服饰》收录的版画中，乔人杰身着文官服装，手持与使团有关的卷轴。（图6.9）所附文字描述其"举止庄重、正直、具有判断力"[2]。亚历山大将乔人杰描绘成靠在岩石上的形象，画中人物风度翩翩、从容不迫，体现了他作为文官的修养。两相对比，亚历山大通过描绘两位官员不同的服饰和举止，表现出了武官和文官的区别。

在另一幅不知名的普通汉族官员肖像中，可以清楚地观察到表现中国官员的更具民族志的方式。（彩图29）在这幅图中，人物盘腿坐在椅子上抽烟。亚历山大仔细地描绘了他的官服、帽子和饰品，并写下了与其服饰相关的汉字、拼音和英文翻译。例如，亚历山大将补子翻译为徽记（badge），并在人像下方绘制了文、武官员补子上的兽、鸟图案。他还观察并记录了该名官员姿势的名称——盘腿坐相，也即盘腿而坐。通过这种方式，该官员形象被亚历山大描绘为一种特定类型的标本，其服饰和姿态对英国人来说是都陌生的。

---

[1] William Alexander, *Costume of China: Illustrated in Forty-Eight Colored Engravings*, London: William Miller, 1805, caption of Portrait of Wang Daren.

[2] William Alexander, *Costume of China: Illustrated in Forty-Eight Colored Engravings*, London: William Miller, 1805, caption of Portrait of Qiao Daren.

图6.8 王文雄肖像（复制自《中国服饰》），基于威廉·亚历山大的绘画，1805年，蚀刻版画（伦敦威康图书馆藏）

图6.9 乔人杰肖像（复制自《中国服饰》），基于威廉·亚历山大的绘画，1805年，蚀刻版画（伦敦威康图书馆藏）

使团成员对乾隆及其廷臣的相貌、体态、举止和服饰的详尽描绘,反映了英国人对从民族志角度描述人物的兴趣。然而,与对新发现土地上的原始土著的描绘不同,使团的艺术家将中华帝国描绘成一个由明智老练、能力非凡的皇帝和官员统治的古老文明。这种对比凸显了这次中国考察的独特性——英国人试图在这次考察中积累有关中国人的数据,以权衡清朝和大英帝国的实力对比。

第三节　土地上的中国人

除了皇帝和精英官员,亚历山大还描绘了所见的普通商民人等,这些图像让西方人得以一睹当时中国人的日常生活,并传达出有关中国人、手工艺和当地工业的民族志数据。这些肖像反映了一系列职业、社会身份和生活方式,并且经常展示人们的生产活动。使团成员对这些职业的描述和分类,反映了其对中国资源和市场的兴趣,以及对中国科技的评价。

亚历山大在许多中国风景画中描绘了渔民及其家人的形象,显然,后者的某种特质引起了他的特别兴趣。他仔细观察了他们的捕鱼方法,并在一幅水彩素描中,描绘了两名渔民扛着船走向湖边,船上停着捕鱼鸟儿。(彩图30)这是一幅笔法粗糙简略的画稿,可能是现场绘制的,在此基础上制作的版画收录于斯当东的《纪实》中。在相关说明文字中,亚历山大描述了渔民如何使用鸬鹚捕鱼,并将其与英国人的类似方法进行比较。[1] 他指出,在中国,成千上万的家庭靠鸟

---

[1] William Alexander, *Picturesque Representations of the Dress and Manners of the Chinese*, London: John Murray, 1814, caption of Plate III.

类捕鱼为生。

使团遇到并密切观察的另一群劳动者是纤夫。他们的工作和生活方式，在亚历山大的描述和斯当东《纪实》中都得到了展现："拉绳一头绑在桅杆顶，同另一根绑在船头上的绳子结起来。绳子很长，上面结成许多活圈，纤夫把头伸进圈内，绳圈达到人的胸部。"[1]

亚历山大创作了一幅相对上图完成度更高的水彩画，题为"雨中的纤夫"，描绘了兵卒和民夫在雨中拉纤的情景。（彩图31）纤夫身上缠着绳子，缓慢移动。简陋的衣着和恶劣的天气，反映了他们艰苦的工作条件。

亚历山大还观察到许多中国商人及其从事的商业活动，并描绘了当地的产业，以及商人的身份和地位。尽管商人在当时中国的社会等级中居于末流，但这并不妨碍使团成员对记录商业活动和商人生活抱有浓厚的兴趣——这符合其以贸易为目的研究中国市场的更广泛目标。

亚历山大的民族志观察，更延伸到了商业活动背后的原材料领域。例如，他创作了一幅版画，描绘了一位旱烟袋商人，他背着许多烟袋，自己也抽烟。（图6.10）所附文字指出，中国男性总是吸烟和嚼槟榔；不使用时，男子会将烟袋悬挂在腰带上，烟袋的附件即烟荷包中装有烟草和槟榔。中国男人通常将槟榔与用贝壳制成的石灰拌在一起咀嚼，并用槟榔叶包裹。[2]

在另一幅版画中，亚历山大描绘了一名正在处理槟榔叶的人。（图6.11）所附文字指出，在任何华人集市或市场摊位上，都可以

---

[1] George Staunton, *An Authentic Account of an Embassy from the King of Great Britain to the Emperor of China*, London: W. Bulmer and Co. for G. Nicol, 1798, Vol. 3, p. 46-47.

[2] William Alexander, *Picturesque Representations of the Dress and Manners of the Chinese,* London: John Murray, 1814, caption of Plate XXXIV.

图6.10 一名销售旱烟袋的男子(复制自《图鉴》),基于威廉·亚历山大的绘画,1814年,蚀刻版画(伦敦威康图书馆藏)

图6.11 一名出售槟榔的男子(复制自《图鉴》),基于威廉·亚历山大的绘画,1814年,蚀刻版画(伦敦威康图书馆藏)

找到这类生意。¹ 亚历山大还进一步提供了有关槟榔树种植和烟草熏制的信息，他甚至认为这些烟草与美洲烟草不同，在中国已有非常悠久的历史。²

亚历山大对商业活动背后的工艺和技术研究，以中国的印刷术为典型。在他描绘的街头卖书人版画中，一人坐在书箱上抽烟。（图6.12）他的旁边是一个陈列着各种书籍的摊位。支持这一形象的是斯当东对中国印刷技术的评价——与欧洲印刷业常用的活字印刷不同，雕版印刷更适应汉字的复杂结构。斯当东还认为，不同于通过军事力量获得权力的欧洲国家，中国人将研究历史、道德和政策书籍视为进步之路，这导致了印刷术在中国的发明。³

该版画所附文字指出，尽管朝廷对印刷或销售书籍没有明确限制，但反对政府或不道德的出版物，可能会导致出版商和书商受到惩罚。它还指出，"中国人在文学方面没有取得很大的进步，在科学方面更不用说"，并声称中国人最擅长的题材是历史、道德和实用法理书籍。⁴ 斯当东对中国出版业也进行了详尽介绍，并对中国人的性格，以及同政府和社会的关系进行了分析。他试图解释，为什么中国书籍中没有自由和民主的思想——在他看来，年轻人很容易受到这些新奇想法的影响，这会导致他们强调自主，并质疑官员经常滥用权力，因

1　William Alexander, *Picturesque Representations of the Dress and Manners of the Chinese*, London: John Murray, 1814, caption of Plate XXXIV.

2　William Alexander, *Picturesque Representations of the Dress and Manners of the Chinese*, London: John Murray, 1814, caption of Plate XXXII.

3　George Staunton, *An Authentic Account of an Embassy from the King of Great Britain to the Emperor of China*, London: W. Bulmer and Co. for G. Nicol, 1798, Vol.4, p.293-294.

4　William Alexander, *Picturesque Representations of the Dress and Manners of the Chinese*, London: John Murray, 1814, caption of Plate XXIII.

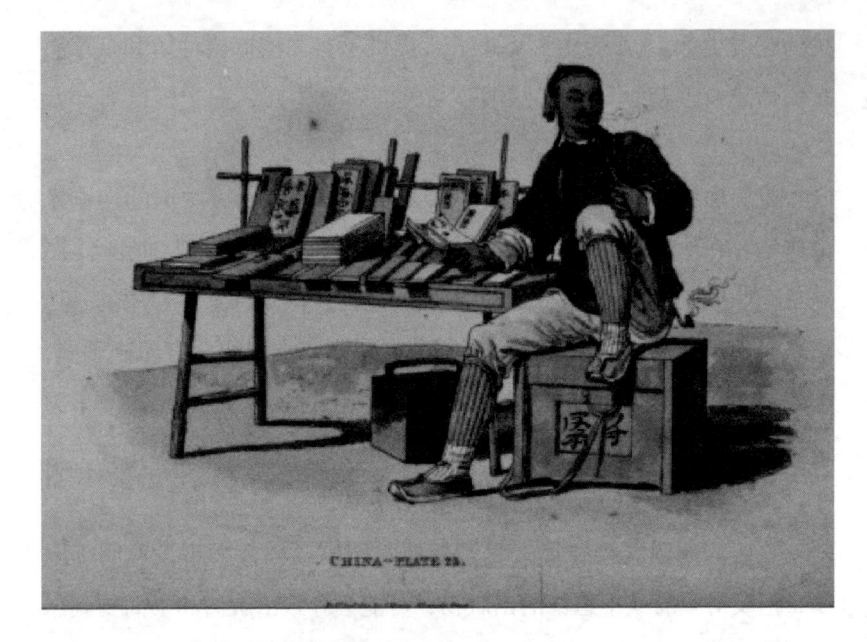

图6.12 一位书商（复制自《图鉴》），基于威廉·亚历山大的绘画，1814年，蚀刻版画（伦敦威康图书馆藏）

而此类思想遭到严防死守。他进一步认为，印刷术在传播统治者的道德理想方面发挥了决定性作用，因为它帮助他们有效地维护了宗法制度，确保了国家在政治和意识形态上的统一。[1] 由此，使团批评中国的审查制度，认为其阻碍了文学、科学的发展，以及自由和民主的进步。

通过展现各种工商职业者，亚历山大探索了他们的生活方式，提供了有关这些职业的重要信息。这也重点反映了他对中国社会及其人民进行民族志研究的努力。

---

1 George Staunton, *An Authentic Account of an Embassy from the King of Great Britain to the Emperor of China*, London: W. Bulmer and Co. for G. Nicol, 1798, Vol.4, pp.293-301.

彩图 27　乾隆半身肖像，威廉·亚历山大绘，1793 年，纸本水彩（大英图书馆藏）

彩图 28　乾隆全身坐像，威廉·亚历山大绘，1793 年，纸本水彩（大英图书馆藏）

彩图 29　无名官员肖像，空白处注有与其服饰和动作相关的汉字、拼音和英文翻译，威廉·亚历山大绘，1793 年，纸本墨水（大英图书馆藏）

彩图 30　渔民肖像，威廉·亚历山大绘，1793 年，纸本水彩（大英图书馆藏）

彩图 31　雨中纤夫，威廉·亚历山大绘，1793 年，纸本水彩（大英图书馆藏）

彩图 32　中国女性肖像，威廉·亚历山大绘，1793 年，纸本水彩（大英图书馆藏）

彩图 33　乡村妇女及儿童肖像，威廉·亚历山大绘，1793 年，纸本水彩（大英图书馆藏）

彩图 34　圣母像，威廉·亚历山大绘，1793 年，纸本水彩（大英图书馆藏）

彩图 35 佛龛与旅行者（复制自《图鉴》），基于威廉·亚历山大的绘画，1814 年，蚀刻版画（伦敦威康图书馆藏）

彩图 36 寺庙祭祀（复制自《中国服饰》），基于威廉·亚历山大的绘画，1805 年，蚀刻版画（伦敦威康图书馆藏）

彩图 37 罪犯接受杖刑的场景,威廉·亚历山大绘,1793年,纸本水彩(大英图书馆藏)

彩图 38 杖刑(复制自《中国服饰》),基于威廉·亚历山大的绘画,1805年,蚀刻版画(伦敦威康图书馆藏)

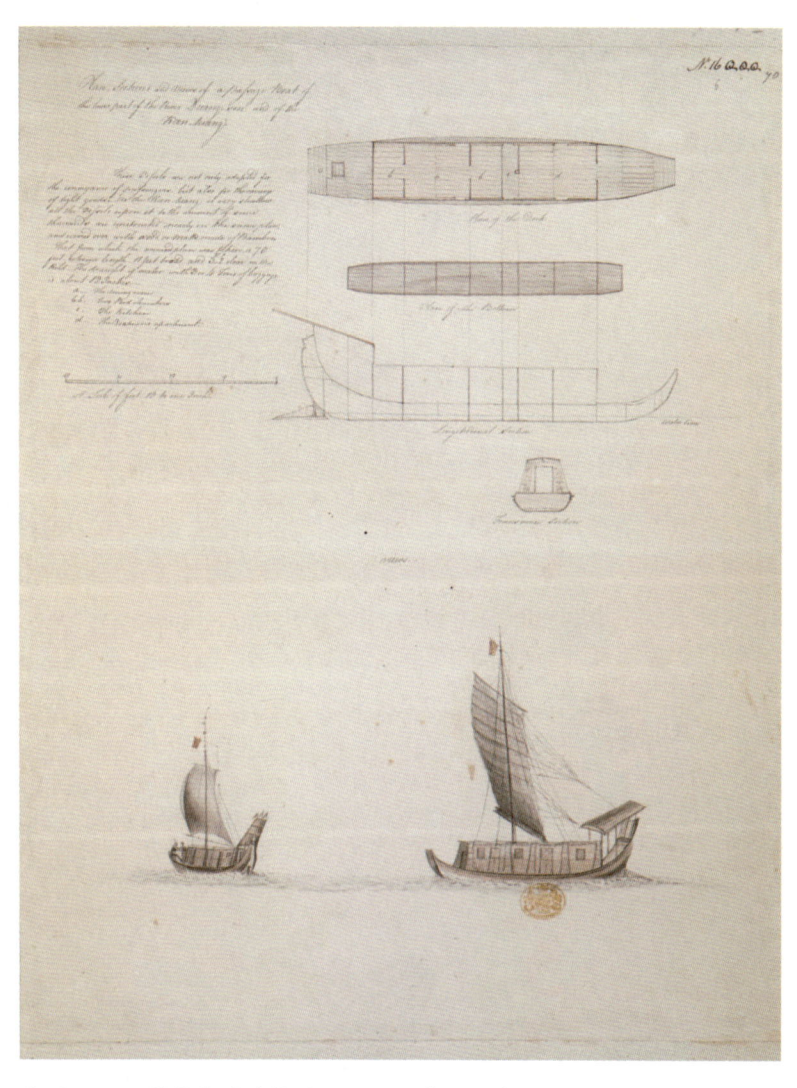

彩图 39　一艘航船的结构图示，1794 年，纸本墨水（大英图书馆藏）

彩图 40　一艘行驶中的驳船（复制自《中国服饰》），基于威廉·亚历山大的绘画，1805年，蚀刻版画（伦敦威康图书馆藏）

彩图 41　一艘商船（复制自《中国服饰》），基于威廉·亚历山大的绘画，1805年，蚀刻版画（伦敦威康图书馆藏）

彩图 42　战船，威廉·亚历山大绘，1793 年，纸本水彩（大英图书馆藏）

彩图 43　手推车夫肖像（复制自《中国服装》），基于威廉·亚历山大的绘画，1805 年，蚀刻版画（伦敦威康图书馆藏）

彩图 44　信使肖像，威廉·亚历山大绘，1793 年，纸本水彩（大英图书馆藏）

彩图 45　水轮图，威廉·亚历山大绘，1793 年，纸本水彩（大英图书馆藏）

彩图 46　盾牌和军事堡垒图示，威廉·亚历山大绘，1793年，纸本水彩（大英图书馆藏）

彩图 47　掌旗官肖像，威廉·亚历山大绘，1793年，纸本水彩（大英图书馆藏）

彩图 48　堡垒建筑，威廉·亚历山大绘，1793 年，纸本水彩（大英图书馆藏）

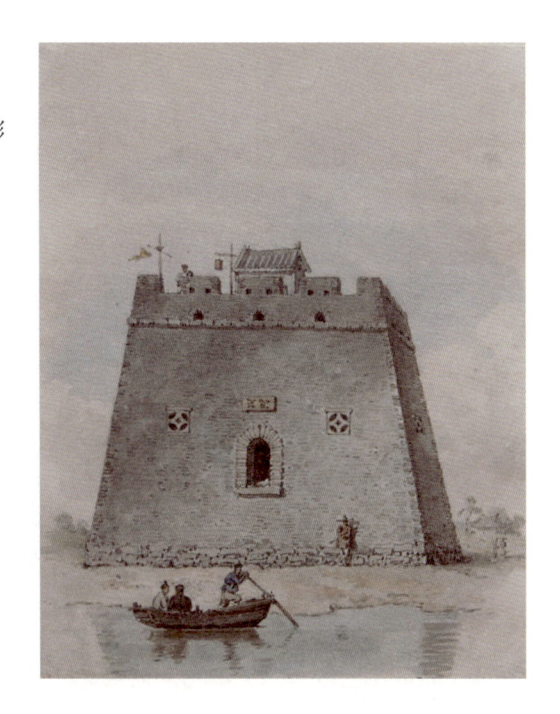

彩图 49　战争之虎肖像，威廉·亚历山大绘，1793 年，纸本水彩（大英图书馆藏）

彩图 50　布莱顿英皇阁室内南楼梯平台上的彩绘玻璃窗格（照片来自布莱顿宫博物馆官网）

彩图 51　布莱顿英皇阁音乐室南墙面板的装饰画（照片来自布莱顿宫博物馆官网）

第四节　女性与家庭

性别差异研究是 18 世纪英国人文科学的重要组成部分。那一时期，先前对男性的研究扩展至女性范畴，最终导致了 19 世纪妇科的形成，并为当时人类科学的知识总量发展作出贡献。[1] 无独有偶，使团亦在记述中将中国女性作为一个特定的研究类别，考察她们的社会、政治和经济地位，以及她们的道德价值观。由于女性生活同家庭和育儿问题密切相关，因而使团还仔细研究了中国家庭的价值观和风俗传统。巴罗在《中国行纪》中指出，一个国家的女性地位，反映了这个国家的文明程度。他认为：

> 或许可以立下一条不变的法则：一个国家妇女的社会地位可作为判断该国达到文明程度的标准。妇女的风俗、习惯和丰富的感情，对所在社会的方方面面都产生很大的影响，往往促使社会性质发生变化，因此我们看到重视女性道德和才智的国家，必定有良好的法制保护全民的福利。但是，相反地，以性别歧视为重的国家，如亚洲各国的专制政府，必定实施独裁、压迫和奴役的统治。如女性的个人才能至今仍未得到发挥，那么她只能失去自由，失去参与社会的权利，使她沦为贱奴，屈服于专制男人的性需要，受到任意的侮辱。野蛮民族中的重活和劳役必定落在妇女身上。[2]

1　Ornella Moscucci, *The Science of Woman: Gynecology and Gender in England, 1800-1929*, Cambridge: Cambridge University Press, 1990.

2　John Barrow, *Travels in China*, Philadelphia: W. F. M'Laughlin, 1805, p. 93.

使团记述中，与中国女性有关并被最常提及的主题是缠足，斯当东在他的《纪实》中对此予以生动说明。在一幅基于亚历山大绘画的版画中，一双赤脚被描绘成仿佛"脚的前半段被切断，只剩下后半残部，将残肢裹绑起来"（斯当东语）。[1]（图6.13）

亚历山大描绘了脚的两侧，以显示它们是如何被束缚的。这张图显示了处于自然位置的大脚趾，其他脚趾则在脚下弯曲。他在旁边展示了一双穿着全套服饰的小脚，并展示了女人腿的一部分。这些图像陈列于空白背景中，以便准确、科学地渲染其物理特征。对女性脚部结构的重视，是使团对中国性别差异和女性社会地位研究的典型例证。斯当东对缠脚做法持批评态度，他认为这是对身体和思想的钳制，限制了女性的活动能力；但他也指出，妇女却毫无异议地屈服于缠足。[2] 巴罗对这种做法提出了更为严厉的批评，他评论说，与古希腊人或中世纪欧洲人相比，中国妇女受到的羞辱和束缚更为严重。贵族妇女被限制在家里，而乡村妇女则被迫从事卑微的劳动，她们的丈夫却四处赌博。[3] 他通过对由缠足造成的畸形的生动描述，强调中国妇女的从属角色，从而印证使团对中华文明落后和停滞的评价。

亚历山大对与中国女性的其他习俗亦表现出了极大的兴趣，他创作了许多描绘中国女性日常生活的肖像和素描，其中大部分是生活在农村中的女性。在几张小纸上，亚历山大画出了女性的头部，以重

1　George Staunton, *An Authentic Account of an Embassy from the King of Great Britain to the Emperor of China*, London: W. Bulmer and Co. for G. Nicol, 1798, Vol.2, pp.421-422.

2　George Staunton, *An Authentic Account of an Embassy from the King of Great Britain to the Emperor of China*, London: W. Bulmer and Co. for G. Nicol, 1798, Vol.2, p.423.

3　John Barrow, *Travels in China*, Philadelphia: W. F. M'Laughlin, 1805, p.95.

图6.13 中国妇女裹小脚的图像（复制自《纪实》），基于威廉·亚历山大的绘画，1797年，铜版画（洛杉矶盖蒂研究所藏）

点展现她们的发型；在该图中，他也描绘了穿着长袍的女性全身像。（彩图32）这些图画是在简单或空白的背景下的正面图和侧面图，并未考虑空间比例，画中女性姿势不同、表情各异。这些人物肖像很可能是亚历山大在使团经过中国村庄时于现场完成的。

根据上述画稿，亚历山大后来以版画形式创作了一系列中国女性及其家人的肖像作品。这些图像是基于民族志图画，结合想象力创作而成。他根据妇女的社会地位，将她们分为宫女和农妇等不同群体，并以对比形式呈现。这种分类，体现了艺术家对中国社会结构和女性社会身份的研究。

对于地位较高的女性，亚历山大创作了一幅宫廷贵妇版画。（图6.14）画中女子身着精美绣花服饰，举止优雅，姿态端庄。所附文字指出，尽管有裹小脚的习惯，但贵族女性通常都接受过良好的

图6.14 一位宫廷贵妇（复制自《图鉴》），基于威廉·亚历山大的绘画，1814年，蚀刻版画（伦敦威康图书馆藏）

教育，只在家里种植花草、照顾鸟儿。画中的女性，一手托着一只鸟，一手拿着烟袋——正如巴罗观察到的，大多数中国人都吸烟，甚至妇女和儿童也不例外。在她身后，是亭台楼阁组成的建筑群，表明该女性居住在城市中。在叙述中，斯当东指出了汉族女性和满族女性的区别：前者保留裹脚的习惯，后者则被允许拥有天足，使她们能够按照传统的民族身份骑马。[1] 与斯当东的负面评价相比，亚历山大的图像呈现出对中国女性社会地位更为积极的看法。不过，考虑到由于上流社会的女性常常被限制在家里，亚历山大很难有机会见到她们，因

---

1 George Staunton, *An Authentic Account of an Embassy from the King of Great Britain to the Emperor of China*, London: W. Bulmer and Co. for G. Nicol, 1798, Vol.3, p.123.

图6.15 船家女(复制自《图鉴》),基于威廉·亚历山大的绘画,1814年,蚀刻版画(伦敦威康图书馆藏)

此,他可能是根据二手资料创作了该图像。

不同于贵妇图像,亚历山大创作的另一幅版画描绘了一位社会地位较低的船家女。(图6.15)这名女孩光脚站在船上,穿着与男性服装几乎没有什么不同的衣服。她被描述为一位水手,与缠足的贵妇形成了鲜明的对比,这使她能够像男人一样努力和高效地工作。亚历山大很可能是在现场创作了这幅版画的原稿——他在旅途中经常遇到这样的女性。这种描述真实且准确,体现了民族志观察的目标。

然而,巴罗却以不同的视角看待中国底层女性。在《中国行纪》中,他引述了尼霍夫为荷兰使团绘制的一幅插图,画中描述了一个女人像驴子一样在犁地的情景,并以此佐证他的论点:"野蛮民族中的重活和劳役必定落在妇女身上。"[1] 巴罗在其叙述中严厉批评了中国妇女受到的待遇,并将社会的这一方面同其他"野蛮人"等同起来,暗示中国是一种落后的文明。与亚历山大对中国女性较为中性的描绘相比,巴罗的偏颇评价表明了他的个人偏见。

亚历山大还创作了反映家庭生活和传统妇女儿童的图像。例如在一幅水彩速写中,艺术家描绘了一群照顾孩子的乡村妇女。亚历山大可能是根据对在使团行程中遇见的妇女及其孩子的直接观察而创作了这一图像。(彩图33)这些妇女年龄不同,都裹着小脚,各个人物之间未见任何联系,表明这些习作旨在记录中国女性照顾孩子的方式。这些图像可能是在现场创作的,但在后来被仔细补充,并进行了细节描绘。

作为最终的成品,有关精英或农民家庭场景的版画都经过了精心构图,包含有更多细节,并且加入了一些理想化的元素,以反映道德价值观。画面中,中国女性总是对孩子(尤其是男孩)充满浓浓的爱意——在一个精英家庭中,一位女性牵着男孩的手,而男孩正在玩玩具。(图6.16)描绘于墙上的汉字图像,表明这个家庭所受的良好教育,以及男孩成长的文化环境。

另一幅版画则描绘了一对夫妇和他们的三个孩子,呈现了一幅颇为美好的中国家庭生活图景。(图6.17)该画展示了农妇带孩子的方法:她将装着婴儿的背袋绑在身上,以便从事繁重的劳动。父亲对女儿的爱,则从他伸出手去拥抱她的动作中展现出来。女孩们也被描绘成缠足状态,表明她们从小就被迫承受这种痛苦。

---

[1] John Barrow, *Travels in China*, Philadelphia: W. F. M'Laughlin, 1805, p.93.

图6.16 妇女和儿童（复制自《图鉴》），基于威廉·亚历山大的绘画，1814年，蚀刻版画（伦敦威康图书馆藏）

图6.17 一个中国家庭（复制自《中国服饰》），基于威廉·亚历山大的绘画，1805年，蚀刻版画（伦敦威康图书馆藏）

值得注意的是，使团成员的文本叙述与亚历山大的图像描绘有时形成鲜明对比。例如，巴罗在《中国行纪》中指出，男孩常常与姐妹完全分开，家庭成员之间保持着冷漠和仪式化的关系。他指出，"没有共同的焦点，吸引和集中孩子对父母的爱与尊重"[1]。对于父母与孩子的关系，斯当东和巴罗皆提供了被遗弃甚至被杀害的婴儿的记录——父母有权在孩子出生时决定孩子的命运，女婴比男婴更有可能被遗弃和任其死亡；他们还指出，在中国，孝道更像是法律而不是道德价值观，孩子们被迫完全服从父母的意愿。[2]

上述记叙，显示出英国人对中国的负面看法。他们所持有的道德优越感是评判中国社会落后和停滞看法的基础，这也成为18世纪末19世纪初英国对中国的普遍态度。然而，亚历山大等艺术家却试图从民族志的角度客观地描绘主题，因而在描绘中国女性时提供了更为中立的观点。而这些图像，也至少为英国读者了解中国时提供了些许不同的视角。

第五节 宗教和仪式

人类科学的核心之一是致力于描述、分类、分析各种宗教信仰和实践。在此观念影响下，马戛尔尼、斯当东和巴罗都在旅行中寻求了解和记录中国的宗教。他们概述了中国的主要宗教、神职人员、神灵和偶像、仪式，以及与世界其他宗教的相互联系。马戛尔尼在他的日

1　John Barrow, *Travels in China*, Philadelphia: W. F. M'Laughlin, 1805, p.96.

2　George Staunton, *An Authentic Account of an Embassy from the King of Great Britain to the Emperor of China*, London: W. Bulmer and Co. for G. Nicol, 1798, Vol.3, pp.158-160; John Barrow, *Travels in China*, Philadelphia: W. F. M'Laughlin, 1805, p.116.

记中表达了对在中国，基督教、佛教、儒教和伊斯兰教等不同宗教，只要不威胁统治者的权力就能和平共处的惊讶。[1] 与此同时，巴罗试图发现中国文化和信仰的起源，以及印度、埃及、希腊和中国宗教之间如何共享一些观念。他还讲述了不同教派的历史，以及他们从皇帝那里得到的宽容回应。[2]

亚历山大在他的一些素描和水彩中，以视觉图像的形式捕捉了中国宗教的各个方面。尽管他的一系列图像缺乏系统的方法，但仍提供了基于经验观察的宗教实践的宝贵一瞥。寻找不同宗教关于神灵的共同对应物，是使团非常关心的问题。在素描、水彩和版画中，亚历山大试图向英国民众介绍表面上看起来充满异国情调的宗教偶像，但艺术家的科学方法和文本叙述中的分析，在某种程度上揭开了它们的神秘面纱。与此同时，这些图像充满了一种陌生和奇异的感觉，使艺术家将其与异教联系在一起。尽管使团试图客观地传达这些信息，但他们还是暴露了由于使用自身标准评价而产生的固执和偏见。

在大沽，使团进入一座海王神庙，观察了海王的崇拜偶像。在亚历山大的版画中，海王被描绘成手持罗盘，在海浪上休息的红胡子神灵。（图6.18）巴罗甚至认定，海王同印度教中的伐楼那（Varuna）、希腊人信奉的波塞冬（Poseidon）是同一神。[3]

使团还注意到中国人对雷神的崇拜。巴罗将中国的雷神，同骑鹰

1　马戛尔尼：《马戛尔尼勋爵私人日志》，载乔治·马戛尔尼、约翰·巴罗：《马戛尔尼使团使华观感》，何高济、何毓宁译，商务印书馆2013年版，第16—27页。

2　John Barrow, *Travels in China*, Philadelphia: W. F. M'Laughlin, 1805, pp.281-329.

3　George Staunton, *An Authentic Account of an Embassy from the King of Great Britain to the Emperor of China*, London: W. Bulmer and Co. for G. Nicol, 1798, Vol.3, p.10.

图6.18 海王神形象（复制自《纪实》），基于威廉·亚历山大的绘画，1797年，版画（洛杉矶盖蒂研究所藏）

的印度教毗湿奴（Vishnu）、希腊人的宙斯（Zeus）联系在一起。他认为埃及的奥西里斯神（Osiris）同中国的雷神更接近，因为二者将鸟和神灵统一在一个形象之下。巴罗认为，中国人使用鹰的象征雷神的原因，是他们发现鹰可以在雷雨中飞过云层。[1] 亚历山大在他的水彩画中描绘了带有鹰嘴和鹰爪的雷神雕像。在创作该图像时，亚历山大可能参考了佛教寺庙中的雕塑或文献资料，并因此在最终的版画中修改了图像，在雷神周围加入了一圈鼓。（图6.19）

斯当东和巴罗以文字记录、亚历山大以水彩画和版画描绘的另一位中国神，是圣母。（彩图34）

巴罗提出，这位女性神相当于印度的冈伽（Ganga）或河神、埃

1　John Barrow, *Travels in China*, Philadelphia: W. F. M'Laughlin, 1805, p.317.

图6.19 雷神形象（复制自《纪实》），基于威廉·亚历山大的绘画，1797年，版画（洛杉矶盖蒂研究所藏）

及的伊希斯（Isis）、希腊的得墨忒耳（Demeter）。早期的传教士也被她与圣母玛利亚之间的相似之处所困扰，当他们听闻圣母生下伟人的故事时，这种相似性变得更加引人注目。[1] 在讨论该女神时，巴罗从多个角度审视其宗教象征意义，包括他作为植物学家的专业知识。他指出，在"中国圣母传说"中被提到的莲花（Lien-wha, Nelumbium），也出现在罗马巴贝里尼宫（Barberini）的奥西里斯雕像和埃及宗教图像中，是被植物学家称为 Nymphaea Nelumbo 的同一种睡莲。

然而略显尴尬的是，巴罗这种对象征意义的精确考虑，被潜在的对信仰体系的混淆抵消，也即对佛教的菩萨和道教的圣母之间的混

1　John Barrow, *Travels in China*, Philadelphia: W. F. M'Laughlin, 1805, p.319.

淆。他指出,在中国,圣母经常被描绘成坐在荷叶上,有时手里拿着插有莲藕的瓶子的形象[1]——这个形象显然指的是佛教的菩萨,而非道教的女尊。在调查中国宗教偶像时,英国使团有意识地寻找不同文明古代宗教之间的相似之处,作为他们塑造世界通史之努力的一部分,但这往往导致胡乱联想。相比之下,亚历山大对圣母的描绘提供了更准确的信息,这位女神穿着中国传统服装,戴着精致的头饰,没有莲的象征。

祭祀或神职人员是使团宗教研究的另一个重点,包括考察各类祭祀或神职人员的行为方式和着装。经过研究和分类后,亚历山大用水彩画记录了几类宗教人员的形象,其中包括儒家的祭祀人员和佛教僧侣。在一幅水彩画中,亚历山大描绘了一位儒士的头像,该男性头像戴着中国文人的传统冠冕。(图 6.20)巴罗指出,中国没有代表儒家的雕像。相反,每座城市都有一座公共建筑,在那里举行科举考试以遴选官员。[2] 亚历山大没有提供更多描述孔子崇拜或相关仪式的图像,但这幅具有文人形象的宗教人士图像,表明它与中国的受教育阶级和官僚体系有关。

对于佛教僧侣的形象,亚历山大描绘了一位身穿黄色长袍的信徒,背景是热河"小布达拉宫"。(图 6.21)在所附文字中,他描述了清朝皇帝信奉的藏传佛教——其教徒须剃光头,着皇家的黄色长袍。[3] 人物一手持经,一手执草帽,正眺望远处的"小布达拉宫"——如前所述,"小布达拉宫"供奉着藏传佛教造像。与印度僧侣对自己和其

---

[1] John Barrow, *Travels in China*, Philadelphia: W. F. M'Laughlin, 1805, pp.320-321.

[2] John Barrow, *Travels in China*, Philadelphia: W. F. M'Laughlin, 1805, p.309.

[3] William Alexander, *Costume of China: Illustrated in Forty-Eight Colored Engravings*, London: William Miller, 1805, caption of Portrait of Lama.

图6.20 儒士肖像,威廉·亚历山大绘,1793年,纸本水彩(大英图书馆藏)

图6.21 佛教徒肖像(复制自《中国服饰》),基于威廉·亚历山大的绘画,1805年,蚀刻版画(伦敦威康图书馆藏)

他信徒施加"痛苦、劳作和令人厌恶的惩罚"不同，使团成员认为，中国僧侣是道德公正、受人尊敬的人；[1] 在欧洲，其形象因厌恶佛教的欧洲传教士的诋毁而受到损害。与耶稣会的记载相比，亚历山大展现了更真实的中国佛教徒形象。

亚历山大还留下了一些神职人员举行宗教仪式和典礼的画稿和文字描述。他的叙述带有一种消极的语气，将中国宗教归类为"异教"，"在未开明的部分人民中产生了严重的迷信和轻信"。[2] 在一幅版画中，亚历山大绘制了一座佛龛，内有佛像，该建筑矗立在路边，旁边有一位旅行者在休息。（彩图35）他指出，在特殊的日子里，人们会向佛龛内的佛像进行膜拜，并伴以燃放爆竹和焚香。

在另一幅版画中，亚历山大描绘了算命的场景。（彩图36）画中右边的人物正在摇动一个竹筒，其中会掉落用于预测想要预知事件结果的签子。根据巴罗和斯当东的说法，如果应验，祈求者将焚烧锡纸或在圣坛上投入铜钱，以感谢所得的恩惠。这个仪式是在香炉前举行的。一人跪下，向神明磕头；中间有一位和尚在香炉里焚香，后面塑着两位神灵。

作为人文科学的一部分，宗教是一个重要的研究领域，对不同文化中宗教活动的文字描述和图像描绘，皆有助于塑造西方社会对异域的看法。例如，大卫·休谟在其1757年的《自然宗教史》中，就研究了土著人民宗教信仰的形成；孟德斯鸠则将宗教同一个群体的社会、政治和文化环境联系起来。

---

1 William Alexander, *Picturesque Representations of the Dress and Manners of the Chinese*, London: John Murray, 1814, caption of a bonze.

2 William Alexander, *Costume of China: Illustrated in Forty-Eight Colored Engravings*, London: William Miller, 1805, caption of a small temple.

对于马戛尔尼使团来说，宗教成为其研究中国社会和文化的棱镜。使团成员对研究中国宗教并绘制相关图像表现出了浓厚的兴趣，将之视为积累中国知识的努力。在这些图像中，亚历山大试图捕捉每个神祇的特征和服饰，并附有文字记录，以向英国民众传达了有关中国宗教的重要信息。尽管使团有时将中国宗教与迷信等同起来，暴露其偏见和消极态度，但这些图像仍然是无价的文化宝藏。

第六节　罪与罚

亚历山大的作品中，还有一系列有关中国刑罚的图像，使英国观众得以了解中国的法律制度及其实践。早前，孟德斯鸠已经描述了中国法律与社会目标的关系，指出：

（法律）与政府的性质，同文化传统、气候、土壤、地形、领土、宗教、人心向背、财富程度、人口水平、生存与商业模式都有关，也同人们的风俗习惯关系匪浅。[1]

使团成员对中国法律体系表达了复杂的感情，他们更为积极的评论有时会因中国刑罚的残酷而受到破坏。一些使团成员称赞中国的法律体系完备、细致，司法审判比任何其他国家都更加温和、有效。例如，巴罗便评论说，伦敦收藏的《大清律例》中关于法律的详细描述、解释和案例引用，简直"可以与布莱克斯通一较高下"；他还发现，中

---

[1] David Carrithers, "The Enlightenment of Science of Society," in Christopher Fox, Roy Porter and Robert Wokler, eds., *Inventing Human Science: Eighteenth-Century Domains*, Berkeley: University of California Press, 1995, p.256.

国政府比任何其他国家都更关心百姓的生活。[1]

斯当东和巴罗的著作同时揭示了与之相反的关于中国刑罚的视角，展示了他们的复杂态度。例如，他们都叙述了用竹板殴打犯人，并展示了以旨在虐待和羞辱罪犯的"镣"或"枷"为主题的图像；至于中国法律诉讼中的腐败现象亦屡见不鲜。[2]据巴罗记载，板子或竹刑可能是中国最古老的刑罚手段。他考察了这种刑罚背后的政治思想和制度，以及它们如何反映了中国人的性格。例如，他认为中国人对家长权的信仰，赋予官府对除皇帝之外每个人的处置权。官员和家长有权以慈父的名义，对下属或后辈实施竹刑。如此境况下，中国人的思想被征服了，变得充满奴性，以避免受到板子的惩罚和羞辱。[3]

亚历山大在描绘中国法律和刑罚时，采用了一种复杂的视觉再现方式，即淡化对人身痛苦的呈现，而将注意力集中在对各种刑罚手段和操作方法的展示上，以一种中立的绘画手段详细具体地描述中国刑罚。例如，在他的一幅水彩画中（彩图37），一人趴在地上被打板子；一名官吏在一旁看管着，而他的下属则高举竹杖，准备残酷地殴打罪犯。罪犯没有表现出任何情绪反应，这表明艺术家关注的是刑罚的手段，而不是受刑人。处刑现场周围围满了观众，有农民、市民、儿童，有的人用手捂住脸。

这幅水彩画后来发展成一幅版画，艺术家仍然将重点放在刑罚

---

[1] John Barrow, *Travels in China*, Philadelphia: W. F. M'Laughlin, 1805, pp.244-245. "布莱克斯通"指《英国法释义》（*Commentaries on the Laws of England*），又译《英格兰法释义》，英国法学家威廉·布莱克斯通（William Blackstone）所著书籍，系统论述18世纪中叶英格兰法律，于1765年至1770年陆续出版。

[2] George Staunton, *An Authentic Account of an Embassy from the King of Great Britain to the Emperor of China*, London: W. Bulmer and Co. for G. Nicol, 1798, Vol.5, pp.495-496.

[3] John Barrow, *Travels in China*, Philadelphia: W. F. M'Laughlin, 1805, pp. 255-257.

图6.22 贯耳刑（复制自《图鉴》），基于威廉·亚历山大的绘画，1814年，蚀刻版画（伦敦威康图书馆藏）

上，并在很大程度上消除了周围的村庄背景。（彩图38）该事件发生在一处平坦的地面上，一小圈观众围着罪犯。无论在水彩画还是版画中，被殴打的人都很小，而且面部受到遮挡，所以我们几乎没有注意到他的痛苦。这一系列画作以一种非常平淡的方式，仿佛展示了一种寻常的日常生活和周围景观。尽管画作清楚地表明了这种刑罚的残酷性，但没有任何迹象表明，亚历山大在批评这种做法。

亚历山大的另一幅版画展示了更为残酷的惩罚。一名男子被绑在木桩上，其耳朵被箭扎穿，鲜血直流。（图6.22）一名士兵拿着一块写有他罪行的牌子，另一名官员在一旁观刑。这张图片揭示了中国法律实施的一些严厉惩罚，其方式显然与巴罗描述的温和而有效的制度相悖。

图6.23 戴着枷具的罪犯形象,威廉·亚历山大绘,1793年,纸本水彩(大英图书馆藏)

在使团成员描绘中国刑罚时,罪犯被迫戴上枷具以示刑罚的情景颇具代表性。斯当东描述称:"有一种刑罚称为'枷',是对轻微罪行的处分。方法是把一块大木头当中挖一个洞套在犯人颈部,另挖两个小洞套住犯人两只手。"[1]

在一幅可能于现场绘制的水彩速写中,亚历山大描绘了一名戴着枷具的罪犯。(图6.23)与前图类似,描绘重点是刑罚方式,而非它造成的痛苦。画中罪犯表情冷漠,表明这个人物形象更具有类型性质,

---

1 George Staunton, *An Authentic Account of an Embassy from the King of Great Britain to the Emperor of China*, London: W. Bulmer and Co. for G. Nicol, 1798, Vol.5, p.492.

而非某个具体的个人。他卧在地上，靠着一棵树，巨大的枷具把他压倒在地。

在另一幅水彩画和由此衍生的版画中，一名罪犯戴着木枷，双手也困于木枷。（图 6.24）他被狱卒用链子拉着，可能正在前往城门口。所附文字指出，犯罪分子经常被带到城门或其他公共场所，受到民众的嘲笑。[1] 枷具被描述为巨大而沉重的固定装置，根据犯罪的严重程度，其重量从 60—200 磅不等。这种残酷的刑罚方法，以近乎"科学"的方式呈现于使团记述中。

在斯当东《纪实》中收录有亚历山大创作的另一幅图像，其中一名戴着枷具的罪犯在树下歇息。（图 6.25）这一场景戏剧性地传达了一种刑罚体验：犯人闭着眼睛靠在树上，仿佛减轻了枷具的重量；一名官吏和一名狱卒似乎没有注意到他的痛苦，正在悠闲地交谈，其中一人甚至将手臂搭在枷上；一位母亲试图带走她的儿子，而好奇的男孩则对罪犯张望。这幅作品以"如画"风格创作，传达出一种轻松的氛围，一系列不同的人物交谈、凝视；背景是亭台楼阁，远山环抱，湖水秀丽，小船悠悠，一派田园闲适之感——田园风光是为了迎合英国人的口味而画的，与前景中的刑罚意味很不一致。

在风格上，亚历山大用"如画"的手法捕捉中国刑罚，力求迎合英国民众的异国情调审美需求。然而，就主题而言，他的目的是揭示中国法律体系，以及其在中国社会中的效果。对此话题的评论表明，虽然这种刑罚对西方人来说很严厉，但在中国人中似乎被广泛接受，并且反映了中国社会的等级性质，即以类似家长权的管教之名，纵容

---

[1] William Alexander, *Costume of China: Illustrated in Forty-Eight Colored Engravings*, London: William Miller, 1805, caption of Punishment of a Cangue.

图6.24 枷具刑罚1（复制自《中国服饰》），基于威廉·亚历山大的绘画，1805年，蚀刻版画（伦敦威康图书馆藏）

图6.25 枷具刑罚2（复制自《纪实》），基于威廉·亚历山大的绘画，1797年，铜版画（洛杉矶盖蒂研究所藏）

对下等人的刑罚。殴打和使用枷具等残酷惩罚如此普遍，所以图像中的众人几乎都完全无动于衷。使团类似的回应与中国的态度相呼应，正如凯姆斯勋爵的评论所示："一个国家的法律在与人民的风俗、情况和政府相一致时达到了完美。"[1]

* * *

与其他欧洲探险队一样，马戛尔尼使团强调直接观察和事实经验性描述，然后用以得出反映文化偏见的结论。使团人员密切观察中国人民的生活习惯、风俗习惯，评价他们的道德文明水平。他们研究了自然环境、政治和经济制度、艺术、家庭结构、性别区别，以及社区内外的社会关系。使团的科学家和博物学家扮演着推测史学家的角色，他们考察了中国人民生活的各个方面，艺术家们则通过数百幅图像将其形象化。自称是推测史学者的约翰·巴罗，收集了已知世界所有人的数据，并根据文明程度进行了排名。[2] 正如推测史学要求的那样，使团的观察涵盖了社会生活的各个方面，包括分工、民生、艺术、科学和商业活动，也涉及妇女在社会中的地位、满族的政治统治及其与汉族的关系，等等。总的来说，这些英国知识分子，并没有将中国人视为原始人或野蛮人，而是将他们视为启蒙运动期间"既是知识又

---

1 David Carrithers, "The Enlightenment of Science of Society," in Christopher Fox, Roy Porter and Robert Wokler, eds., *Inventing Human Science: Eighteenth-Century Domains*, Berkeley: University of California Press, 1995, p.256.

2 P. J. Marshall, "Britain and China in the Late Eighteenth Century," in Robert A. Bickers, ed., *Ritual and Diplomacy: The Macartney Mission to China, 1792-1794*, London: Wesweep Press, 1993.

是自我批评的源泉"的域外群体。[1]

马戛尔尼使团开展了一系列工作，对中国人和中国社会进行人类科学形成和发展过程中的描述、分析、分类和评价。民族志的艺术惯例为他们客观、科学地描绘中国人提供了范本，而面相学、服饰学、礼仪学等"科学方法"，则使他们能够从个体的体貌特征中得出结论。使团人员视野广阔，研究满族统治者、朝臣、普通民众、妇女儿童、宗教和法律制度；他们根据实证观察和二手资料，用文字图像记录和研究了中国人的方方面面。艺术家们表达了他们独特的观点，有时是客观的，有时则理想化了他们的创作主题——特别是在成品版画和绘画中。当然，特别值得注意的是，针对同一主题艺术作品和文本描述之间常常表达不一，这也反映出了使团成员对中国文化复杂性的矛盾态度，这在接下来有关中国科学技术的评价方面将展现得更为明显。

在审视中国的政治和经济制度时，使团密切关注塑造其道德价值观和文化认同的力量，而固有的英国优越感削弱了其客观性。从本质上讲，同耶稣会传教士早期对中国更为理想化的描述不同，使团将中华帝国视为一个正在衰落的古老文明。这种偏见是基于英国按照推测史学的方法，对文明进行的排序——大英帝国自然被置于其他所有文明之上。因此，18世纪的人文科学，不能简单地被理解为立场中立，它必须被解释为帝国计划的一部分，旨在体现大英帝国的优越感，它真正的目的与野心，就是在世界范围内的殖民扩张。

---

1 Sergio Moravia, "The Enlightenment and the Sciences of Man," *History of Science*, Vol.18, 1980, p.261.

第七章
中国科技

马戛尔尼使团成员在旅途中以文字和视觉图像，记录了各种形式的中国科技，并收集了有关何种英国产品可能受到中国市场欢迎的信息。他们还将中国与英国的科学技术水平进行了比较，以衡量两国的实力和差距——其结论成为塑造18世纪末19世纪初英国对中国看法的关键因素。在使团留下大量有关中国科技的图片和文字描述中，包括水陆交通、技术工具、军事科学和农业技术。其中，相关图片采用科学方法绘制，详细介绍了各类技术成果的结构、机制和功能。使团成员还合作调查了中国艺术和手工艺中蕴含的科学面向，考察领域遍及绘画、园艺、建筑、音乐和戏剧，但其结论中不乏带有文化偏见色彩的负面评价。

第一节　科学背景

科学进步在推进18世纪英国文化发展方面发挥了重要而积极的作用，引发了人们对外国技术的兴趣高涨。尽管此时欧洲在钟表、螺丝、杠杆、滑轮等机械技术方面已完成对亚洲的超越，但西方探险家们仍热衷探索中国关于丝绸生产、纺织和制瓷的技术秘密。[1]马戛尔

---

[1] Benjamin Elman, "China and the World History of Science 1450-1770," https://www.princeton.edu/~elman/documents/China_and_the_World_History_of_Science.pdf. Accessed on February 8, 2022.

尼使团作为第一个成功踏上中国土地的英国官方使团，亦将考察中国科技作为其重要任务。使团顾问班克斯要求使团成员研究中国的机械工艺（mechanical arts），因为他相信"科学的实用和装饰性可能会获得无限的好处"。成员们相信，西方科学会吸引并打动清廷，作为回报，他们希望了解中国技术，以便英国能够自己生产丝绸和瓷器等商品。

欧洲在科技领域的优势感在18世纪已经根深蒂固。布鲁诺·拉图尔的"计算中心"概念将18世纪的伦敦等城市视为世界科学知识的中心，这自然首先基于欧洲自身的进步，但也同样源于从遥远的地方收集到的信息。[1] 包括马戛尔尼使团的出访在内，班克斯推动的一系列海外探索项目，是寻求建立全球知识综合体的重要组成部分；在此过程中，欧洲人采用的被拉图尔的理论描述为"中心—外围模式"的等级划分，实际上抹杀了中国在科学技术方面取得同样有效的进展的重要性。然而，在考察过程中，使团明显发现了许多值得调查和评估的信息。这表现在创作插图和图像时，成员们尽一切努力，使用科学中立的方法，争取不带任何偏见。此后，英国艺术家和雕刻师对这些图像进行了修饰，由此产生了一种新奇和陌生感，以满足英国公众的好奇心，同时传达了中国的科学知识。与之相对，从以下分析中可以观察到有关中国科技的文字描述则不够客观，其原因是这些评价往往基于英国的标准进行——使团在表达方面的矛盾态度，塑造了这一时期英国人对中国的看法。

---

1 "计算中心"的概念是由法国社会学家布鲁诺·拉图尔在其影响深远的著作《科学在行动》（*Science in Action*）中提出的。这一概念描绘了一种知识生产的形式：知识资源通过循环运动的形式，将不同的场所连接起来，实现从其他场所到某一场所的资源累积；通过这种形式，后者成为知识生产的中心。

第二节 水上航船

亚历山大对中国最常用于旅行、运输的车辆和船只进行了系统研究。根据用途，亚历山大将船舶分为游船、商船、海船、渔船、战船几大类。他的船舶水彩画和版画，科学地记录了这些水上交通工具的结构、功能、材料、机械装置和装饰，范围从高级官员的豪华游船、大型军舰和货船，一直到简陋的渔船。亚历山大还仔细描绘了船只建造工作及相关劳工的众多细节。这些图像让英国普通观众有机会欣赏在其看来形制奇异的船只，同时也向海军专家传达有关中国水上力量和防御能力的重要信息。

使团成员绘制的多幅典型的科学图像，展示了特定类型船只的结构和机制。（彩图39）在其中一幅图像中，四幅小图示呈现了船只的仰视图、俯视图、轮廓图和剖面图。另外两幅小图以对角线和剖面透视的方式，显示了该船的三维图像。这类科学图示传达了有关中国船只的详细信息，成为艺术家以更精美的构图，创作各种中国船只图像的基础。

在另一幅画中，亚历山大用钢笔和墨水展示了一艘旅行船，很可能是在现场完成了最初的铅笔写生。他对细节一丝不苟，捕捉到了船只每个部分的结构特征，甚至材料的纹理。（图7.1）

后来，这幅钢笔画被加工为版画。通过仔细观察，我们发现这艘船属于王文雄。（彩图40）版画色彩鲜艳，增添了奢华和高贵的感觉。正如图附文字描述的，有顶棚的中央舱室是为船主准备的，他避开了观众的视线；前部和船尾的空间则是为船夫准备的，此刻他们正坐在

图7.1 一艘旅行船,威廉·亚历山大绘,1793年,纸本墨水
(大英图书馆藏)

船上抽烟。[1] 该画作还捕捉到了船帆的材质——其由竹子和粗布制成,呈现出一种粗糙且不规则的质感。在这两张图像中,船都位于图片的中心,以四分之三视图的形式与空白背景相对应,从而产生模型类标本的视觉效果。

---

1 William Alexander, *Costume of China: Illustrated in Forty-Eight Colored Engravings*, London: William Miller, 1805, caption of Punishment of a traveling boat.

图7.2 一艘商船,威廉·亚历山大绘,1793年,纸本水彩
(大英图书馆藏)

除了旅行船之外,亚历山大还创作了几幅关于大型海上商船的水彩画,这些船是为远航需要而建造的。他的这幅画稿同样是四分之三视图,提供了有关商船结构和形状的详细信息。(图7.2)亚历山大指出,这种船只船尾与水面成一定角度,以保护船舵免遭汹涌海浪的破坏[1];但据使团估计,这种设计很可能使船只在特别猛烈的狂风下陷入

---

[1] William Alexander, *Costume of China: Illustrated in Forty-Eight Colored Engravings*, London: William Miller, 1805, caption of Punishment of a trading ship.

危险。亚历山大还对商船的货舱进行了描绘，该货舱被分成几个隔水舱，以预防船只漏水，保护其免于沉没。此外，船身主体被漆成浅黑色和浅红色，强化了船只简单和粗犷的形象。

在由这幅水彩画发展而来的版画中，亚历山大使用了更加生动和绚丽的色彩，船体的结构也被描绘得相当细致。（彩图41）

除了结构之外，如前述亚历山大对船帆材料的刻画，以及飘扬的旌旗等细节描绘，皆提供了对英国观众颇具吸引力的异国情调。但与此同时，使团成员的有关书面记录则颇为轻视中国造船业，他们指出，尽管欧洲船只经常到访广州，但中国人拒绝创新，不肯向西方学习；他们对中国水手的迷信行为持贬斥态度，比如在船首描绘鱼眼图案，以避免灾祸的做法。[1] 如此，图画中中国船舶的绚丽外观与负面的文字描述，形成了强烈的对比。

亚历山大还创作了多幅水彩画，描绘了他在中国沿海观察到的战船。在其中一幅水彩画中，他细致描绘了几艘全速航行的战船聚集在海上的场景，详细展示了此种船舶的结构和装饰。（彩图42）这些船只由庄严排列、纪律严明的士兵操纵，他们的盾牌挂在船体外侧，使其易于识别。

与前述情况类似的是，以这幅水彩画为可能原型创作的版画作品，其所附文字亦呈现出使团对中国战船完全典型的负面评价。这些文字指出，那些船只"笨拙"，海员的航海知识非常有限（尽管他们声称已经能够熟练使用指南针）；文字提供了船上军事人员的信息，并指出中国的海防军事设施没有攻击力，因为当时清朝海军船只都没

---

[1] William Alexander, *Costume of China: Illustrated in Forty-Eight Colored Engravings*, London: William Miller, 1805, caption of Punishment of a trading ship.

有配置火炮。[1]

为了描绘普通人的生计情况，亚历山大还创作了几幅有关小渔船的图像。例如在一幅素描中，亚历山大描绘了一名渔夫坐在一艘简陋的渔船上，一只手掌握舵柄，另一只手操纵船帆，同时用脚推动船桨；另一个人物则在船头的草棚下休息。（图7.3）这幅草图是用钢笔和墨水绘制的，没有上色。在该图基础上创作的版画收录于斯当东的《纪实》中。（图7.4）版画展示了戴着帽子的水手在河上划船，背景是远处村庄的生动风景。

在另一幅版画中，亚历山大展示了一种更新的、较使用鸬鹚更有效的捕鱼方法。（图7.5）图中渔民们乘坐一艘简陋的木船进行捕鱼，船后拖着一张竹网。在渔网装满后，渔民站在杠杆上，用自己的体重将杠杆另一侧的鱼获撑起，而他的同伴则从下方协助下压杠杆。虽然这个设备很简单，但是事实证明它用作捕鱼非常有效。相较于豪华的游船以及高大的商船和战船，简陋的渔船能够让观众一睹中国传统船只和中国渔民的捕鱼技能，反映了他们简朴的生活方式，以及非凡的技能和技术独创性。

只是，这些风景如画的图像，与文字叙述中普遍的负面评对比明显，后者对中国的船只和水手的技能评价颇低。巴罗将中国造船技术与他认为明显优越的英国技术进行了对比，评论认为中国船只的结构和形状，"由于底部过圆、形状笨拙，以及缺乏龙骨，过于依赖风向，从而失去了与欧洲船只相比的所有优势"，中国人"在造船技术和在

1　William Alexander, *Costume of China: Illustrated in Forty-Eight Colored Engravings*, London: William Miller, 1805, caption of Punishment of a ship of war.

图7.3 渔夫和他的船,威廉·亚历山大绘,1793年,纸本墨水(大英图书馆藏)

图7.4 一名中国船夫(复制自《纪实》),基于威廉·亚历山大的绘画,1797年,铜版画(洛杉矶盖蒂研究所藏)

图7.5 一艘渔船(复制自《中国服饰》),基于威廉·亚历山大的绘画,1805年,蚀刻版画(伦敦威康图书馆藏)

航海技艺方面皆不熟练"。[1] 这些评价否定了西方长期以来有关中国海洋强国的印象,也确实暴露了当时中国水运交通的技术短板。

第三节 陆路行人

马戛尔尼使团还利用在华的有限时间,仔细研究了中国内陆通信和运输系统及其相关技术,以及劳动者的劳作实践。搬运工和手推车夫是亚历山大画作中常见的主题。在一幅版画中,手推车夫利用顺风

---

1 John Barrow, *Travels in China*, Philadelphia: W. F. M'Laughlin, 1805, p.26.

推动一辆带有风帆的独轮车，以提高其速度。（彩图43）当逆风时，则会另外雇人用绳索拉动独轮车。版画所附文字赞扬了利用风帆为车提供动力的"巧妙之处"。[1]

　　劳工搬运货物的方式，也体现了中国人对机械技术的理解。斯当东《纪实》收录的一幅版画，展示了一群搬运重物的劳工，在下侧附有抬杆结构图示。（图7.6）重物主要由两根长杆承重，短杆固定在长杆两端，每根短杆两端都增加了抬杆。8根抬杆分搁在16人的肩膀上。斯当东研究了这种方法，得出结论认为，通过这种方式，"按照几何比例可以同样继续行使加竹添人之法。如此则每人负担相同之重量，许多人抬着一件笨重物体，就不觉得很重了"[2]。斯当东和巴罗二人的叙述，皆称赞了中国劳工能够如此有效地处理使团的沉重礼品。

　　中国的官员经常乘坐轿夫抬着的轿子出行，这可以从亚历山大的两幅水彩画和一幅由此发展而来的版画中看到。根据斯当东的描述，"轿子由四个人抬架着。轿杆顶端用绳子绑着竹筒，轿夫的肩就架在竹筒下面，轿前两个人，轿后两个人"[3]。在一幅水彩画中，亚历山大展示了四人抬轿的场景，其简约的笔法表明该作品可能是现场创作的。（图7.7）

　　这幅画稿后来被修改成版画，其中的人物和轿子都得到了更细致

---

[1] William Alexander, *Costume of China: Illustrated in Forty-Eight Colored Engravings*, London: William Miller, 1805, caption of Punishment of a Chinese porter.

[2] George Staunton, *An Authentic Account of an Embassy from the King of Great Britain to the Emperor of China*, London: W. Bulmer and Co. for G. Nicol, 1798, Vol.3, p.112.

[3] George Staunton, *An Authentic Account of an Embassy from the King of Great Britain to the Emperor of China*, London: W. Bulmer and Co. for G. Nicol, 1798, Vol.3, pp.73-74.

图7.6 中国搬运工（复制自《纪实》），基于威廉·亚历山大的绘画，1797年，铜版画（洛杉矶盖蒂研究所藏）

的渲染。（图 7.8）这台轿子是一名高官的坐轿，装饰华丽，轿夫们也都身着制服。

在使团向乾隆皇帝赠送的礼品中，包括两辆英国制造的马车，其构造与中国本土的马车并不相同——后者在亚历山大一幅未完成的水彩画稿中得到描绘。（图 7.9）与英国马车不同，中国马车车厢内的座椅下未安装弹簧，使得乘客只能坐在垫子上（以减轻震荡）。此后，艺术家将该画稿完善为内容更加翔实的版画，在这幅作品中，通过马车车厢上面的窗口，可以看到两名女性乘客。（图 7.10）

图7.7 轿子图1，威廉·亚历山大绘，1793年，纸本水彩（大英图书馆藏）

图7.8 轿子图2（复制自《纪实》），基于威廉·亚历山大的绘画，1797年，版画（洛杉矶盖蒂研究所藏）

图7.9 一辆马车1,威廉·亚历山大绘,1793年,纸本水彩(大英图书馆藏)

图7.10 一辆马车2(复制自《图鉴》),基于威廉·亚历山大的绘画,1814年,蚀刻版画(伦敦威康图书馆藏)

有关马车，巴罗记述了一件轶事：前述两辆由约翰·哈契特公司（John Hatchett and Co.）生产、作为赠给中国皇帝的礼品的英国马车，在亮相之初一度引起了一些疑惑。中国人检查马车后得出结论认为，马车外面装饰华丽、踞于高处的座位是属于皇帝的位置，下方的车厢则由宫中女眷乘坐。当一名太监得知高处的位置是车夫的座位，而皇帝坐于车厢中时，显然很惶恐。[1] 如前所述，对于中国习俗和传统的无知，导致英国人精心挑选的许多礼品在清廷遭遇失败，马车亦是其中之一，其设计无法为清廷接受；不过使团在从北京前往长城的旅途中得以使用此种形制的马车，其便利性赢得了受邀试用的中国官员的称赞。[2]

亚历山大还创作了一幅表现中国邮驿系统的水彩画。（彩图44）图中，一名信使背着一个信筒——其中可能有来自皇帝的信，因为信筒上装饰着黄色丝绸。信使骑着一匹骏马，马匹在每个驿站都会替换，以确保信件的快速交付。

在水彩画基础上创作形成的版画（斯当东的《纪实》所收录的版画32）中，艺术家在背景进一步中添加了两名可能具有警卫身份的骑兵。（图7.11）

马戛尔尼的贴身男仆埃涅阿斯·安德森注意到，信使们背着一个用带子绑着的盒子，里面装着信件和包裹。盒子上装饰着小铃铛，以提醒他人信使的到来。安德森认为中国的邮驿系统是有效的，甚至可

---

[1] George Staunton, *An Authentic Account of an Embassy from the King of Great Britain to the Emperor of China*, London: W. Bulmer and Co. for G. Nicol, 1798, Vol. 3, pp. 164-165.

[2] George Staunton, *An Authentic Account of an Embassy from the King of Great Britain to the Emperor of China*, London: W. Bulmer and Co. for G. Nicol, 1798, Vol. 3, p. 168.

图7.11　携带中国皇帝信件的官吏（复制自《纪实》），基于威廉·亚历山大的绘画，1797年，铜版画（洛杉矶盖蒂研究所藏）

以与英国邮政系统媲美。[1]

　　在描述中国陆地上的通信和运输系统时，亚历山大运用科学方法分析其结构、机制和功能——其绘制的图像是详细的经验观察的成果。对后续版画作品的完善修改，一方面，使它们更加生动和准确；另一方面，艺术风格上的修饰赋予了艺术家独特的手法，以吸引英国民众通过艺术的方式，感受中国的科学知识。

1　Anderson's journal, cited in Kevin Bishop, *China's Imperial Way: Retracing an Historical Trade and Communications Route from Beijing to Hong Kong*, Hong Kong: The Guide Book Company Limited, 1997, pp.75-76.

第四节 技术工具：数学、冶金和航海

马戛尔尼使团观察并记录了一些与中国数学、冶金和航海有关的技术工具，如算盘、风箱和指南针。成员们出于科学目的，绘制了这些物体的详细图像，将它们在空白背景下放大，并附有关于使用方法的描述。根据最初的画稿进行进一步完善创作的过程中，艺术家和科学家再次合作，将科学插图转化为生动的绘画。

亚历山大在一幅水彩画中绘制了算盘。在空白背景中，他展示了这架分为上下两个隔间，其中有串在铁丝上的可移动珠子的计算仪器。（图 7.12）基于对一家商店的参观经历，艺术家还创作了另一幅图画，展现了一名商人站在桌子前用算盘计算收入的情景。（图 7.13）店主轻松的体态，表明他对算盘的熟练使用。

巴罗在其《行纪》中解释了这种计算工具的原理，对其比欧洲方法更快的计算速度印象深刻。他指出，该工具基于十位算数体系，"因为演算简单、容易和方便，可望在欧洲普遍采用，代替在不同国家，以及统一国内不同省份用无数方法将整数做不同的分割的境况"[1]。

算盘为使团成员提供了洞察中国数学方面的发展，及其背后思维方式的影响。巴罗注意到中国人与西方人不同的思维模式，并得出结论认为，这项发明可能完全归功于中国人的性格。[2]

引起使团兴趣的另一技术领域是冶金和金属加工。根据李约瑟的研究，中国使用风箱进行金属加工的发明和发展历史悠久。最早的形

---

[1] John Barrow, *Travels in China*, Philadelphia: W. F. M'Laughlin, 1805, p.198.

[2] John Barrow, *Travels in China*, Philadelphia: W. F. M'Laughlin, 1805, p.198.

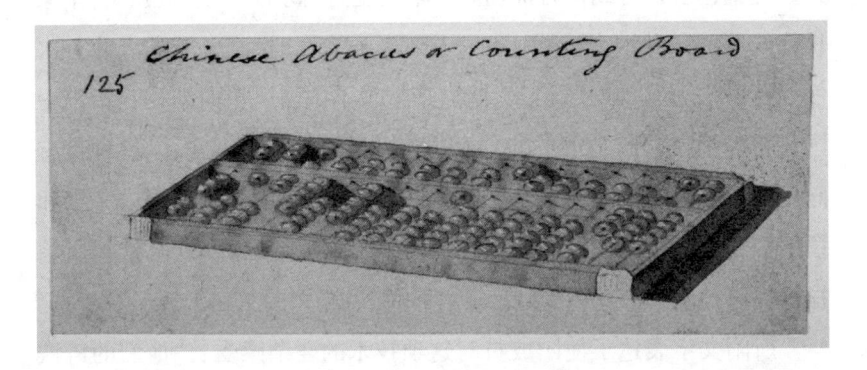

图7.12 算盘，威廉·亚历山大绘，1793年，纸本水彩（大英图书馆藏）

图7.13 商人和他的算盘（复制自《图鉴》），基于威廉·亚历山大的绘画，1814年，蚀刻版画（伦敦威康图书馆藏）

式是皮囊，由人力或畜力推动。后来演变为由东汉时期官员、科学家杜诗发明的一种水力机器。与之相比，直到13世纪，欧洲人才首次使用这种水力驱动的风箱。[1] 斯当东记录了中国风箱的结构，指出中国风箱的抽拉方向是水平的，而非英国风箱的垂直形式。[2] 这种带有阀门的木制风箱，正是宋应星于1637年在《天工开物》中以文字和插图描绘的。[3] 在一幅后来修改为版画的水彩画稿中，铁匠推拉风箱拉杆，以控制火势，周围则散布着各种铁器。（图7.14）

所附文字表达了使团成员对这项技术的复杂感受："他们的铸铁又轻又好，但其锻铁产品却品质不佳：他们既造不出铰链，也造不出锁，甚至连一颗称得上好的钉子都造不出来。"这段文字进一步记录了风箱的形制："铁匠的风箱是一个带有阀门的木箱子，不使用时可以装工具和充当座椅……"[4] 尽管持负面评价，使团后来还是将中国风箱带回英国仔细研究。[5] 与中国科学技术的其他领域一样，使团认为按照英国标准，中国风箱是落后的——尽管中国人发明这种装置的时间比欧洲人早得多。这些叙述，总是小心翼翼地向民众陈说英国科技的优越地位。

指南针同样引起了使团成员的极大兴趣。据信，它最初是在汉代发明的一种占卜工具，在11世纪被用于航海，而欧洲人是在1190年

---

[1] 李约瑟：《中国科学技术史》第四卷第二分册，科学出版社2003年版。

[2] George Staunton, *An Authentic Account of an Embassy from the King of Great Britain to the Emperor of China*, London: W. Bulmer and Co. for G. Nicol, 1798, Vol.4, p.290.

[3] 潘吉星：《国学经典导读·天工开物》，中国国际广播出版社2011年版。

[4] William Alexander, *Costume of China: Illustrated in Forty-Eight Colored Engravings*, London: William Miller, 1805, caption of a traveling smith.

[5] George Staunton, *An Authentic Account of an Embassy from the King of Great Britain to the Emperor of China*, London: W. Bulmer and Co. for G. Nicol, 1798, Vol.4, p.290.

图7.14　铁匠的肖像，威廉·亚历山大绘，1793年，纸本墨水（大英图书馆藏）

首次使用该工具的。[1] 斯当东《纪实》中的版画，十分精确地描绘了指南针，包括微小的磁针和罗盘上的字符。随附的评论称赞该设备"非常漂亮""非常明智"，是"完美的机器"。[2]（图7.15）

巴罗认为，与较大的欧洲罗盘相比，中国的指南针在水平线的倾斜度和稳定性的设计方面具有明显优势。[3] 斯当东则评论说，中国人

1　Barbara M. Kreutz, "Mediterranean Contributions to the Medieval Mariner's Compass," *Technology and Culture*, Vol.14, No.3, July, 1973, pp.367-383.

2　George Staunton, *An Authentic Account of an Embassy from the King of Great Britain to the Emperor of China*, London: W. Bulmer and Co. for G. Nicol, 1798, Vol.2, p.441.

3　George Staunton, *An Authentic Account of an Embassy from the King of Great Britain to the Emperor of China*, London: W. Bulmer and Co. for G. Nicol, 1798, Vol.2, pp.441-443.

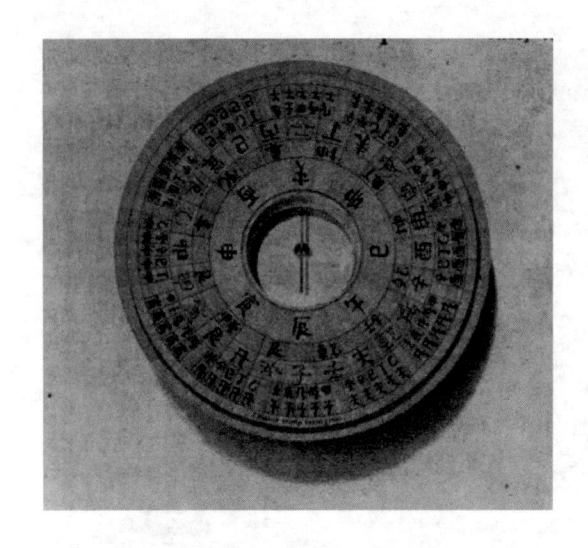

图7.15 指南针图(复制自《纪实》),1797年,铜版画(洛杉矶盖蒂研究所藏)

的磁学理论与欧洲人的磁学理论相反,认为磁针指向南方。他还举了康熙皇帝对西方科学感兴趣的例子,很可能被耶稣会传教士的理论说服。他的结论是,中国人对磁力的了解有限,但它"在实践中满足了这个国家的一切需要",满足了"由于每一项特定持续追求而产生的实用前景"。[1]尽管使团承认,指南针是中国人的发明,但他们仍然将之视作中国科技落后的例子,表示它只具有实用功能,中国人并没有努力了解其背后的科学原理。

亚历山大关于算盘、风箱和指南针等技术工具的插图,为其观众提供了中国科学技术的良好范例。他以两种方式描绘各种物件——要么与环境分割,要么作为劳动者使用该设备的场景的一部分。其目的是以一种看似客观的方式,向英国人传达中国科学技术知识。然而,在使团成员在字里行间中,字里行间表达的观点仍是,尽管此类工具

---

[1] George Staunton, *An Authentic Account of an Embassy from the King of Great Britain to the Emperor of China*, London: W. Bulmer and Co. for G. Nicol, 1798, Vol.2, p.447.

实际上由中国人发明，但其在当下已经过时，并且仅限于实用而非科学目的。最终，图像与文字共同给予英国观众的总体印象是，中国已成为一个"停滞不前"的帝国。

第五节　农事

马戛尔尼使团留下的图文中，虽然与中国农业相关的内容很少，但还是在一定程度上反映了使团成员对在这一领域的关注，包括灌溉、施肥等农业技术。亚历山特使用科学方法创作了插图，测量并描述了中国农业设备的形状、结构和机制，以及使用的规模。在这一技术领域，使团的评论反映了总体积极的观点，并对这些实用方法在欧洲的引入和传播持乐观态度。

在使团行经过的大运河沿线，有多条东西向河流汇入运河。如果出现洪水或其他水位过高的情况，运河上的闸门就会发挥调节水量的作用，并让溢出的河水流入周围的农田进行灌溉。[1] 当运河河床高于邻近土地时，灌溉田地并非难事，因为水是从高处的运河自然流下的。而当河面与地面齐平或较低时，农民则采用如下版画中所示的两种主要方法进行灌溉（图7.16）：两人相对站在岸边，手里拿着绳子，操作着一种舀水装置；同时，旁边立着一根木头，上有一个可以在枢轴上转动的杠杆，杠杆较短的一端固定有一个篮子，将其放入水坑中以装满水，只要对较长的杠杆略施力量，就可以轻松举起篮子，将水

---

[1] Kevin Bishop, *China's Imperial Way: Retracing an Historical Trade and Communications Route from Beijing to Hong Kong*, Hong Kong: The Guide Book Company Limited, 1997, p.71.

图7.16 中国灌溉图(复制自《纪实》),1797年,铜版画
(洛杉矶盖蒂研究所藏)

倒入更高的水池。[1]

亚历山大还描绘了另外两种灌溉机械,即链泵和水轮。使团成员研究了这些装置的结构、机制和操作方法,通过文字和图像对它们进行了科学描述。

亚历山大的链泵水彩画展示了该设备在空白背景下的运行情况。(图7.17)装置的每个部分都绘制详细,显示了这一结构的运作方式。

艺术家显然近距离地研究了这台复杂的机器。它主体是一个空心木轨道,轨道上固定着一根链条,一些扁平木质板条固定在链条上。

---

1 George Staunton, *An Authentic Account of an Embassy from the King of Great Britain to the Emperor of China*, London: W. Bulmer and Co. for G. Nicol, 1798, Vol.4, pp.359-340.

图7.17　链泵图1，威廉·亚历山大绘，1793年，纸本水彩（大英图书馆藏）

当链条绕着系统转动时，板条将水向上输送，但提升动力由人工提供。劳工踩在提升机构的T形突出臂上，踩动踏板产生能量，使链条旋转并提升大量的水。[1] 在另一幅水彩画展示了链泵在现实条件下的运行情况：三名农民踩着伸出的踏板，将水汲入蓄水池。（图7.18）

　　亚历山大绘制的水轮图，则展示了一个有16或18个辐条的大水轮，由河床上的两根木柱支撑。（彩图45）水轮由两个相距约15英寸（约38.1厘米）的不等轮缘组成。水轮的小部分浸入河中，大部分露出河面。在轮辋和辐条交叉点之间有一种编织物，充当浮子，借助水的冲力使轮子转动。轮辋上附有竹筒，当轮子浸入水流时，竹筒就会注满水；当轮子升到顶部时，竹筒就将水倒入安放于在柱子间的水槽中，将水输送到所需位置。在亚历山大的水彩画中，水轮矗立在

1　George Staunton, *An Authentic Account of an Embassy from the King of Great Britain to the Emperor of China*, London: W. Bulmer and Co. for G. Nicol, 1798, Vol.2, pp.479-480.

图7.18 链泵图2，威廉·亚历山大绘，1793年，纸本水彩（大英图书馆藏）

河边的一座小土包旁，而远处的建筑，画得都很粗略，呈未完成状态。

由这幅水彩画发展出一幅版画，水轮的背景被推得更远，周围的建筑物和房屋也更加清晰。（图7.19）土包下绘有一个人影，通过对比显示出水轮规模之大。该版画还对水轮的不同结构部分进行了标号，并附有说明文字，以描述其结构和功能，其方式与《天工开物》中对水轮的描述方法相同。[1]

---

[1] 斯当东在《纪实》中，对水轮各结构说明如下："A 和 B 是水轮的两个轮辋或竹制轮圈，其中 A 的直径比 B 小约 1 英尺或 18 英寸（约 0.3 或 0.5 米——引者注）。轴承 C 两端斜着嵌进 16 或 18 根竹制辐条 D，辐条在 F 处两两交叉并被一环形的劈开的扭曲竹条 G 加固，与轮圈构成同心圆。辐条从此处延伸至两个竹制轮圈处，并与轮圈通过劈开的竹子制成的坚固的绳索牢固绑定。辐条之间装有编篮 H，它们同样由竹子制成，作为水轮的浮筏或勺板。L 是固定在轮圈边缘的竹筒，其中一端 M 是开口的。这些竹筒与轴承呈一定角度，使其能够存水，并在上升到水轮的顶点后流出。O 是一个长槽，固定在立柱 R 之间，从中延伸出两个管道 P，将水输送到河岸上的蓄水池。S 是用以支撑水轮运行的支架。" George Staunton, *An Authentic Account of an Embassy from the King of Great Britain to the Emperor of China*, London: W. Bulmer and Co. for G. Nicol, 1798, Vol.5, pp.499-500。

图7.19 水轮的剖面图和立面图,中国人用其汲水(复制自《纪实》),基于威廉·亚历山大的绘画,1797年,铜版画(洛杉矶盖蒂研究所藏)

斯当东称赞水轮"材料便宜、操作方便、效果显著"[1]。他研究了水轮的材质,发现其完全由竹子和木头制成,没有任何金属部件,显示了中国工匠较高的工艺水平。斯当东通过计算该设备可以提升的水量衡量其有效性,并评论道:"这种水轮在许多方面超过其他同样作用的工具。"[2] 使团人员对这些水轮表示赞赏,并认为它们是中国技术具有价值的证明。

亚历山大关于儿童收集粪便的版画,则让英国观众了解了中国的

1　George Staunton, *An Authentic Account of an Embassy from the King of Great Britain to the Emperor of China*, London: W. Bulmer and Co. for G. Nicol, 1798, Vol.5, pp.499-500.

2　George Staunton, *An Authentic Account of an Embassy from the King of Great Britain to the Emperor of China*, London: W. Bulmer and Co. for G. Nicol, 1798, Vol.5, pp.502.

图7.20　收集粪便的儿童（复制自《图鉴》），基于威廉·亚历山大的绘画，1814年，蚀刻版画（伦敦威康图书馆藏）

积肥方法。（图 7.20）版画所附文字指出，最受老人和儿童欢迎的职业便是拾粪并制成饼出售。[1] 中国是最早认识到粪便价值的农业文明之一。使团从科学角度考察了这种施肥方法，发现施用粪肥——将动物粪便同植物的残根烂叶混合发酵形成——可以帮助植物生长。[2] 正如斯当东描述的，将这种肥料加到土壤中之后，它"能使粘土易碎，能使沙土变粘，同时使土壤保持一定的温度和湿度"[3]。在这幅图像中，一名男孩单膝跪在地上捡起粪便，而一名年龄较大的孩子则站在附

1　William Alexander, *Picturesque Representations of the Dress and Manners of the Chinese*, London: John Murray, 1814, caption of Plate VIII.

2　George Staunton, *An Authentic Account of an Embassy from the King of Great Britain to the Emperor of China*, London: W. Bulmer and Co. for G. Nicol, 1798, Vol.4, pp.474-479.

3　George Staunton, *An Authentic Account of an Embassy from the King of Great Britain to the Emperor of China*, London: W. Bulmer and Co. for G. Nicol, 1798, Vol.4, p.477.

近，手里拿着一把铲子。他们的背上背着装着粪便的背篓。这一形象不仅向英国民众传达了中国的农业实践，而且反映了普通中国人普遍艰苦的生活状态。

不难注意到，同其他大多数被认为落后的中国科学技术相比，中国农业设备和技术的优势得到了使团认可，认为中国农业科学适于在欧洲传播。

第六节　武备

使团关注的另一个重点是中国的军事科学，这对于大英帝国评估中国的实力至关重要。在旅途中，使团成员用文字和图像仔细记录了其所见中国军事建筑、武器装备的细节，以衡量两国的实力，这构成了大英帝国扩张计划的一部分。

巴罗在他的《中国行纪》中收录了帕里什创作的版画，其中包含六幅中国火炮的图像。（图7.21）这些大炮中既有陆地上使用的，也有可装载于战船上的，火炮图像被置于空白背景当中。巴罗肯定火药在中国早已被使用，但指出其在欧洲的传播并非是马可·波罗于1295年自东方游历归来的结果，因为在此之前去世（1292年）的英国哲学家和自然科学家罗杰·培根（Roger Bacon）在生前已经记录了火药的成分。同时，尽管康熙皇帝向耶稣会传教士宣称中国已有两千多年的使用火药的历史，但巴罗推测，在1621年葡萄牙人教授中国人使用大炮之前，后者从未在武器中使用过火药，并指出中国火绳枪与葡萄牙人的旧式火绳枪并无区别。[1]

1　John Barrow, *Travels in China*, Philadelphia: W. F. M'Laughlin, 1805, pp.201-202.

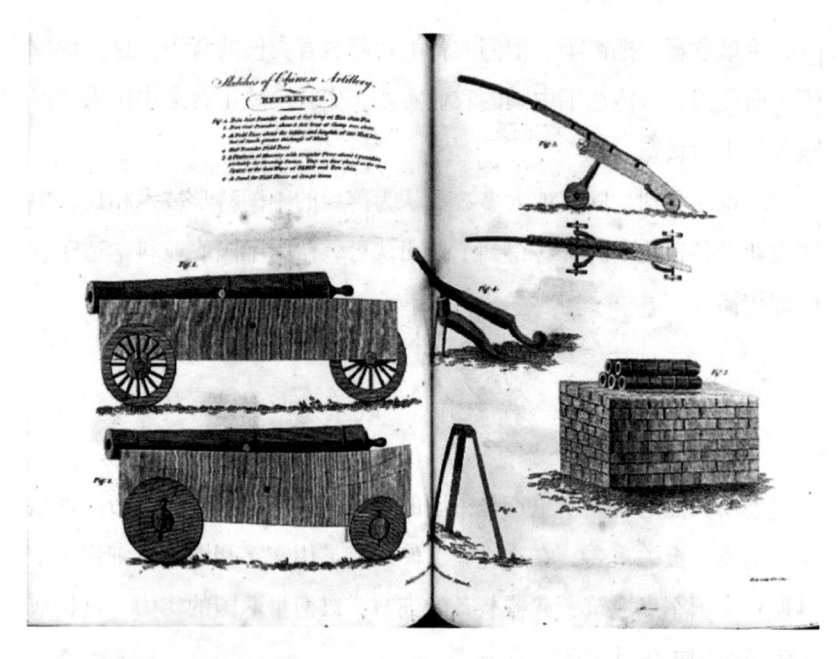

图7.21　火炮（转载自《中国行纪》），基于亨利·威廉·帕里什的绘画，1804年印刷（图片由王志伟私人藏书提供）

　　巴罗此处的推测多少存在偏见：事实上，早在10世纪末的北宋时期，中国古代的军事专家就已经知道如何使用火药来制造火器；至于清代火器，则是16世纪时，作为中国与耶稣会传教士之间科学信息交流的一部分，明朝廷购买、研究并仿制葡萄牙武器供自己使用的产物。[1]

　　对于中国火药火器质量，巴罗的评价趋于负面。例如，他对中国火药进行了化学测试，发现"他们不知道把混合物制成颗粒的技术，而欧洲已知道。他们使用的是粗粉状火药，有时结成硬块，又因硝石不纯，

---

[1] 李约瑟：《中国科学技术史》第五卷第七分册，科学出版社2005年版。

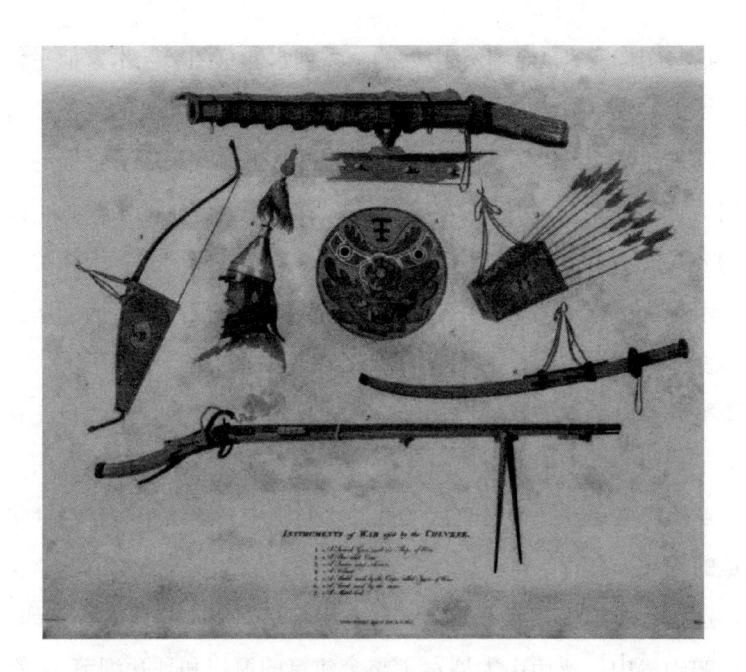

图7.22 战争武器（复制自《纪实》），基于威廉·亚历山大的绘画，1797年，铜版画（洛杉矶盖蒂研究所藏）

只要一暴露在空气里，吸收湿气，就变得不能使用"[1]。他形容自己在北京、广东境内和杭州府观察到的中国火炮，是"一些粗制滥造、不成比例的火炮，没有架设，躺在地上"。巴罗最后得出的结论是，中国的军事科学停滞不前，"两位耶稣会士，汤若望和南怀仁，都曾尽力教他们铸炮之法，然而，他们在这方面没有什么进步和发展"。[2]

除了帕里什描绘的火炮之外，斯当东的《纪实》中还收录有一幅版画，在空白背景里展示了七种中国武器，包括一尊在船上使用的火炮，装在弓囊中的弓、箭、头盔、盾牌、刀和火绳枪。（图7.22）

---

1 John Barrow, *Travels in China*, Philadelphia: W. F. M'Laughlin, 1805, p.200.
2 John Barrow, *Travels in China*, Philadelphia: W. F. M'Laughlin, 1805, p.202.

这些图像应来源于亚历山大的一系列水彩草图。艺术家似乎仔细研究了他的观察对象，例如盾牌上怪物的图案即用明亮的颜色经过了仔细的描绘。（彩图46）头盔的形象源自亚历山大在现场素描的一名中国军官的肖像（彩图47）；关于箭矢和两把火绳枪的水彩画则以特写的方式展示了它们的结构和机制。与《皇朝礼器图式》中相关武器的图示相比，英国艺术家只能表现这些武器的一般形象，而无法区分许多变体，这很可能是由于他们缺乏接触实物的机会。亚历山大将各种军事武器以科学插图的形式描绘在一起，但这种呈现形式也使它们失去了相关的环境信息，以致无法传达更为细致的结构和机制信息。

亚历山大还在一幅富有启发性的水彩画中，描绘了一排身穿华丽盔铠的士兵，其背景是一座堡垒。（图7.23）

这幅水彩画由几张草图合成，其中包括对堡垒建筑的详细研究。在一幅画稿中，亚历山大展示了整个建筑的窗户和环孔细节。（彩图48）他还考察了中国士兵的服装和举止，特别是代表大清帝国精锐军事力量的八旗军队。这幅士兵水彩画，描绘了盔甲的材料，尽管它看起来华丽威风，但亚历山大形容这种盔甲"笨拙、不方便，不利于军事行动的进行"。此幅水彩画为斯当东《纪实》中收录的版画17提供了基本的构图思路和主题，后者中还包括一对"战争之虎"——其形象是根据另一幅描绘两名士兵战斗的水彩素描发展而来的。（图7.24、彩图49）亚历山大指出，这些士兵打扮得像老虎，以鼓励他们采取军事行动。[1]

图像中呈现的士兵形象多给人以纪律严明、组织有序、勇敢自信之感，但随附的文字记载则多持负面评价。例如，"战争之虎"所附

---

[1] William Alexander, *Costume of China: Illustrated in Forty-Eight Colored Engravings*, London: William Miller, 1805, caption of a Chinese soldier.

图7.23 中国的军事哨所1,威廉·亚历山大绘,1793年,纸本水彩(大英图书馆藏)

图7.24 中国的军事哨所2(复制自《纪实》),基于威廉·亚历山大的绘画,1797年,铜版画(洛杉矶盖蒂研究所藏)

文字指出,这些士兵表现出"各种异想天开的态度,跳跃翻滚,就像许多江湖骗子一样"。对于这些身着具有异国情调的制服、做出令人印象深刻的动作的士兵,但亚历山大总结道:"事实上,中国的整个军事战术既天真又荒谬。"对中国军事装备的负面评价,也体现在一张描绘舟山士兵形象的图画所附的文字中,亚历山大评论道:"中国军队纪律松散,优势仅限于数量,这根本无法弥补其在实战中的虚弱,因为他们对军事战术一无所知,并且缺乏个人勇气。"总体而言,使团认为,中国军队"算不上强大","天生柔弱,没有欧洲士兵的勇气"。[1] 在其看来,中国军队的煌煌外表,只在于掩饰其虚弱。

图片与文字之间的张力于此处再次得到体现:虽然使团成员的画作对清军士兵、装备和军事建筑的描绘应和了英国观众对一个异域大国的期望,但相关的文字叙述却强调了中国军事科学的落后和停滞——后者无疑增强了英国在东方的野心,使其在后来的鸦片战争中采取了更加大胆的军事冒险行动,并进一步验证了使团成员的结论。

第七节 画中学问

英国使团将其科学方法应用于观察中国的各个领域,甚至包括艺术和文化。在研究中国绘画时,他们关注的是立体和透视问题;在音乐方面,他们对和声和节奏模式进行了分类——这些都反映了其将

---

[1] William Alexander, *Costume of China: Illustrated in Forty-Eight Colored Engravings*, London: William Miller, 1805, caption of a Chinese soldier.

艺术和科学相互关联的信念；而且与其他大多领域相似，使团根据欧洲标准评估中国艺术，并对其予以负面评价。

关于绘画，斯当东对宏雅园墙上的水彩画进行了简短的评论。他注意到，该画作用透视法准确地呈现了主题，但完全忽略了明暗关系。譬如一座周围有树木和房屋的湖，却被描绘得没有一丝倒影，因为中国人认为这种画法是一种瑕疵。[1] 斯当东对中国绘画的评价尚且持平，巴罗则表达了更加明确的不屑：

> 至于绘画，他们只能算是可怜的涂鸦者，不能描绘出很多的物体的正确轮廓，不能运用适当的明暗对照呈现物体的原状，以及用柔和的色调模拟自然颜色。[2]

紧接着巴罗记载了其有关绘画的一次经历，涉及意大利耶稣会宫廷画家郎世宁的作品：一位老太监打开一个箱子，给巴罗看了一些画作，并问欧洲是否有人能赶得上这些非凡的中国画。当巴罗指出，这些作品是由郎世宁完成时，太监便关上了箱子，不再让他欣赏这些作品。此外，巴罗还发现圆明园大厅中也有类似风格的绘画装饰，但它们遵循中国的绘画风格，没有阴影和比例。究其原因，是乾隆皇帝认为"目光的缺陷不能作为让自然物体的临摹也出现缺陷的理由"。皇帝的廷臣在参观使团带来的英国国王肖像时，也表达了类似的想法，指着画中人物鼻子一侧的阴影说："可惜脸上被油泥给

---

1 George Staunton, *An Authentic Account of an Embassy from the King of Great Britain to the Emperor of China*, London: W. Bulmer and Co. for G. Nicol, 1798, Vol.3, pp.126.

2 John Barrow, *Travels in China*, Philadelphia: W. F. M'Laughlin, 1805, p.216.

弄坏了。"[1]

诚然,巴罗确实认识到了中国山水题材绘画具有的品位和精确性,并将几幅作品从广州带回英国;但他仍贬低中国画家是"一丝不苟的抄袭者"和"奴性模仿者",其创作缺乏个性。巴罗说,他们"丝毫没有表现出任何可能出现在他们之前的艺术作品的力量和美"。他认为,中国画"充满了荒谬",这反映了他的深刻偏见。[2]使团成员的这些评论和心态,反映了一种审美的过渡,即英国社会对于中国风的热爱,正在因中国国力的下降而消弭,取而代之的是一种新古典主义的艺术审美。

使团成员被中国建筑的精湛技术和异国情调吸引,但总体看法不一。亚历山大对中国的各种宫殿、楼阁、宝塔、桥梁进行了系统观察;帕里什则从军人的角度出发,创作了热河小布达拉寺和长城的科学图像。两位艺术家研究了这些建筑的结构设计、材料和美学趣味,以便对它们进行分析和归类。马戛尔尼本人意识到中英审美趣味的差异,但仍对中国建筑给予了高度评价。他指出,尽管具有独特的风格,与英国的构图和比例观念不同,中国建筑仍产生了令人愉悦的效果,就如"我们有时看到一个人,脸上没有任何我们熟悉的特征,但是却依然是一张非常讨人喜欢的面容"[3]。

相比之下,巴罗表达了对中国建筑的厌恶,称其"难看且不坚固;没有优雅或便利的设计,也没有固定的比例;其外观简陋,做工粗

1　John Barrow, *Travels in China*, Philadelphia: W. F. M'Laughlin, 1805, p.216.

2　John Barrow, *Travels in China*, Philadelphia: W. F. M'Laughlin, 1805, p.219.

3　John Barrow, *Travels in China*, Philadelphia: W. F. M'Laughlin, 1805, p.92.

糙"¹。巴罗对新古典主义而非中国风的偏爱,在他对审美品位的讨论中得到了充分的体现。他认为,完美的作品中都呈现出一种各部分之间的和谐、融洽,即使缺乏必需的固定比例。² 早在18世纪初,英国就见证了洛可可风格的到来,从而迎来了古典建筑形式的回归。18世纪上半叶,四本有影响力的书籍出版,包括科伦·坎贝尔(Colen Campbell)1715年出版的《不列颠的维特鲁威》、1715年的《帕拉第奥的建筑四书》(*Palladio's Four Books of Architecture*)、1726年的《论建筑》(*De Re Aedificatoria*)、1727年的《伊尼戈·琼斯的设计》(*The Designs of Inigo Jones*)。这些著作推动复兴了古典建筑的简约和纯粹风格,从而使新古典主义的帕拉第奥式建筑在18世纪的英国站稳了脚跟。巴罗以新古典主义的品位评价中国建筑,抱怨"支撑巨大屋顶的中国柱子,既无根基又无柱头,没有各部的对称,缺乏流畅感,也没有特别的实用性",而且"屋顶檐角上那些龇牙咧嘴、奇形怪状的狮子、龙蛇,根本谈不上什么好风格、实用性或美感"。³

园林是中国的另一种重要建筑艺术形式,亚历山大对这些空间的欣赏,就像他对建筑的欣赏一样,认为这两者都是可以迎合英国人对如画品位的欣赏。巴罗和亚历山大都没有参加热河之行,因此巴罗在讨论中国园艺林时,引用了马戛尔尼日记中的一段长文,其中将中国园林设计师与画家进行了比较:

---

1 John Barrow, *Travels in China*, Philadelphia: W. F. M'Laughlin, 1805, p.221.
2 John Barrow, *Travels in China*, Philadelphia: W. F. M'Laughlin, 1805, p.221. 巴罗讨论道:"因此,仅仅比例不足以构成美。必须不要僵化,不要从直线变为曲线的突变;但变化应是轻松的,局部不可见,而是了无痕迹,贯穿整个过程。实用性也被视为是美的组成部分。"
3 John Barrow, *Travels in China*, Philadelphia: W. F. M'Laughlin, 1805, p.221.

> 中国的园丁是大自然的画师，尽管完全不懂透视画法，却作为一种技艺，创造出最佳的效果：采用对距离的安排，或不如说勾画（penciling）的方法——如果我可以使用这个词的话，衬托或缩小景色的特征，明亮树木和黑暗树叶的对比，按树的大小和形状，或置前，或挪后，而且安排各种大小的房屋，或用深色使之突出，或用素色和无修饰使之淡化。

马戛尔尼认为，园林中唯一令人不快的特征，是陈列着的巨大瓷像和庞大的假山石作品，他认为这些作品由于"浮夸和奢侈"，从而显得"缺乏品位"。[1] 马戛尔尼将这些元素与富人喜爱的浮夸显摆联系起来。他将这种批评延伸到了英国流行的中国风格建筑和装饰品上，评论它们"向我们传达的，只是病态荒诞幻想的奇思怪想，没有一点宏伟、品位或仪式感"。显然，在目睹了真正的中国园林之后，马戛尔尼意识到了中国艺术与欧洲中国艺术之间的巨大差异。不过与其他偏爱新古典主义风格的成员不同，马戛尔尼对中国园林的原创设计十分欣赏。

在《中国行纪》中，巴罗考察了各种中国手工艺，并为英国市场提供了有关中国产品的重要信息。虽然他认可许多中国产品的精湛技术和工艺，但也贬斥与英国品位相比的"弱点"。唯一的例外是中国的瓷器，他说"中国的瓷器，达到了迄今除日本以外，任何国家都无法比拟的完美程度"。他利用自己的科学背景，研究高岭土等材料的

1　John Barrow, *Travels in China*, Philadelphia: W. F. M'Laughlin, 1805, p.86.

化学成分，以及瓷器的制作过程。不过巴罗在此方面的评价不乏矛盾之处，例如他也声称威治伍德瓷器更为优越，认为中国的形式"粗鲁且设计不良"，并且"通常是劳苦穷人的妻子和孩子的作品"。[1] 在考察丝绸和棉花工业时，巴罗发现中国人坚持古老的方法，生产仍然停滞不前。在他看来，中国人唯一达到完美的产品是象牙雕刻，他确信象牙制品在英国有很大的市场。他的结论是，中国艺术的停滞是由于政府的目空一切，蔑视任何外国产品和发明。

音乐一直是中国重要的艺术形式，使团花了不少时间对其进行观察和评估。在一幅描绘流浪卖唱者的版画中，主角一只脚的脚趾夹着鼓槌敲鼓，另一只脚操纵着一对铙钹，双手抱着阮自弹自唱。（图7.25）卖唱者身旁还边放着一只木鱼和一副快板，另一侧的包中装有长笛和唢呐。

版画所附文字描述了每种乐器的特征，以及演奏的音乐类型，文字笔者表达了一种西方视角下典型的消极评价，即"嘈杂的乐器"产生了"令人讨厌的"音乐。此外，文字还赞扬了欧洲和谐的优点，称少数听过它的中国人"假装不喜欢它"。[2] 巴罗则评论说，中国人没有将音乐作为一门科学来培养，音乐既非"应当学习的高尚技艺"，也非"为休闲生活而演奏"。[3] 他指出，在中国，大多乐师是被雇佣来演奏音乐，以供付费者娱乐的。他表达了对中国音乐的完全蔑视，说"没有一样可入欧洲人之耳"。[4] 不过，他还是在《中国行

---

1 John Barrow, *Travels in China*, Philadelphia: W. F. M'Laughlin, 1805, p.240.

2 William Alexander, *Picturesque Representations of the Dress and Manners of the Chinese*, London: John Murray, 1814, caption of PlateXIX.

3 John Barrow, *Travels in China*, Philadelphia: W. F. M'Laughlin, 1805, p.209.

4 John Barrow, *Travels in China*, Philadelphia: W. F. M'Laughlin, 1805, p.210.

图7.25　卖唱者（复制自《图鉴》），基于威廉·亚历山大的绘画，1814年，蚀刻版画（伦敦威康图书馆藏）

纪》中收录了一组版画，包括英国人在广州收藏的各种中国乐器的图示。（图 7.26）他还收录了由希特纳（Hittner）先生记录下的中国民间音乐《茉莉花》（Moo-Lee-Wha）的五线谱稿，这也是这首中国名曲第一次被引入欧洲。[1]

亚历山大还创作了多幅关于中国音乐和戏剧的图像。斯当东《纪实》中收录的版画30，就是根据亚历山大创作的在天津上演的中国戏剧场景的水彩画完善而成的。（图 7.27）演员身着精美的戏服，表演着斯当东在《纪实》里简单记录的标准化情节。背景中的中国乐队为表演伴奏，展示了乐器的握持方式。

1　John Barrow, *Travels in China*, Philadelphia: W. F. M'Laughlin, 1805, p.211.

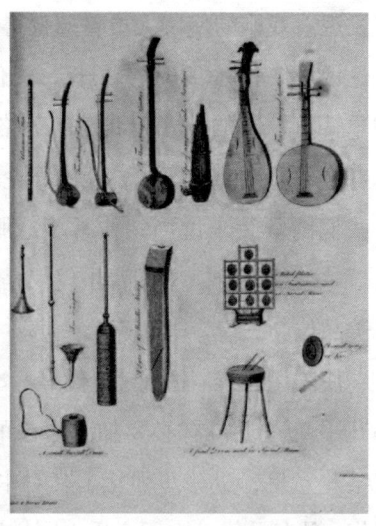

图7.26 乐器（复制自《中国行纪》），基于亨利·威廉·帕里什的绘画，1804年印刷（图片由王志伟私人藏书提供）

图7.27 中国舞台上的历史剧场景（复制自《纪实》），基于威廉·亚历山大的绘画，1797年，铜版画（洛杉矶盖蒂研究所藏）

观看戏剧的使团人员普遍觉得伴奏声音过大,令人不适。安德森评论说,"有些(乐器)很长,类似于小号;其他的看起来像法国号和单簧管,它的声音让我想起苏格兰风笛的声音"。和巴罗一样,安德森也不喜欢中国音乐,他的结论是:"他们的音乐缺乏旋律和和声,对我们的耳朵来说当然非常不舒服,因为我们习惯了音乐的这些要点。"[1] 使团认为,中国音乐仅仅是一种异国情调,并不符合英国人的审美品位。

使团用三维、透视、比例等标准,描述中国绘画艺术和建筑作品,并几乎总是觉得有必要加上自己的定性判断。在此过程中,反复重申某些意见,进一步强化了其对中国艺术的蔑视:肤浅、缺乏理性、粗俗、没有品位。中国音乐也同样被认为充满缺陷,对于欧洲人来说,它陌生、刺耳、不和谐。事实上,普遍存在的对中国文化艺术的消极评价,仅在一些成员对中国园林的欣赏中有所缓和。可以说,不同于过去数百年西方旅者对于中国的某种倾慕情绪,马戛尔尼使团对中国文化的评估,始终是以英国的高高在上为出发点的。

* * *

马戛尔尼使团对中国的科学技术进行了广泛研究,利用绘画、图示、评论等形式呈现他们的观察成果。使团成员们记录了中国仪器和设备的结构,以及基本的科学方法,作为评估中华文明进步与否的标志。在此过程中,使团艺术家有效地描绘了这些设备,以展示它们的使用环境,并使英国观众可能理解其功能与原理。艺术家和科学家之

---

1 Kevin Bishop, *China's Imperial Way: Retracing an Historical Trade and Communications Route from Beijing to Hong Kong*, Hong Kong: The Guide Book Company Limited, 1997, p.50.

间的合作，有助于捕捉中国科学技术的详细知识。

从其观察研究的主题上看，拉图尔"计算中心"理论提及的权力关系与使团的科学探索的关联性不大，但是基特森、拉吉和艾尔曼的模型更能提供合理的解释，即以多边方式看待科学的发展，将之视为一种双向交流：使团向清廷提供英国科学进步的例子，并将中国科学的各个方面——尤其是中国的灌溉方法，被证明是当时最高效、最具实用性的方法——带回英国。不过，尽管使团发现了中国科技的宝贵信息，但他们还是普遍认为，中国的科技水平整体上是落后、停滞的，正如吉兰大夫的评论揭示的那样：

> 在所有的机械工艺和制造业中，中国人满足于已知的操作过程和操作方法，他们只知沿袭，没有哪怕最小限度的改变或背离，从不询问是否可以通过对操作方式的变更，实现对工艺的改进。[1]

马戛尔尼也认同，中国人"在科学的各个方面……肯定远远落后于世界"[2]。即使是按照班克斯的指示带回的关于瓷器制作的详细说明，在使团成员眼中，与当时的英国产品相比，也被认为是不完美的，反映了他们固有的文化偏见，他们认为，中国几乎在每个领域都远远落后于英国，这种优越感助长了大英帝国日益增长的全球扩张野心。

1　P. J. Marshall, "Britain and China in the Late Eighteenth Century," in *Ritual and Diplomacy: The Macartney Mission to China, 1792-1794*, ed. Robert A. Bickers , London: Wesweep Press, 1993, p.25.

2　P. J. Marshall, "Britain and China in the Late Eighteenth Century," in *Ritual and Diplomacy: The Macartney Mission to China, 1792-1794*, ed. Robert A. Bickers , London: Wesweep Press, 1993, p.25.

第八章
回 响

马戛尔尼使团返回英国后,几位成员出版了有关此次旅程的纪实和日记,深刻影响了英国人对中国的看法,特别是他们创作的视觉图像,引起了广泛关注——威廉·亚历山大、托马斯·希基、约翰·巴罗、亨利·威廉·帕里什的作品被制成版画广泛传播,吸引了包括王室成员、知识精英甚至普通大众在内的大量关注者。这些出版品尽管对原始素材进行了加工呈现,以强化英国标准,但相对此前的图像,仍可谓向英国读者展示了基于实证观察的更加真实的中国图景。这些图像激发了其他英国艺术家的灵感,掀起了新一波有关中国的热情。乔治·梅森(George Mason)、托马斯·阿洛姆(Thomas Allom)等艺术家,以及布莱顿英皇阁的室内设计师弗雷德里克·克雷斯(Frederick Crace)和罗伯特·琼斯(Robert Jones),都借鉴了使团创作的图像中的图案、主题甚至整个绘画构图。特别是对亚历山大创作的中国图像的挪用,一改英国人对中国文明的理解,使之从一种一成不变的具有异国情调和神秘色彩的意向,转变为一幅复杂、多面的活络社会图景。

第一节 出版物

公众对英国使团成员出版作品的兴趣的激增,有其印刷文化蓬勃发展的历史背景。在18世纪的英国,出版物的数量和种类显著增加。非虚构作品、画册、诗歌、手册、说教类读本以及歌谣、小说、期刊、报纸和儿童文学都变得流行。[1] 书籍可以从零售商店或个人书商处购买，也可以通过流通图书馆、会员图书馆和读书俱乐部借阅。[2] 同时，整个18世纪，随着识字率的提高，英国的读者群体迅速增长，并主要由精英阶层和不断壮大的中产阶级组成。[3] 到18世纪末，伦敦已经超越阿姆斯特丹、威尼斯、奥格斯堡和巴黎，成为欧洲图书贸易的中心。[4] 在伦敦，插图书籍变得非常流行，尤其是雕刻家兼出版商约翰·博伊德尔（John Boydell）推动，著名书商乔治·尼科尔（也是斯当东《纪实》的出版者）参与其中的《莎士比亚画廊》(*Shakespeare Gallery*) 项目，可谓典型。[5] 印刷图文的艺术书籍让人们不用远赴欧洲大陆观看原作，就能欣赏到艺术大师的作品，也能在家中通过图文并茂的游记，欣赏远方的风景和人文。

这一时期英国公众了解中国的主要渠道之一，就是马戛尔尼使团成员的出版物。在不断扩大的精英和中产阶级的读者群体中，像班克斯这样的精英知识分子受到广泛尊重——正是他在指导斯当东的纪实

---

1 Bob Harris, "Print Culture," in H. T. Dickinson, ed., *A Companion to Eighteenth-Century Britain*, Malden, MA: Blackwell Publishers, 2006, pp.283-293.

2 John Brewer, *The Pleasures of the Imagination: English Culture in the Eighteenth Century*, London: Routledge, 2013, p.183.

3 John Brewer, *The Pleasures of the Imagination: English Culture in the Eighteenth Century*, London: Routledge, 2013, p.169.

4 Bob Harris, "Print Culture," in H. T. Dickinson, ed., *A Companion to Eighteenth-Century Britain*, Malden, MA: Blackwell Publishers, 2006, p.283.

5 位于英国伦敦的博伊德尔莎士比亚画廊是雕刻家兼出版商约翰·博伊德尔于1786年11月发起的三阶段项目的第一阶段，旨在培育英国历史绘画流派。除了建立画廊之外，博伊德尔还计划制作威廉·莎士比亚戏剧的插图版以及基于不同当代画家的一系列绘画作品的版画对开本。1790年代，展示原画的伦敦画廊成为该项目最受欢迎的元素。

出版的过程中，就视觉图像的选择提出意见，以强调艺术和科学两个维度的融合。同时，这些出版物的内容被许多期刊披露，有助于吸引更广泛的公众兴趣。至于亚历山大的两本版画集，因其主题与服饰研究和民族志研究的风尚密切相关，亦进一步强化了对公众的吸引力。

一、纪实与行纪

如前所述，英国精英在积累、研究和传播中国知识方面发挥了重要作用，尤其是班克斯，他在选择视觉图像和监制乔治·斯当东《纪实》的出版方面扮演了重要角色。新南威尔士州立图书馆藏有"与斯当东关于乔治·马戛尔尼勋爵访华使团经历的出版物相关的档案，约1797年"（*Papers Concerning the Publication of Staunton's Account. Sir. George Macartney's Embassy to China, ca. 1797*），[1] 这些文件记录了班克斯提出的应列入《纪实》中的版画、图样、视图和图表的清单，它们由三部分组成：大幅版画（24张）、视图和图表（24张）、信件页和版画装订（17张）。在实际出版过程中，一些原定图像被删除或更换。最终的44幅版画中，有25幅由亚历山大绘制，其余由巴罗、帕里什、爱德华兹和其他未署名创笔者完成——正如前面几章论及的，亚历山大创作了大部分有关旅途中风景和人文的代表性图像，爱德华兹专注于自然历史，帕里什绘制图示和地形图，巴罗则主要负责制作地图；在此过程中，艺术家和科学家还经常合作，创作与科学主题相关的视觉图像。

斯当东《纪实》由英王乔治三世的书商乔治·尼科尔负责出版，此前他已出版了库克第三次航行的纪实。根据班克斯的记录，当时

---

[1] 收录于新南威尔士州立图书馆藏约瑟夫·班克斯档案，参阅 http://www.sl.nsw.gov.au/banks/section-12. Accessed on February 22, 2022。

计划制作2000套斯当东《纪实》的成书，预估成本为4841.18英镑；最终的实际制作成本为4111英镑，其中雕刻版材成本为2283英镑，图像印刷成本为922英镑——显然，关于视觉图像的费用在总成本中占据了极大的比例，彰显了艺术创作在传达知识和信息方面的重要性。班克斯对艺术的重视，可能受到他所处的由知识精英组成的各种俱乐部和社团中其他成员的影响。例如，他是皇家艺术学院院长约书亚·雷诺兹组织的约翰逊文学俱乐部的成员，马戛尔尼也是其成员之一——班克斯、马戛尔尼和其他帝国精英，很可能便在这些场合中讨论和交换过有关中国及其艺术表达的信息。

值得一提的是，香港大学图书馆藏有斯当东《纪实》的一种特殊版本。这部五卷本著作附有R. H. 亚历山大－贝内特（R. H. Alexander-Bennett）的藏书票和A. 巴尔（A. Bahr）的印章，后者声称这本书是从马戛尔尼后人手里获得的，这意味着其可能是马戛尔尼的个人藏本。[1] 该书是《英使谒见乾隆纪实》在1798年的第二次修订版，体量由第一版的三卷扩大为五卷，包括原来的版画对开卷和新增加的200余张宣纸彩色插图。这些增加的图像来自于马戛尔尼购买的外销画，其中包括鸟类（9张）、肖像（27张）、神话人物（11张）、男性人物服饰（5张）、园林（9张）、昆虫（12张）、鱼类（5张）、职业（17张）、船只（5张）、制茶技艺（13张）、制瓷技艺（11张）、女性人物服饰（8张）、花草（90张）、刑罚（6张）各类主题，它们可能是受马戛尔尼或其家人的委托制作，以补充原来版本的。

增加的插图是当时在欧洲非常流行的中国外销画。18世纪末，

---

[1] 关于香港大学所藏《纪实》的介绍，参阅 https://lib.hku.hk/sites/all/files/files/hkspc/focusJun2003_authentic.pdf. Accessed on February 22, 2022.

广州十三厂附近的同文街和靖远街,就设立了外销画作坊,欧洲人可以在那里订购画作。[1]自19世纪中叶以来,这些作坊开始向欧洲出口大量画作,以赚取利益。这些作品融合了中国和欧洲绘画的艺术方法,从而呈现出一种不同于传统中国或欧洲艺术的混合形式。它们成为这一时期欧洲人了解中国的主要来源。在荷兰人范罢览(Audreas van Braam Houckgeest)的回忆录中便提到中国外销画的受欢迎程度,他指出,这些作品是18世纪末至19世纪晚期的重要贸易产品。[2]1794年,范罢览加入了拜谒乾隆皇帝的荷兰使团,在其离开广州时便购买了1800多幅中国外销画。这些画作的主题,如职业、刑罚、船只、鱼类、鸟类和植物等,同香港大学收藏的斯当东《纪实》版本中新增的插图相吻合。[3]此外,香港大学图书馆藏本中还包括三组绘画,描绘了茶叶和瓷器的制造过程,这些也都是经常出口到西方的流行物品。

这些新增加的插图之所以被补入《纪实》当中,很可能是因为《纪实》中的相关文字段落缺少能与之匹配的由亚历山大和其他使团艺术家创作的画作。使团在华活动的全程受到严密监视,观察中国风物的机会相当有限;尤其是亚历山大本人,既未被允许前往热河,也没能参与从杭州到广州的内陆考察,导致其失去了大量在中国进行观察和现场绘制的机会。当然,除了填补空白之外,外销画本身作为文化交流过程的一种商品,本身也有着审美方面的吸引力——欧洲人偏爱某些类型的中国图像,中国工匠便投其所好,为欧洲大众制作出口

---

1 程存洁:《十九世纪中国外销通草水彩画研究》,上海古籍出版社2008年版,第3页。
2 英国维多利亚阿伯特博物馆、广州市文化局等编:《18—19世纪羊城风物:英国维多利亚阿伯特博物院藏广州外销画》,上海古籍出版社2003年版,第10页。
3 英国维多利亚阿伯特博物馆、广州市文化局等编:《18—19世纪羊城风物:英国维多利亚阿伯特博物院藏广州外销画》,上海古籍出版社2003年版,第10、11页。

的中国画，使团出版物自然也愿意迎合这种品位。

　　巴罗 1804 年出版的《中国行纪》也是这一时期公众了解中国的重要来源。除了记录使团的旅程外，巴罗的《行纪》还涵盖了广泛的主题，包括中国人民、社会、科学和艺术。书中收录有王文雄肖像、热河行宫、官邸、火炮、船只、磨坊机械、水轮、乐器、桥梁等幅图像。版画的主要参照是亚历山大和帕里什的绘画和草图创作完成，每幅版画都旨在向英国大众展示中国社会的重要面相，如关于热河皇家园林的版画，反映了社会最高阶层的生活，该版画结合了帕里什的原始草图，以及亚历山大更完善的版本；官邸和简陋村庄的图像则展示了中国人根据社会地位的不同，拥有着不同的生活状况；关于磨坊的版画提供了中国利用水力的详细视图；至于关于苏州附近一座桥梁的图像，则展示了中国的工程技术——该版画源于亚历山大绘制的草图，他绘制了桥的一半部分，用数字表示其不同的部位和尺寸。

　　在艺术风格上，这些版画作品皆具有"如画"的审美风格，辅以其他技巧，传达了愉悦和谐的中国形象；然而与之相对，巴罗《行纪》中的文字评论大都公然蔑视中国社会的各个方面。具有讽刺意味的是，作为科学超然主义的拥护者，巴罗在表达他的偏见观点时非常主观，反倒是斯当东的《纪实》则更加中立和持平。但遗憾的是，前者的影响力似乎更为持久——在使团访华结束后的 40 年里，巴罗长期担任《季刊评论》(*Quarterly Review*) 的特约撰稿人，对有关中国的话语产生了巨大影响。[1]

1　Logan P. Collins, "British Periodical Representations of China: 1793-1830," Master thesis, the University of Houstonp, 2014, p.50.

二、版画集

除了斯当东和巴罗的《纪实》与《行纪》，亚历山大出版的两部包含中国视觉图像作品——《中国服饰》和《中国服饰和习俗图鉴》，同样影响巨大。亚历山大两部画集的出版，有赖于版画家威廉·米勒（William Miller）于 1800 年代初推动的关于中国、俄罗斯、土耳其、奥地利和英国服饰的多卷本系列丛书出版项目——这一时期，伴随着人们对国内外服饰的浓厚兴趣的产生，服饰书籍的出现复兴；不断改进的印刷技术降低了书籍成本，也使带有精美插图的书籍成为休闲市场的热门产品。正是在此环境下，米勒聘请威廉·亚历山大为 1805 年出版的《中国服饰》设计并蚀刻版画。

《中国服饰》的定位是对斯当东《纪实》的补充。有关该书的说明指出：

> 威廉·亚历山大提议分期出版一系列版画（由他亲自雕刻），描绘中华帝国特有的各种服饰、习俗、仪式，以及民用、军用和海军建筑等主题。该系列版画计划分为十二期出版；第一期将在乔治·斯当东爵士的使团访华纪实出版后即刻交付，以期成为该书有用的附录。后续每月的第一天将出版一期，每期包含四张彩色版画，印在皇家四开纸上，并附有四页描述性文字，尺寸与纪实相同。[1]

服饰研究在西方视觉文化中有着悠久的传统。梅里琳·萨维尔

---

[1] William Alexander, *Costume of China: Illustrated in Forty-Eight Colored Engravings*, London: William Miller, 1805.

（Merilyn Savil）断言，这方面的研究始于中世纪晚期。[1] 后来的各类作品如旅行纪实、流行风俗版画、寰宇志和地图集等，都包含有服饰图像，以回应公众对民族志的兴趣，并标识不同民族和种族群体的服装特点。萨维尔将弗朗西斯科·韦切利奥（Francesco Vecellio）于1590—1598年出版的《古代与现代的服装》（*Habiti Antichi et Moderni*）作为典例，认为它是16世纪为止篇幅最大、内容最详尽的服装书籍。[2] 这种流行的图书题材，向西方民众介绍了世界各地人们的生活、传统和服饰。而进入18、19世纪之交，当时最具异国情调的服饰素材，便是马戛尔尼访华和詹姆斯·库克南太平洋之旅等探险活动的成果。

这一时期服饰研究的一般形式，是将穿着精致服装的人物形象置于空白背景下，以此创造一种标志性的外观，以供对每种文化的识别，这使得服饰书籍具有于一种视觉民族志性质。威廉·米勒的服饰丛书便是如此，它配有图像和解释性文字，旨在通过画中人物的着装和举止，定义民族身份。这些作品需要展示一个国家内部的各个社会等级制度，从最富有的官员到最贫穷的劳动者。亚历山大的作品同样基于此种表现形式，不过他的版画集超越了服饰本身，还附带说明了中国生活的三个方面：当地人的习俗、建筑类型和交通方式。在每幅版画种，艺术家于最简单的背景中放大呈现了需要表达的主题，并附有提供了带有更多信息的解释性文字。

《中国服饰》的后记强调了其收录的中国人的服饰和举止图像，

1　Merilyn Savil, "Empiricism, Enlightenment and Aesthetics: Engravings from the Endeavour Voyages, 1668-1771," Ph.D. thesis, University of Auckland, 2011, pp.124-138.

2　Merilyn Savil, "Empiricism, Enlightenment and Aesthetics: Engravings from the Endeavour Voyages, 1668-1771," Ph.D. thesis, University of Auckland, 2011, pp.124-138.

在"如画"美学和现实方面的结合:"每个角色都取材于生活,每一个着装的细节、不同工作的工具及其附属品,甚至各级军官的徽记,都得到了最严格的精确再现。"显然,亚历山大自己对服饰研究非常感兴趣,并促成了这样一句断言:"英国为服饰研究提供了与欧洲任何国家一样多的有趣主题。"[1]

约翰·霍尔(John Hall)、约瑟夫·科利尔(Joseph Collyer)和托马斯·梅德兰(Thomas Medland)等顶尖版刻师受邀将亚历山大的原画雕刻制版。该技术将蚀刻和凹版相结合,产生了生动的水彩画效果,使人们如同身临其境。亚历山大凭借精湛的水印技法,向英国民众展示了中国各行各业的生动形象,以及对中国山水、建筑、科技的细致描绘。他采用的"如画"美学,吸引了大量的英国读者,包括藏书家、古物学家、业余艺术家以及政府和军队中的人员。[2] 与斯当东的《纪实》中将每个主题以时间线索连贯呈现的形式不同,亚历山大的《中国服饰》以一系列小幅版画分别展示各件服饰,提供了有关每一主题形象的独特视角。

《中国服饰》的创刊号共有 384 名订阅者:第一类订阅者包括王室、贵族和地主;第二类包括政界人士、商人、银行家、律师、医生和学者等重要行业的精英人士;第三类则包括来自艺术和出版行业的人士,如艺术家、雕刻师、出版商、书商,以及一小部分精英女性读者。[3]

---

[1] Merilyn Savil, "Empiricism, Enlightenment and Aesthetics: Engravings from the Endeavour Voyages, 1668-1771," Ph.D. thesis, University of Auckland, 2011, pp.124-138.

[2] 关于《中国服饰》的收藏,参阅 Zhu Wenqi, "Negotiating Art and Commerce in William Alexander's Illustrated Books on China," Master thesis, University of Hong Kong, 2021, pp.89-107。

[3] Zhu Wenqi, "Negotiating Art and Commerce in William Alexander's Illustrated Books on China," Master thesis, University of Hong Kong, 2021, pp.89-107.

在《中国服饰》出版之后,亚历山大又加入了另一套丛书《各国服饰和习俗图鉴》(*Picturesque Representation of the Dress and Manners of Various Countries*)的出版工作,负责其中的《中国服饰和习俗图鉴》(*Picturesque Representation of the Dress and Manners of the Chinese*)。1812 年,米勒将该项目转让给约翰·默里(John Murray),该书随后于 1814 年以默里的名义出版,《习俗图鉴》计划以较低的价格,瞄准广大非专业读者。这本书选择了《中国服饰》和《中国服饰和习俗图鉴》中的第一手图像,以及乔治·梅森(George Mason)《中国服饰》的二手资料。它使用单人像格式、较少的颜色、少量凹版和空白背景的形式,通过更短的凸版印刷文本,迎合广大中产阶级观众,以便于阅读和理解。[1]

三、影响广泛

除了使团人员出版的完整旅行纪实和画集外,英国的报纸杂志还发表了一系列他们的旅行纪实节选,以吸引中产阶级读者,传播有关中国的第一手知识。这些刊物还对使团文本中有关中国的学术信息进行了批判性评论。这些刊物的编辑们通常都是受过教育、但从未访问过中国的人,而他们的评论和解读,在马戛尔尼使团访华事件之后塑造中国形象方面,发挥了至关重要的作用。[2]

有时刊物上的文章包含有关中国的视觉形象,例如 1822 年创刊的周刊《文学、娱乐和教学之镜》(*The Mirror of Literature,*

---

[1] Zhu Wenqi, "Negotiating Art and Commerce in William Alexander's Illustrated Books on China," Master thesis, University of Hong Kong, 2021, pp.109-120.

[2] Logan P. Collins, "British Periodical Representations of China: 1793-1830," Master thesis, the University of Houstonp, 2014, p.69.

Amusement, and Instruction），便向英国读者介绍了中国技术中具有异国情调的领域的相关信息。¹ 例如，1823 年 1 月 4 日刊登的一篇文章中包含了一幅取自亚历山大对中国灌溉设备描述的插图。² 随附的文字段落以科学术语描述了中国链泵的运行情况。编者后来评论说，中国人不理解泵背后的原理，而范·海图森（Van Heythuysen）先生发明了一种类似的机制，为运河驳船提供动力。又如 1823 年 6 月 14 日刊登的另一篇文章包含了一幅同样源自亚历山大的中国枷具插图，文章笔者将该装置与中国法律体系联系起来，向英国读者强调了它的异域性。³ 这种重新利用使团纪实图像的策略，有利于引起广泛的曝光，也进一步影响了英国公众对中国的看法。

关于大众对这些广泛流传的图像持有何种反应的记录较少，但是一些期刊确实开始讨论有关中国形象的刻板印象问题。例如，在妇女问题上，1795 年 5 月的《环球杂志》（*Universal Magazine*）引用了安德森的观点，指出与耶稣会早期声称中国妇女缺乏自由的说法不同，在北京拥挤的街道上，实际上有相当多的妇女；亚历山大在他的城市和乡村画作中也加入了许多女性，从而强化了这种看法。⁴

1　Logan P. Collins, "British Periodical Representations of China: 1793-1830," Master thesis, the University of Houstosn, 2014, p.63.

2　*The Mirror of Literature, Amusement, and Instruction*, Vol.1, January 4, 1823, p.146.

3　*The Mirror of Literature, Amusement, and Instruction*, Vol. 2, June 14, 1823, p.57.

4　Logan P. Collins, "British Periodical Representations of China: 1793-1830," Master thesis, the University of Houstonp, 2014, p.47.

第二节 复兴的中国风

尽管马戛尔尼使团的出版物因其对异国文化的书写而广受欢迎，但该类著作的首要出版目的是作为科学文献传播，并得到当时的顶尖知识分子的赞助和监制，以彰显使团总体任务中的一部分，即对英国和中国的科学技术进行比较，从而推进大英帝国的全球目标。对于使团来说，在这种比较过程中，英国的优越性从未受到质疑，而且这种观点亦延续至此后几乎所有有关中华文明的书面评论中，都得到了公开表达。

与此同时，作为艺术表达，这些出版物中的图像则呈现出更加细致和积极的观感。两种信息间的张力固然导致了英国精英对中国产生了复杂的感情，不过并没有阻止更广泛的公众，特别是艺术家群体，对中国意向的热情的重燃。许多英国艺术家借鉴了使团图像的主题、词汇和风格，推动将中国情感融入英国文化中。这种连锁反应，导致了18世纪末至19世纪初中国与西方充满活力的跨文化交流。具体而言，随着马戛尔尼使团成员创作的文字和图像作品的传播，艺术领域的中国风得到复兴——这一时期建造的布莱顿英皇阁（Royal Pavilion at Brighton）采用了中国风格的室内设计；此外，托马斯·阿洛姆等艺术家也开始涉足中国主题。

如前所述，亚历山大笔下的中国形象，不仅受到对遥远国度充满好奇的普通读者的欢迎，而且引起了英国王室和贵族的兴趣。例如，大英图书馆现存一本由王室收藏的中国图像画册，由乔治三世国王从马戛尔尼使团获得。此画册包含由亚历山大、巴罗和帕里什创作的地图、地形图和其他图像。后来，乔治四世还重新收回了乾隆皇帝赠送给王室的一小部分礼品，这些物品曾作为夏洛特王后的遗产，在她于

1818年去世后于拍卖会上出售。[1]

使团创作的中国形象，影响了在1802—1823年间设计和建造的布莱顿英皇阁的室内装饰。委托建造这座建筑的是当时的威尔士亲王、未来的国王乔治四世，其受家族中女性成员夏洛特王后及其姐妹夏洛特、伊丽莎白和奥古斯塔的影响，对东方艺术有着特殊的品位。他很可能对其母亲和姐妹的瓷器收藏（都是从汉普顿宫［Hampton Court］的玛丽二世女王处继承的）相当熟稔。乔治四世还对法国中国风设计和东方幻想产生了浓厚的兴趣。

布莱顿英皇阁原为乔治四世作为王子时在当地租赁的一座农舍，后经由设计师亨利·霍兰德（Henry Holland）改造成新古典主义风格的海滨建筑。（图8.1）建筑师约翰·纳什（John Nash）在1815—1823年完成了印度风格的外观设计，而弗雷德里克·克雷斯和罗伯特·琼斯则完成了中国风的室内设计。[2] 绘画是由兰贝莱特（Lambelet）在1818—1822年间完成的，从亚历山大作品中选取的建筑和人物的具体主题，则可能是由画家爱德华·福克斯（Edward Fox）提供的。[3]

在对英皇阁进行室内设计时，克雷斯和琼斯借鉴了亚历山大创作的一些重要图像。如楼梯沿线的窗户，其彩色玻璃上画着一名中国戏

---

1 Royal Collection Trust. The Macartney Embassy: gifts exchanged between George III and the Qianlong emperor. https://www.royalcollection.org.uk/collection/themes/trails/the-macartney-embassy-gifts-exchanged-between-george-iii-and-the-qianlong. Accessed on February 22, 2022.

2 Greg M. Thomas, "Chinoiserie and Intercultural Dialogue at Brighton Pavilion," in Petra Ten-Doesschate Chu and Ning Ding, eds., *Qing Encounters: Artistic Exchanges between China and the West*, Los Angeles: Getty Research Institute, 2015, p.233.

3 Susan Legouix, *Image of China: William Alexander*, London: Jupiter Books Publishers, 1980, p.16.

图8.1　布莱顿英皇阁外景（陈珊珊拍摄，2016年）

剧演员，两侧是两名中国妇女形象（彩图48）——该演员形象正是根据亚历山大《中国服饰》中的版画发展而来的。（图8.2）

　　这一人物形象是根据中国的达官显贵们经常邀请使团成员观看的戏剧场景改编的。演员华丽的服装和夸张的姿势，显然抓住了克雷斯的注意力。

　　英皇阁的音乐厅中则装饰有中国风格的大型壁画。（彩图49）红底金图的运用和楼阁式的建筑风格，亦源自亚历山大的水彩画和后来的版画"定海城南门"。[1]（图8.3）

1　关于亚历山大作品对布莱顿英皇阁室内装饰的影响，参阅 Alexander Loske, *Shaping an Image of China in the West: William Alexander (1767-1816)*, https://brightonmuseums.org.uk/discover/2016/09/01/shaping-an-image-of-china-in-the-west-william-alexander-1767-1816/. Accessed on February 19, 2022。

图 8.2 戏剧演员(复制自《中国服饰》),基于威廉·亚历山大的绘画,1805年,蚀刻版画(伦敦威康图书馆藏)

图 8.3 定海城南门,威廉·亚历山大绘,1793年,纸本墨水(大英图书馆藏)

图8.4　布莱顿英皇阁宴会厅（复制自约翰·纳什《英皇阁景观》），1862年，蚀刻版画（维基共享资源）

壁画上左边岩石上站立的人物，是亚历山大的《中国服饰》中的中国商人形象的忠实复制品。这些建筑和人物出现在一个异想天开的环境中，图中有中式的亭台楼阁、喷泉、竹林和奇异的鸟类。宴会厅的壁画中，宫廷贵妇带着孩子，反映了亚历山大的画作，也展现了上层女性的愉快日常生活。（图 8.4）

尽管宫殿的内部装饰呈现一种奇特的中国风，但陶格认为，该设计仍"能够与中国和中国文明产生严肃而有意义的文化对话"[1]。他指出，这种审美体系不是"帝国主义或东方主义的诽谤蔑视，它实际上

---

[1] Greg M. Thomas, "Chinoiserie and Intercultural Dialogue at Brighton Pavilion," in Petra Ten-Doesschate Chu and Ning Ding, eds., *Qing Encounters: Artistic Exchanges between China and the West*, Los Angeles: Getty Research Institute, 2015, p.233.

是一种同欧洲文明平等对视的根本性对话接触"[1]。亚历山大的图像为英国民众提供了他们对真实中国的第一印象,而非耶稣会士的二手观点。通过在没有偏见的情况下传播这些图像,人们可以以积极且具有艺术感染力的方式体验中国文化。因此,艺术家们提供了比文字评论者更独特、更开放的视角。可以说,艺术在塑造英国人对中国的看法方面,发挥了更加积极的作用。

借鉴亚历山大的图像,英国的宫廷设计师能够创造出同当时存在的法国洛可可风格不同的中国风版本。作为英皇阁项目的赞助人,乔治四世试图效仿清朝宫廷文化的辉煌和宏伟,而不是依赖法国的衍生先例。布莱克利认为,布莱顿英皇阁的中国风格内饰,是"原始东方主义和浪漫主义范式复杂而高度融合的艺术品"[2]。与早期的洛可可中国风格不同,她认为,布莱顿英皇阁的室内设计"体现了英国对曾经伟大的敌对帝国的焦虑,以及皇室和资本主义在殖民政治经济上的帝国冲动"[3]。身处法国大革命和拿破仑战争的余波之中,中国为乔治四世的宫廷提供了一种超越古老的欧洲冲突的文化扩张的机会:"对于乔治四世来说,中华文明的魅力,很大程度上在于它能够提供一个稳定的逃避现实世界的模型,在这个世界中,一切都可以是华丽的、丰

---

1 Greg M. Thomas, "Chinoiserie and Intercultural Dialogue at Brighton Pavilion," in Petra Ten-Doesschate Chu and Ning Ding, eds., *Qing Encounters: Artistic Exchanges between China and the West*, Los Angeles: Getty Research Institute, 2015, p.234.

2 Kara Lindsey Blakley, "From Diplomacy to Diffusion: the Macartney Mission And itsImpact on the Understanding of Chinese Art, Aesthetics, and Culture in Great Britain, 1793-1859," Ph.D. thesis, University of Melbourne, 2018, p.158.

3 Kara Lindsey Blakley, "From Diplomacy to Diffusion: the Macartney Mission And itsImpact on the Understanding of Chinese Art, Aesthetics, and Culture in Great Britain, 1793-1859," Ph.D. thesis, University of Melbourne, 2018, p.152.

富多彩的、带有魔力的,最重要的,是它与熟悉的现实不同。"[1]中国风格的设计,反映了乔治四世对权力和影响力新视野的双重渴望。

第三节　原始东方主义

19世纪中叶,受英国访华使团出版物的影响而产生的、最引人瞩目的视觉图像类书籍,是英国建筑师、艺术家、地形学家托马斯·阿洛姆和爱尔兰牧师乔治·纽恩哈姆·赖特(George Newenham Wright)合作出版的《中华帝国图鉴》(The Chinese Empire Illustrated),该书以75幅描绘中国人生活和日常活动的铜版画而闻名。该书初版时定名为《中国,展示古代帝国的风景、建筑和社会习惯的系列图鉴》(China, in a Series of Views, Displaying the Scenery, Architecture, and Social Habits, of That Ancient Empire),分为四卷,于1843—1847年间在伦敦和巴黎出版,附有由赖特撰写的文字。第二版更名为《中华帝国:中国人风俗习惯的历史、描述与阐释》(The Chinese Empire: Historical and Descriptive, Illustrating the Manners and Customs of the Chinese),将原有的四卷合并为两卷,于1858—1859年间在伦敦和纽约出版。[2]

阿洛姆于1804年出生于英国兰贝斯,早年跟随弗朗西斯·古德温(Francis Goodwin)学习教堂设计。他于1828年进入伦敦皇家艺

---

[1] Kara Lindsey Blakley, "From Diplomacy to Diffusion: the Macartney Mission And itsImpact on the Understanding of Chinese Art, Aesthetics, and Culture in Great Britain, 1793-1859," Ph.D. thesis, University of Melbourne, 2018, p.158.

[2] Kara Lindsey Blakley, "From Diplomacy to Diffusion: the Macartney Mission And itsImpact on the Understanding of Chinese Art, Aesthetics, and Culture in Great Britain, 1793-1859," Ph.D. thesis, University of Melbourne, 2018, pp.99-110.

术学院继续学习建筑学,并在 1820 和 1830 年代游历了英格兰和苏格兰,一边绘画,一边自学地形插图的绘制技艺。也是在其进入皇家艺术学院的同年,阿洛姆与费舍尔公司(Fisher Son & Co.)开始了长达 15 年的合作,为亚洲旅行主题书籍绘制插图。此后,公司将他派往土耳其,在那里,他创作了大量著名插画作品,包括从 1830 年起出版的《君士坦丁堡和小亚细亚地区七座教堂的风景》(*Constantinople and the Scenery of the Seven Churches of Asia Minor*),以及 1840 年起的出版的《土耳其和意大利的人物和服饰》(*Character and Costume in Turkey and Italy*)。

由于与他在君士坦丁堡驻留期间的有关档案已不复存在,目前尚不清楚他是否曾取道前往中国。[1] 尽管一些消息声明他确实层到访远东,但至少就他创作的相关主题作品而言,主要还是借鉴了其他艺术家,尤其是亚历山大的作品。值得一提的是,阿洛姆对于东方艺术的研究,还有赖于其与小斯当东的接触,如赖特在 1843 年出版《中华帝国图鉴》序言中即声明:"……还要感谢乔治·斯当东从男爵(Sir George Staunton, Bart.),蒙其允准,我们得以从他美丽的中国绘画收藏中复制了几个有趣的主题。"[2]

如前所述,小斯当东作为马戛尔尼的侍童参与了 1793 年的访问。成年后,他受雇于东印度公司,长期在广州工作,并于 1816 年以第二专员的身份参与了阿美士德访华使团。在中国的 20 年里,小斯当

---

[1] 关于托马斯·阿洛姆的传记,参阅 Lee, "The Chinese Empire Illustrated by Thomas Allom (C1858)," https://blogs.adelaide.edu.au/special-collections/2017/05/01/the-chinese-empire-illustrated-by-thomas-allom-c1858/. Accessed on February 19, 2022。

[2] Thomas Allom, *The Chinese Empire: Historical and Descriptive, Illustrating the Manners and Customs of the Chinese*, London: The London Printing and Publishing Company, Limited., 1858-1859.

东收集了大量的书籍、图画和文物，并将其捐赠给皇家亚洲学会。可以确定，阿洛姆一定获准研究并复制了小斯当东的藏品，并将之与借鉴自亚历山大作品的要素进行了重组，以适应自己对中国社会和人民的理解。[1]

亚历山大的作品对阿洛姆创作的影响，体现在两个方面：第一，阿洛姆采用了亚历山大描绘过的几个主题，但对图像进行了重新调整，以避免完全抄袭。第二，在借用亚历山大的主题和意象时，阿洛姆强化了一些刻板印象，同时就对中国日益负面的看法提供了自己的见解——该作品出版于鸦片战争之后，由于清帝国的战争失败，英国对中国的态度发生了更加明显的变化。

对于亚历山大作品主题的借用，涉及中国的惩罚、灌溉和仪式，这些主题已经通过使团的出版物为许多英国观众所熟悉。例如，阿洛姆的一幅版画便描绘了官员对几名罪犯实施刑罚的场景。（图8.5）一名男子表情痛苦地趴在地上挨板子，而其他罪犯则在乞求宽恕。很明显，该图像是对亚历山大同一主题的再现——两人作品中罪犯的姿势亦非常相似。不过，阿洛姆在亚历山大作品的基础上补充了一些细节，例如官员给下一名受刑罪犯的脖子套上绳索，以及一名旁观者惊恐地捂住脸，这些细节凸显了刑罚的残酷和中国法律制度的落后。

阿洛姆的另一幅作品则展示了一艘驳船通过水闸的情景（图8.6），更加表明了创笔者对亚历山大和帕里什作品的熟稔。在亚历山大的版画中，驳船位于坡道顶部，准备滑落；相比之下，阿洛姆则描绘了驳船滑入运河的过程。在复制了亚历山大作品中的房屋和亭台

---

[1] Kara Lindsey Blakley, "From Diplomacy to Diffusion: the Macartney Mission And itsImpact on the Understanding of Chinese Art, Aesthetics, and Culture in Great Britain, 1793-1859," Ph.D. thesis, University of Melbourne, 2018, pp.100-102.

图8.5 杖刑（复制自《中华帝国图鉴》），1858—1859年，铜版画（波士顿学院藏）

图8.6 皇家运河上停泊的帆船（复制自《中华帝国图鉴》），1858—1859年，铜版画（波士顿学院藏）

楼阁等周围环境的同时，阿洛姆试图通过对驳船和水闸细节的放大描绘，拉近观众的视线。该图像所附文字评论道："文明的欧洲可能会嘲笑这种笨拙的设计，以及对传统技艺的顽固依恋，在这种依恋的影响下，当局保留了如此费力的机制，而没有以我们便利的船闸技术取而代之。"[1] 相对于使团访华时对同一技术相对持平的态度，阿洛姆则清楚地指出，与欧洲文明的进步相比，中国文化一直停滞不前。

此外，阿洛姆对亚历山大等使团成员作品的借鉴和挪用，还涉及大清士兵、卫士和弓箭手等军事领域。他对于这些作品的挪用，无疑反映出马戛尔尼使团在涉华艺术方面的重大影响。而亚历山大作为使团中最为重要的视觉艺术创作者，其对中国的"如画"描绘，与负面倾向的文字叙述之间形成巨大差异，这种多元化视角揭示了不同身份观察者之间的复杂情绪，从而进一步揭示了18世纪末19世纪初这一特定历史节点，英国人对中国形象的多面性解读。

* * *

通过马戛尔尼使团的访华旅程，中国逐渐被纳入英国的全球知识体系。不同于使团纪实作品中大量出现的将中国描述为落后和停滞国家的负面评论，马戛尔尼使团成员创作的视觉图像提供了一种更清晰、更直接的表现形式。艺术家们运用"如画"的技巧，使中国图景具有别样的吸引力，多少中和了英国知识分子的负面看法。由此导致的一种复杂的中国观点一直持续到鸦片战争前夕。只是自此之后，随着战争完全暴露出中华帝国的衰弱形态，英国人对东方的看法发生彻底转变，中国自此被视为一个落后、腐败、消极和女性化的国家。

1　Thomas Allom, *The Chinese empire: Historical and Descriptive, Illustrating the Manners and Customs of the Chinese*, London: The London Printing and Publishing Company, Limited., 1858-1859, p. 179.

结　论

1793年马戛尔尼使团访华，是欧洲对中国观点转变的重要节点。之前耶稣会传教士对文雅而博学之人的乌托邦式的描述，让位于基于更加细致入微的经验观察所得出的结论。在科学发展和大航海时代的推动下，英国知识分子寻求对中国更加深入的了解。使团成员通过文字和图像，更为准确地记录了他们遇到的物与人，揭开了仍然笼罩在中国头上的神秘面纱。这些图像与文字，试图用科学标准记录、评价中华文明，并将之列于文明序列当中加以衡量。他们带回的文字和图像信息，开启了中国与西方关系的新时代。

本次使团访华是同一时代欧洲对外探索浪潮的一部分，这也使得使团的访华任务中包含了对中国的风情、人物、文化和技术的考察和评估，并在此过程中运用了这一时期出现的许多学科概念。艺术家和绘图员将使团的调查结果记录在图像中，使之成为了解中国的第一手资料。当这些图像被带回英国时，它们又被进一步加工为符合"如画"美学标准的作品，使观众更为熟悉并提高其吸引力。客观描述与后期的修饰，共同反映了这一时期大英帝国对外探索活动的两大目标：对科学知识的考察，以及为攫取全球政治经济利益进行的扩张。中国在这两方面都提供了独特的机遇。与萨义德《东方主义》中描述的中东文化不同，中国是一个幅员辽阔的帝国，拥有复杂的文化，但这并不意味着其可以同英国平起平坐——按照英国的标准加以评价，使团的文字记录倾向于贬低中国，视其为停滞的文明。然而，使团重要的贡献之一是视觉记录，它对后世对中国的理解和阐释具有重要价值。人们对中国充满神秘异国情调的看法，让位于同英国文化相对比，中国也具有众多共同元素且充满活力的观点。

科学在使团出使和记录的几乎每个方面，都发挥着重要作用。使团的既定目标是与中国建立文化和经济联系，科学信息交流则是打开中国大门的钥匙。尽管使团基于科学展示的观念赠与清廷的礼品并未给后者留下特别深刻的印象，但访华的过程中，科学事实上促进了其第二个重要目标的实现，即对中国的文化和技术进行观察和评估。

使团向英国民众传达科学信息的最有价值的手段，便是详细的视觉记录。艺术家、科学家、工程师和技术人员，在经验观察、准确描绘和精确测量的基础上，合作开发出了众多视觉图像。与使团产出的各个方面一样，艺术具有双重目的：既传达中立的科学信息，也服务于大英帝国的商业和政治意识形态目标。此外，第三个不太明显的目的则是创作能够吸引英国公众的艺术作品。

不同的图像创作阶段，体现了创作者不同的方法和目的。在大多数情况下，艺术家和科学家创作了脱离意识形态的原创草图，因为他们的目的就是使用科学方法记录现象。这些作品要么是现场创作，要么是基于精确的测量和观察。图像中的经验信息，成为艺术家、雕刻家、出版商以及科学精英的创作来源。而为了制作最终面向受众的图像作品，艺术家与出版商展开合作，将原始画稿修改完善为更加成熟的水彩画和版画。在此过程中，他们添加了一些元素，增强构图，并使画作呈现出更丰富的效果，散发出更令受众熟悉的艺术感染力。例如，在乔治·斯当东的《纪实》中，多人合作以"如画"的美学形式，通过版画再现了使团成员创作的主要图像；至于亚历山大独立创作的一些成品水彩画，亦体现出了相同的品质。其结果便是，一种以中国形象为基础、风格独特的新艺术形式出现了。

　　使团成员创作的文字与图像之间不时出现的相互矛盾，也反映了使团成员对中国的矛盾态度。一方面，文字有时提供客观的科学信息，强化了图像的表现力并扩展了相关信息。另一方面，在许多情况下，二者之间存在张力——文字往往传达了斯当东、巴罗和其他作者的偏见，他们大抵认为，英国的文明程度远远高于中国；而艺术家们则倾向于在图像中传达不同的、总体上更积极的观点。这些图像，作为视觉艺术的精华，不仅记录了历史的片段，更深刻地反映了不同身份背景的描述者对中国复杂而多维的情感、判断和态度。画家作为使团中的独特群体，肩负科学探索的重任，同时以艺术家的敏锐，捕捉并传达了中国社会的独特魅力。在他们的画布上，中国的自然景观、城市风貌、民俗风情被赋予了西方社会前所未见的生动与细腻。这些图像超越了简单的记录功能，融入了创作者的审美偏好以及对异国情调的想象与憧憬，从而构建了一个比文字描述更加鲜活、积极且正面的中国形象。这种积极正面的描绘，有力挑战了18世纪以来欧洲社会中已经逐渐流行的关于中国负面本质主义的观点——在此之前，中国常被描绘为遥远、神秘、封闭甚至落后的国度，其形象被固化、刻板化。而马戛尔尼使团画家的作品，以其独特的视角和表达方式，打破了这种单一、片面的认知框架，为公众呈现了一个更加多元、立体、丰富的中国面貌。同时，这也客观导致了使团出版物传达之观念的含混不清，导致英国公众对中国的态度变得分裂和矛盾：外交官和政治家认为，中国是一个停滞、封闭和落后的帝国，这符合当时的普遍看法；而其他知识精英则倾向于认为，中国在科学、技术和艺术方面，依然可以向西方展示其精彩之处。

　　马戛尔尼使团是18世纪英国探险活动的典型，它强调科学考察，同时寻求贸易机会。然而，使团在一个重要的方面是独一无二的：众多早期的探险活动，例如库克的南太平洋航行，将彼地既存的人类社会仅仅视为该地区自然历史的一部分，而不是值得相互尊重的文化；相比之下，18世纪末的中国仍是一个同样处于扩张状态的庞大帝国，与彼时的大英帝国不无相似之处。因而尽管存在一些负面观点，使团依然强调中华文明及其人民的复杂性，并将其视为平等者或竞争对手，需要受到认真对待。

　　渐渐地，使团出版物被不同的受众群体认知和使用，尤其是视觉记录，在英国和欧洲塑造中国形象的过程中，发挥着至关重要的作用。从早期对中华文明的毫无保留的钦佩，到鸦片战争后对中国的彻底蔑视，使团的视觉图像呈现了一种"中间状态"。虽然马戛尔尼使团和后来的阿美士德使团的文字评论中，确实已经明显表现出对中国的蔑视；但是，使团的视觉图像却以更加客观细致的视角，为西方民众提供了看待中国相对客观的方式，马戛尔尼使团成员的多样身份背景，折射出迥异的中国印象，深刻揭示了18世纪末至19世纪初英国社会内部对于中国的复杂情感与态度——既有赞誉之声，亦不乏批评之语。这种褒贬并存的立场，不仅是时代背景的映射，而且是中英文化碰撞与交流的必然产物。随着使团成员各自以其独特的视角和专长——如科学家、外交官、商人与艺术家等——深入探索并记录下中国的风貌，文化历史的多元化视角悄然汇聚成一股微妙而持久的暗流，不仅在当时激起了英国社会的广泛讨论与反思，更在时间的长河中，持续不断地渗透并影响着后续英国公众对中国的想象与认知。

译名对照表

A

Alexander, William 威廉·亚历山大
Allom, Thomas 托马斯·阿洛姆
Amherst Embassy 阿美士德使团
An Authentic Account of an Embassy from the King of Great Britain to the Emperor of China (Authentic Account)《英使谒见乾隆纪实》(《纪实》)
Anderson, Aeneas 埃涅阿斯·安德森
aquatint 蚀刻版画
Argand lamp 阿尔甘德灯
Armillary 三辰仪
Attiret, Jean-Denis 王致诚

B

Bacon, Roger 罗杰·培根
Banks, Joseph 约瑟夫·班克斯
Barberini palace 巴贝里尼宫
Baring, Francis 百灵
Barrow, John 约翰·巴罗
Batavia 巴达维亚（雅加达）
Beauvais tapestry 博韦挂毯
Benson, George 乔治·本森
Bertin, Henri-Leonard-Jean-Baptiste 亨利－伦纳德－让－巴蒂斯特·贝尔坦
Blake, John Bradby 约翰·布拉比·布莱克
Boucher, François 弗朗索瓦·布歇
Boulton, Matthew 马修·博尔顿
Boydell, John 约翰·博伊德尔
Boyle, Robert 罗伯特·博伊尔
Boym, Michael 卜弥格
Brahe, Tycho 第谷·布拉赫
British Library 大英图书馆
British Museum 大英博物馆
Brooking, Charles 查尔斯·布鲁金
Browne, Henry 亨利·布朗
Burke, Edmund 埃德蒙·柏克
Burney, Charles 查尔斯·伯尼

C

cactus optunia 仙人掌
Caird, James 詹姆斯·凯尔德
Camellia sinensis 山茶花
Campbell, Colen 科伦·坎贝尔
Canaletto 卡纳莱托
Cangue (Tcha) 枷具
Canton system 广州体制（一口通商制度）
"Capability" Brown (Brown, Lancelot) "万

能的"布朗（兰斯洛特·布朗）
Castiglione, Giuseppe 郎世宁
Cathcart Embassy 卡斯卡特使团
Celestial Globe 天体仪
centers of calculation 计算中心
Chambers, William 威廉·钱伯斯
Chinoiserie 中国风
Cho, Paolo 柯宗孝
Claude Glass 克劳德玻璃镜
Cochin China 交趾支那
Cochin II, Charles-Nicolas 查尔斯－尼古拉斯·科钦二世
Cochin, Charles-Nicolas 查尔斯－尼古拉斯·科钦
Cohong 公行
Collinson, Peter 彼得·科林森
Collyer, Joseph 约瑟夫·科利尔
Colnaghi 科尔纳吉画廊
conjectural history 推测史学
Cook, James 詹姆斯·库克
Copernicus 哥白尼
Cox, James and Son 詹姆斯·考克斯父子公司
Cox, James 詹姆斯·考克斯
Cox, John Henry 约翰·亨利·考克斯
Crace, Frederick 弗雷德里克·克雷斯
Cunningham, James 詹姆斯·坎宁安
curio box 百宝盒

D

d'Anville, Jean-Baptiste Bourguignon 让－巴蒂斯特·布吉尼翁·丹维尔
da Cruz, Gaspar 加斯帕·达·克鲁斯
Dalecarlia 达勒卡利亚式
Dalrymple, Alexander 亚历山大·达尔林普尔
Dane's Island 丹麦岛（长洲岛）
Dapper, Olfert 奥尔弗特·达珀
Dawson, Raymond 雷蒙德·道森
de Bry, Theodor 西奥多·德·布里
de Fontenay, Jean-Baptiste Belin 让－巴蒂斯特·贝林·德丰特奈
de Goyer, Pieter 彼得·德·高耶
de Mendoza, Juan Gonzalez 胡安·冈萨雷斯·德·门多萨
de Rada, Martin 马丁·德·拉达
Defoe, Daniel 丹尼尔·笛福
Demeter 得墨忒耳
Dinwiddie, James 詹姆斯·登维德
Du Halde, Jean-Baptiste 杜赫德
Dundas, Henry 亨利·邓达斯

E

Eades, Henry 亨利·伊德斯
Edwards, Sydenham Teast 西德纳姆·蒂斯特·爱德华兹
Eldred, John 约翰·埃尔德雷德

Ellis, John 约翰·埃利斯
Endeavor 奋进号
English Company Trading to the East Indies 英格兰东印度贸易联合公司
English East India Company (EIC) 英国东印度公司
engraving 铜版画

F
Farington, Joseph 约瑟夫·法林顿
Fitch, Ralph 拉尔夫·菲奇
Fittler, James 詹姆斯·菲特勒
Flint affair 洪任辉事件
Flint, James 洪任辉
Fox, Edward 爱德华·福克斯
Frogmore House 浮若阁摩尔宫

G
Gainsborough, Thomas 托马斯·庚斯博罗
Ganga 刚伽（恒河女神）
Garbett, Samuel 塞缪尔·加贝特
geocentric system 地心说
Geological Society of London 伦敦地质学会
Germanisches National Museum 日耳曼国家博物馆
Getty Research Institute 盖蒂研究所
Gillan, Hugh 休·吉兰
Gilpin, William 威廉·吉尔平

Girtin, Thomas 托马斯·吉尔廷
Glynne, Richard 理查德·格林
Golden Island 金山岛
Goldsmith, Oliver 奥利弗·戈德史密斯
Goodwin, Francis 弗朗西斯·古德温
Governor and Company of Merchants of London Trading into the East Indies 对东印度贸易的伦敦商人总管事与公司
Gower, Erasmus 伊拉斯谟·高尔
Grand Council 军机处
Grand Ladrone 大拉德龙（大万山岛）
Grand Secretariat 内阁

H
Hahn Weltmaschine 哈氏天体仪
Hahn, Phillipp Mattaus 菲利普·马特乌斯·哈恩
Hall, John 约翰·霍尔
Hampton Court 汉普顿宫
Haxton, John 约翰·哈克斯顿
Hearn, Thomas 托马斯·赫恩
Hickey, Thomas 托马斯·希基
hierarchical inclusion 差序格局
Hindostan 印度斯坦号
Hodges, William 威廉·霍奇斯
Holland, Henry 亨利·霍兰德
Hong merchants 行商
Hoppo 粤海关

Hottentot 霍屯督人
Hudson, William 威廉·赫德森
Hume, David 大卫·休谟
Huntington Library and Art Gallery 亨廷顿图书馆和艺术画廊
Hüttner, Hans Christian 汉斯·克里斯蒂安·惠纳
Hyde, Thomas 托马斯·海德

I
Ibbetson, Julius Caesar 朱利叶斯·凯撒·伊贝特森
Illustration of Ritual Instruments《礼器图》
Imperial Household Department 内务府
Indianapolis Museum of Art 印第安纳波利斯艺术博物馆
ink on paper 纸本墨水
Isis 伊希斯

J
Jackall 豺狼号
Jacob, Margaret 玛格丽特·雅各布
Jahangir 贾汉吉尔
John Hatchett and Co. 约翰·哈契特公司
John of Plano Carpini 柏郎嘉宾
Johnson, Samuel 塞缪尔·约翰逊
Jones, Robert 罗伯特·琼斯

K
Kant, Immanuel 伊曼纽尔·康德
Kew Garden 邱园
Keyzer, Jacob 雅各布·凯泽
King George III 英王乔治三世
King George IV 英王乔治四世
Kip, Jan 约翰·基普
Kircher, Athanasius 阿塔纳修斯·基歇尔
Kneller, Godfrey 戈弗雷·内勒
Knight, Richard Payne 理查德·佩恩·奈特
Knijff, Leonard 伦纳德·克尼夫
kowtow 叩头
Kyd, Robert 罗伯特·基德

L
Ladrone Islands 拉德龙群岛（万山群岛）
Lavater, Johann Kaspar 约翰·卡斯帕·拉瓦特
Lawson, Issac 伊萨克·劳森
Le Bas, Jacques Philippe 雅克·菲利普·勒巴斯
Le Comte, Louis 李明
Leibniz 莱布尼茨
Leifeng pagoda 雷峰塔
Linnaeus, Carl von 卡尔·冯·林奈
Ly, Jacobus (Mr Plimb) 李自标（娄门）
Lynch-Staunton, Gertrude 格特鲁德·林奇-斯当东

M

Macartney Embassy 马戛尔尼使团

Mackerras, Colin 马克林

Mackintosh, William 威廉·麦金托什

Maidstone Museum 梅德斯通博物馆

Marco Polo 马可·波罗

Martini, Martino 卫匡国

Martyn Gregory Gallery 马丁·格雷戈里画廊

Mason, George 乔治·梅森

Maxwell, Acheson 艾奇逊·麦克斯韦

Medland, Thomas 托马斯·梅德兰

Mercator's projection of the world map 墨卡托投影世界地图

Metropolitan Museum of Art 大都会艺术博物馆

Miller, William 威廉·米勒

Monro, Thomas 托马斯·门罗

Montesquieu 孟德斯鸠

Munn, Paul Sandby 保罗·桑德比·穆恩

Munn, William 威廉·穆恩

Murray, John 约翰·默里

N

Nash, John 约翰·纳什

National Maritime Museum at Greenwich 格林威治国家海事博物馆

Newbery, John 约翰·纽伯里

Nicol, George 乔治·尼科尔

Nieuhof, Johan 约翰·尼霍夫

O

Orientalism 东方主义

Osbeck, Peter 彼得·奥斯贝克

Osiris 奥西里斯

P

Palladian 帕拉第奥式建筑风格

Panzi, Giuseppe 潘廷章

Parish, Henry William 亨利·威廉·帕里什

Parker, William 威廉·帕克

Parkinson, Sydney 西德尼·帕金森

Pereira, Galeote 加里奥特·佩雷拉

Petitpierre, Charles Henry 查尔斯·亨利·佩蒂皮埃尔

Petiver, James 詹姆斯·佩蒂弗

Picart, Bernard 伯纳德·皮卡特

Picture of tribute-bearers《职贡图》

Picturesque Representations of the Dress and Manners of the Chinese (*Picturesque Representations*)《中国服饰和习俗图鉴》(《图鉴》)

Picturesque 如画

Pitt, William 威廉·皮特

planetary consciousness 全球意识

Plukenet, Leonard 伦纳德·普卢克内特

Poseidon 波塞冬
Prince, Uvedale 尤维代尔·普莱斯
Proto-Orientalism 原始东方主义
Ptolemaic system 托勒密体系
Public of Letters 文人共和国
Pulo-condore 普洛孔多雷（昆山岛）

Q
Quang-sin 广信河
Queen Charlotte 夏洛特王后
Queen Elizabeth 伊丽莎白女王
Quesnay, Francois 弗朗索瓦·魁奈

R
Reynolds, Joshua 约书亚·雷诺兹
Ricci, Matteo 利玛窦
Roe, Thomas 托马斯·罗伊
Royal Asiatic Society 皇家亚洲学会
Royal Astronomical Society 皇家天文学会
Royal Geographical Society 皇家地理学会
Royal Pavilion at Brighton 布莱顿英皇阁

S
Savil, Merilyn 梅里琳·萨维尔
Schall von Bell, Johann Adam 汤若望
Schlozer, August Ludwig 奥古斯特·路德维希·施洛泽
Schuamaker, Johannes 约翰内斯·舒瓦梅克

Scott, Samuel 塞缪尔·斯科特
Scott, William 威廉·斯科特
Shakespeare Gallery 莎士比亚画廊
Shaw, George 乔治·肖
Smith, Adam 亚当·斯密
Smith, James 詹姆斯·史密斯
Society of Dilettanti 慕雅会
Solander, Daniel 丹尼尔·索兰德
Sparrman, Anders 安德斯·斯帕尔曼
Sporing, Herman 赫尔曼·斯波林
Staunton, George Leonard 乔治·伦纳德·斯当东
Staunton, George Thomas 乔治·托马斯·斯当东（小斯当东）
Steward, Dugald 杜格尔德·斯图尔特
Stillingfleet, Benjamin 本杰明·斯蒂林弗利特
Storage Service 广储司
Stronach, David 戴维·斯特罗纳克
Sublime 崇高

T
Tartary 鞑靼
Temple, William 威廉·坦普尔
Teneriffe 特内里费岛
The Chinese Empire Illustrated《中华帝国图鉴》

The Costume of China《中国服饰》
The Grand Canal 大运河
The Great Wall 长城
The Lion 狮子号
Thibault, Victor 维克多·蒂博
topographic drawings 地形图
topographical aesthetic 地形美学
Torricel,l Evangelista 伊万杰利斯塔·托里拆利
Tourane Bay 土伦湾（岘港）
tribute 贡品
Trigault, Nicolas 金尼阁
Turner 透纳

V

van Braam Houckgeest, Andreas 范罢览
van de Veldes 范德维尔德斯
Varuna 伐楼那
Vecellio, Francesco 弗朗西斯科·韦切利奥
Verbiest, Ferdinand 南怀仁
Vesalius, Andreas 安德烈亚斯·维萨里
Victoria and Albert Museum of Art 维多利亚和阿尔伯特艺术博物馆
Vishnu 毗湿奴
Voltaire 伏尔泰
Vulliamy, Benjamin 本杰明·沃利亚米
Vulliamy, Justin 贾斯汀·沃利亚米

W

Wanshuyuan (the Garden of Ten Thousand Trees) 万树园
watercolor on paper 纸本水彩
Watson, David 大卫·沃森
Webb, John 约翰·韦布
Webber, John 约翰·韦伯
Weddell, John 约翰·威德尔
Wedgewood porcelain 威治伍德瓷器
Wedgewood, Josiah 约书亚·威治伍德
Wellcome Library 威康图书馆
West India 西印度群岛
Westphalian 威斯特伐利亚
William of Rubruck 鲁布鲁克的威廉
Winder, Edward 爱德华·温德
Wood, Benjamin 本杰明·伍德
Woolwich 伍尔维奇
Wright, George Newenham 乔治·纽恩哈姆·赖特

Y

Yale Center for British Art 耶鲁大学英国艺术中心

Z

Zeus 宙斯
Zoological Society 动物学会

参考文献

一、外文文献

Alexander, William. *Costume of China: Illustrated in Forty-Eight Colored Engravings*, London: William Miller, 1805.

——. *Picturesque Representations of the Dress and Manners of the Chinese*, London: John Murray, 1814.

Anderson, Aeneas. *A Narrative of the British Embassy to China*, London: J. Debrett., 1795.

Andrews, Malcolm. *The Search for the Picturesque: Landscape Aesthetics and Tourism in Britain, 1760-1800*, Andershot, England: Scolar Press, 1989.

Auerbach, Jeffrey. "The Picturesque and the Homogenization of Empire," *The British Art Journal*, Vol.5, No.1, Spring and Summer 2004.

Barrow, John. *Travels in China*, Philadelphia: W. F. M'Laughlin, 1805.

Berg, Maxine. "Britain, Industry and Perceptions of China: Michael Boulton, 'Useful Knowledge' and the Macartney Embassy to China, 1792-1794," *Journal of Global History*, No.1, 2006.

Bickers, Robert A. ed. *Ritual and Diplomacy: The Macartney Mission to China, 1792-1794*, Honolulu, HI: University of Hawaii Press, 1993.

Bishop, Kevin. *China's Imperial Way: Retracing an Historical Trade and Communications Route from Beijing to Hong Kong*, Hong Kong: The Guide Book Company Limited, 1997.

Blakley, Kara Lindsey. "From Diplomacy to Diffusion: The Macartney Mission and Its Impact on the Understanding of Chinese Art, Aesthetics, and Culture in Great Britain, 1793-1859," Doctoral thesis, University of Melbourne, 2018.

Boyle, Robert. *General Heads for the Natural History of a Country, Great or Small; Drawn Out for the Use of Travelers and Navigators*, London: John Taylor and S. Holford, 1692.

Bretschneider, E. *History of European Botanical Discoveries of China*, St. Petersburg: Press of the Imperial Russian Academy of Sciences, 1898.

Brewer, John. *The Pleasures of the Imagination: English Culture in the Eighteenth Century*, London: Routledge, 2013.

Carey, Daniel. "Compiling Nature's History: Travelers and Travel Narratives in the Early Royal Society," *Annals of Science*, Vol.54, No.3, 1997.

Chapman-Rietschi, "The Beijing Ancient Observatory and Intercultural Contacts," *Journal of the Royal Astronomical Society of Canada*, Vol.88, No.1, February 1994.

Colantuono, Anthony. "The Mute Diplomat: Theorizing the Role of Images in Seventeenth-Century Political Negotiations," in *The Diplomacy of Art: Artistic Creation and Politics in Seicento Italy*, ed. Elizabeth Cropper, Milan: Nuova Alfa, 2000.

Collins, Logan P. "British Periodical Representations of China: 1793-1830," Master thesis, University of Houstonp, 2014.

Cranmer-Byng, J. L., ed. *George Macartney, An Embassy to China: Being the Journal Kept by Lord Macartney during his Embassy to the Emperor Ch'ien-lung 1793-1794*, London: Longmans, Green & Co., 1962.

Crawford, John. "Physiognomy in Classical and American Portrait Busts," *American Art Journal*, Vol.9, No.1, 1977.

Crowley, John E. *Imperial Landscapes: Britain's Global Visual Culture 1745-1820*, New Haven and London: Yale University Press, 2011.

Dawson, Raymond. *The Chinese Chameleon: An Analysis of European Conceptions of Chinese Civilization*, New York: Oxford University Press,

1967.

Edney, Matthew H. *Mapping an Empire: The Geographical Construction of British India, 1765-1843*, Chicago and London: University of Chicago Press, 1997.

Elman, Benjamin. *On Their Own Terms: Science in China 1500-1900*, Cambridge, MA: Harvard University Press, 2005.

Ferguson, Donald. "Captain Benjamin Wood's Expedition of 1596," *The Geographical Journal*, Vol.21, No.3, 1903.

Fordham, Douglas. *Aquatint Worlds: Travel, Print, and Empire, 1770-1820*, New Haven and London: Yale University Press, 2019.

Fox, Christopher, Roy Porter and Robert Wokler, eds. *Inventing Human Science: Eighteenth Century Domains*, Berkeley: University of California Press, 1995.

Frodsham, J. D. "Chinese and the Primitive Language: John Webb's Contribution to 17th Century Sinology," *Asian Studies Journal*, Vol.2, No.3, 1964.

Fulford, Tim and Peter J. Kitson, eds. *Romanticism and Colonialism: Writing and Empire, 1780-1830*, Cambridge: Cambridge University Press, 1998.

Gascoigne, John. *Joseph Banks and the English Enlightenment: Useful Knowledge*, Cambridge and New York: Cambridge University Press, 1994.

——. *Polite Culture and Science in the Service of Empire: Joseph Banks, the British State and the Uses of Science in the Age of Revolution*, Cambridge: Cambridge University Press, 1998.

Gilpin, William. *Three Essays: On Picturesque Beauty; On Picturesque Travel; and on Sketching Landscape: To Which is added a Poem, On Picturesque Painting*, London: R. Blamire, 1792.

Graham, John. "Lavater's Physiognomy in England," *Journal of the History of Ideas*, Vol.22, No.4, 1961.

Harris, Bob. "Print Culture," in *A Companion to Eighteenth-Century Britain*, ed. H. T. Dickinson, Malden, MA: Blackwell Publishers, 2006.

Harrison, Henrietta. "Chinese and British Diplomatic Gifts in the Macartney Embassy of 1793," *The English Historical Review*, Vol.133, Issue 560, March 2018.

Hevia, James. *Cherishing Men from Afar: Qing Guest Ritual and the Macartney Embassy of 1793*, Durham, NC: Duke University Press, 1995.

Jacob, Margaret C. *Scientific Culture and the Making of the Industrial West*, New York and Oxford: Oxford University Press, 1997.

Jansson, Maija. "Measured Reciprocity: English Ambassadorial Gift Exchange in the 17th and 18th Centuries," *Journal of Early Modern History*, Vol.9, No.3/4, 2005.

Joppien, Rudger and Bernard Smith. *The Art of Captain Cook's Voyages*, New Haven and London: Yale University Press, 1985.

Kang, David C. *East Asia before the West: Five Centuries of Trade and Tribute*, New York: Columbia University Press, 2010.

Kares, Jean. "Translation of Medium: Kesi Meets Painting," in *Textile Society of America Symposium Proceedings*, Textile Society of America, January 2008.

Kitson, Peter J. *Forging Romantic China: Sino-British Cultural Exchange 1760-1840*, New York: Cambridge University Press, 2013.

Leek, Michael E. *The Art of Nautical Illustration: A Visual Tribute to the Achievements of the Classic Marine Illustrations*, Secaucus, NJ: The Wellfleet Press, 1991.

Legouix, Susan. *Image of China: William Alexander*, London: Jupiter Books Publishers, 1980.

Lindesay, William. *The Great Wall Revisited: From the Jade Gate to Old Dragon's Head*, London: Frances Lincoln Limited Publishers, 2007.

Mackerras, Colin. *Western Images of China*, Oxford: Oxford University Press, 1989.

Mackey, David. "Agents of Empire: the Banksian Collectors and Evaluation of New Lands," in *Visions of Empire: Voyages, Botany, and Representations of Nature*. eds. David Philip Miller and Peter Hanns Reill, Cambridge: Cambridge University Press, 1996.

Marshall, P. J. "Britain and China in the Late Eighteenth Century," in *Ritual and Diplomacy: The Macartney Mission to China, 1792-1794*, ed. Robert A. Bickers, London: Wesweep Press, 1993.

Martins, Luciana and Felix Driver. "John Septimus Roe and the Art of Navigation, c. 1815-30," in *Art and the British Empire*, eds. Tim Barringer, Geoff Quilley and Douglas Fordham, New York and Manchester: Manchester University Press, 2007.

Miller, David Philip. "The Royal Society of London 1800-1835: A Study in the Cultural Politics of Scientific Organization," Ph.D. thesis, University of Pennsylvania, 1981.

——. "Joseph Banks, Empire, and 'Centers of Calculation' in Late Hanoverian London," in *Visions of Empire: Voyages, Botany, and Representations of Nature*, eds. David Philip Miller and Peter Hanns Reill, Cambridge: Cambridge University Press, 1996.

Ming, Wilson. "Gifts from Emperor Qianlong to King George III," *Arts of Asia*, Vol.47, Issue 1, Jan-Feb 2017.

Moscucci, Ornella. *The Science of Woman: Gynecology and Gender in England, 1800-1929*, Cambridge: Cambridge University Press, 1990.

Pagani, Catherine. "Eastern Magnificence and European Ingenuity: Clocks of Late Imperial China," Ph.D. thesis, University of Toronto, 1993.

Peyrefitte, Alain. *The Immobile Empire,* London: Harvill, 1993.

Porter, David. *Ideographia: The Chinese Cipher in Early Modern Europe*, Stanford: Stanford University Press, 2001.

——. *The Chinese Taste in Eighteenth-Century England*, Cambridge: Cambridge University Press, 2010.

Porter, Roy. *The Cambridge History of Science*, Vol. 4, *The Eighteenth Century*, Cambridge: Cambridge University Press, 2003.

Pratt, Mary Louise. *Imperial Eyes: Travel Writing and Transculturation*, London and New York: Routledge, 1992.

Pritchard, Earl Hampton. *The Crucial Years of Early Anglo-Chinese Relations, 1750-1800*, Rainbow-Bridge Book Co., 1973.

Reed, Marcia and Paola Dematte, eds. *China on Paper, European and Chinese Works from the Late Sixteenth to the Early Nineteenth Century*, Los Angeles: The Getty Research Institute, 2007.

Robbins, Helen Henrietta Macartney. *Our First Ambassador to China: An Account of the Life of George, Earl of Macartney with Extracts from His Letters, and the Narrative of His Experiences in China, as Told by Himself, 1737-1806, from Hitherto Unpublished Correspondence and Documents*, New York: Cambridge University Press, 2010.

Sample, Joseph Clayton. "Radically Decentered in the Middle Kingdom: Interpreting the Macartney Embassy to China from a Contact Zone Perspective," Ph.D. thesis, Iowa State University, 2004.

Savil, Merilyn. "Empiricism, Enlightenment and Aesthetics: Engravings from the Endeavour Voyages, 1668-1771," Ph.D. thesis, University of Auckland, 2011.

Singer, Aubrey. *The Lion and the Dragon: The Story of the First British embassy to the Court of the Emperor Qianlong in Pekin 1792-1794*, London: Barrie&Jenkins., 1992.

Sloboda, Stacey. "Picturing China: William Alexander and the Visual Language of Chinoiserie," *British Art Journal*, IX, No.2, 2008.

Smentek, Kristel. "Chinoiserie for the Qing: A French Gift of Tapestries to the Qianlong Emperor," *Journal of Early Modern History*, Vol.20, Issue 1, 2016.

Smith, Bernard. *Imagining the Pacific: In the Wake of the Cook Voyages*, New

Haven and London: Yale University Press, 1992.

Spence, Jonathan. *The Chan's Great Continent: China in Western Minds*, New York: W. W. Norton and Company, 1998.

Stafford, Barbara Maria. *Voyage into Substance: Art, Science, Nature, and the Illustrated Travel Account, 1760-1840*, Cambridge, MA: MIT Press, 1984.

Starr, G. A. "Defoe and China," *Eighteenth-Century Studies*, Vol.43, No.4, 2010.

Staunton, George. *An Authentic Account of an Embassy from the King of Great Britain to the Emperor of China,* London: W. Bulmer and Co. for G. Nicol, 1798.

Stevenson, Caroline M. *Britain's Second Embassy to China: Lord Amherst's 'Special Mission' to the Jiaqing Emperor in 1816*, Canberra: AUN Press, 2021.

Sun, Jing. "The Illusion of Verisimilitude: Johan Nieuhof's Images of China," Ph.D. thesis, Leiden University, 2013.

Teng Ssu-yü and J. K. Fairbank, *China's Response to the West: A Documentary Survey, 1839-1923*, Cambridge: Harvard University Press, 1954.

Thomas, Greg. "Yuanming Yuan/Versailles: Intercultural Interactions between Chinese and European Palace Cultures," *Art History*, Vol.32, Issue 1, 2009.

——. "Evaluating Others: The Mirroring of Chinese Civilization in Britain," in *Civilization and Nineteenth-Century Art: A European Concept in Global Context*, ed. David O'Brien, Manchester: Manchester University Press, 2016.

Tiffin, Sarah. "Java's Ruined Candis and the British Picturesque Ideal," *Bulletin of SOAS*, Vol.72, No.3, 2009.

Um, Nancy and Leah R. Clark. "The Art of Embassy: Situating Objects and Images in the Early Modern Diplomatic Encounter," *Journal of Early Modern History*, Vol.20, 2016.

Whitfield, Peter. *The Charting of the Oceans: Ten Centuries of Maritime Maps*, London: The British Library, 1996.

William, Clark, Jan Golinski and Simon Schaffer, eds. *The Sciences in Enlightened Europe*, Chicago: University of Chicago Press, 1999.

Withers, Charles W. J. "Geography, Natural History and the Eighteenth-Century Enlightenment: Putting the World in Place," *History Workshop Journal*, No.39, Spring, 1995.

Zhang, Shunhong. *British Views on China during the Time of the Embassies of Lord Macartney and Lord Amherst (1790-1820)*, Doctoral dissertation, London University, 1990.

Zhu, Wenqi. "Negotiating Art and Commerce in William Alexander's Illustrated Books on China," Master thesis, University of Hong Kong, 2021.

二、中文文献

常修铭：《马戛尔尼使节团的科学任务——以礼品展示与科学调查为中心》，台湾清华大学硕士学位论文，2006年。

陈妤姝：《马戛尔尼使团绘制的中国图像在英美的收藏现状述考》，《故宫博物院院刊》2022年第1期。

程存洁：《十九世纪中国外销通草水彩画研究》，上海古籍出版社2008年版。

郭淇：《身兼数职的江南三织造》，《中国档案》2014年第12期。

赖玉芝：《构筑理想帝国——〈职贡图〉与〈万国来朝图〉的制作》，《紫禁城》2014年10月号。

李约瑟：《中国科学技术史》，科学出版社2003—2005年版。

刘潞：《一部规范清代社会成员行为的图谱——有关〈皇朝礼器图

式〉的几个问题》,《故宫博物院院刊》2004年第4期。

乔治·马戛尔尼、约翰·巴罗:《马戛尔尼使团使华观感》,何高济、何毓宁译,商务印书馆2013年版。

秦国经、高换婷:《乾隆皇帝与马戛尔尼》,紫禁城出版社1998年版。

英国维多利亚阿伯特博物馆、广州市文化局等编:《18—19世纪羊城风物:英国维多利亚阿伯特博物院藏广州外销画》,上海古籍出版社2003年版。

斯当东:《英使谒见乾隆纪实》,叶笃义译,群言出版社2014年版。

威廉·亚历山大:《中国衣冠举止图解》,赵省伟、邱丽媛编译,北京理工大学出版社2016年版。

巫鸿:《马嘎尔尼使团与"中国废墟"的诞生》,《紫禁城》2013年10月号。

杨伯达:《〈万树园赐宴图〉考析》,《故宫博物院院刊》1982年第4期。

中国第一历史档案馆编:《英使马戛尔尼访华档案史料汇编》,国际文化出版公司1996年版。

后　记

《凝视远邦：1793年马戛尔尼访华使团的视觉文化》是笔者相关领域研究成果的第三个版本——从2018年的博士学位论文，到在此基础上修订完成的英文专著 Art, Science and Diplomacy: A Study of the Visual Images of the Macartney Embassy to China, 1793（Springer Nature, 2023），再到如今进一步翻译、修订、扩充而成的中文版著作，每一次的"重新上路"都使得本著作日臻完善。作为本书的作者兼译者，这部作品对笔者而言有着特殊的意义，它不仅是笔者对中西文化交流所开展的阶段性研究的成果，而且是笔者倾注心血将这项研究呈现给广大读者的努力。

《凝视远邦》是笔者多年研究积累的成果，它详细探讨了1793年马戛尔尼访华使团这一历史事件背后的视觉文化现象。通过对使团留下的丰富视觉资料的研究，笔者试图还原当时中国社会的多元面貌，并揭示西方人观察中国的独特视角。这部作品不仅为笔者个人带来了学术上的满足，更希望能够为中西文化交流的研究贡献一份力量。

在翻译和修订本书的过程中，笔者深深感受到了跨文化传播的复杂性。作为本书作者，我深知每一句话、每一个词汇都承载着深厚的文化内涵和历史背景。因此，在翻译时，笔者力求保持原文的精髓，同时考虑到中文读者的阅读习惯和文化背景，力求使译文既准确又流畅。这个过程虽然艰辛，但也是自己不断学习和成长的过程。

然而，笔者也深知这部作品仍有待完善之处。为了更全面地展现1793年这一重要历史事件的全貌，笔者计划未来继续深入探索清宫中关于马戛尔尼访华的详细文字档案，以及圆明园和热河行宫的实景资料。这些珍贵的资源无疑能为我们揭示更多使团及其所见所闻的丰富细节。同时，以本书为中介，近年来越发兴盛的故宫学亦得以进入笔者的研究视野——故宫不仅是明清两代的皇家宫殿，更是中西文化交流的重要场所；希望能通过深入研究故宫学，进一步拓展自己的研究视野，为理解中西文化交流提供更丰富的背景和更深入的视角。

此外，对马戛尔尼使团访华前后西方世界描绘中国的视觉图像进行比较研究，同样意义非凡。例如，与17世纪的荷兰访华使团和19世纪的阿美士德访华使团之成果进行对比，我们或可以更为清晰地观察到西方对中国的观点是如何随着时间推移而演变的。这将有助于我们更全面地理解中西文化交流的历史进程，以及它对于现今世界的影响。

作为本书作者兼译者，笔者希望通过这部作品，激发更多读者对中西文化交流的关注和思考。同时，也期待本书能够起到抛砖引玉的作用，使未来的学者们能够在本研究基础上进一步探索，为我们对中西文化交流的理解提供更多深入和全面的视角。

最后，诚挚地欢迎各位读者对本书的阅读和批评。希望这部作品能够为您开放一个新的视角，让我们共同为中西文化交流的研究和传播贡献力量。

图书在版编目（CIP）数据

凝视远邦：1793年马戛尔尼访华使团的视觉文化 / 陈珊珊著 . -- 北京：商务印书馆，2024. -- ISBN 978 -7-100-24410-7

I . D829.561

中国国家版本馆 CIP 数据核字第20249KT271号

权利保留，侵权必究。

凝视远邦
1793年马戛尔尼访华使团的视觉文化
陈珊珊　著

商　务　印　书　馆　出　版
（北京王府井大街36号　邮政编码 100710）
商　务　印　书　馆　发　行
南京新世纪联盟印务有限公司印刷
ISBN 978-7-100-24410-7
审图号：GS（2024）3574号

2024年10月第1版　　开本 880×1240 1/32
2024年10月第1次印刷　印张 10½　插页 16

定价：76.00元